바다의 철학

PHILOSOPHIE DES MEERES
by Gunter Scholtz

바다의 철학

군터 숄츠
김희상 옮김

이유출판

Waugh, Frederick Judd, *Under the Full Moon*, 1900 and 1912

N

들어가면서―철학의 바다를 누비는 항해

'바다의 철학'은 그 어떤 특별한 철학 이론을 표방하지 않는다. 이 철학은 정신철학, 종교철학, 예술철학과 어깨를 나란히 하는 것으로, 이를테면 자연철학의 한 분야다. 보편성을 다루는 철학과 정반대랄까. '바다의 철학'은 근본적으로 철학적 사고와 바다가 어떤 관계인지 묻는다. 이런 접근의 강점은 개념이라는 메마른 땅을 여행하며 뭔가를 두 눈으로 직관할 수 있게 해준다는 점이다.

바다는 무의미한 대상이 아니다. 그래서 바다와 철학의 관계를 상술한 책도 몇 권 있다.[1] 다시 말해 지구 표면의 4분의 3은 물로 덮여 있다. 그러나 인간은 두 발로 걷는 육지 동물이다. 인간에게 바다는 잘 알지 못하는 위험한 곳이다. 바다가 시작되는 곳에서 육지 동물의 생활공간은

---

[1] 랄프 코너스만Ralf Konersmann, "철학자들과 바다Die Philosophen und das Meer", 출전:《악센트. 문학잡지Akzente. Zeitschrift für Literatur》, 제50호, 3권(2003), 218~233쪽. 클라우스 아르투스 샤이어Claus-Artur Scheier, "육지와 바다 사이에서. 카를 슈미트에서 출발해 살펴본 문화사의 철학적 논평Zwischen Land und Meer. Philosophische Bemerkungen zu einer Kulturgeschichte der See ausgehend von Carl Schmitt",《브라운슈바이크 학회 논문집Abhandlungen der Braunschweigischen Wissenschaftlichen Gesellschaft》, 54권, Braunschweig, 2005, 251~263쪽. 우리 책과 주제가 밀접한 다른 책은 다음의 것이다. 디터 리히터Dieter Richter,『바다. 가장 오래된 풍경의 역사Das Meer. Geschichte der ältesten Landschaft』, Berlin, 2014.

끝난다. 잘 모르는 낯선 영역을 바라보며 자연스레 '인간은 누구인가?' 하는 질문이 떠오른다. 인간은 물건을 만들 줄 아는 능력 덕에 위험한 곳으로 과감하게 나아갈 수 있다. 뗏목, 보트, 함선, 잠수 장비 등등. '호모 파베르(homo faber)', 즉 기술과 문화를 아는 존재로서의 인간만이 바다를 좀 더 잘 알 수 있다. 인간과 바다의 관계는 곧 인간 문화의 현주소를 보여 준다. 철학은 인간 문화의 한 부분인 동시에 인간 문화를 비추어 보여 주는 거울이기도 하다.

인간이 생각하고 말하고 쓰는 모든 활동은 육지 주민의 관점에서 이루어진다. 만약 인간이 아가미와 지느러미를 가진 해양 동물이라면 세계를 전혀 다르게 보고 생각하며 다른 철학을 지녔으리라. 육지와 물이 없는 메마른 곳을 어떻게 보아야 할지 하는 물음에 답하다 보면 인간은 자신의 특성을 더욱 분명히 알게 되리라. 아마도 인간은 메마른 땅의 텅 빈 공간을 보며 잔뜩 겁에 질려 물 바깥에서 살게 되면 어쩌나 하고 많은 고민을 할 것이다. 이로써 인간은 자신이 해양 동물임을 깨닫고, 물속에서 사는 해양 동물이라는 것이 어떤 의미인지 깨우치게 되리라. 축축함을 경험함으로써 마른 것을 알고 그 반대도 가능할 터이다. 우리가 밤을 경험함으로써 환한 대낮이라는 개념을 가지듯 말이다.

다시 말해서 자신이 누구인지 알고자 하는 인간은 무엇보다도 자신이 무엇이 아닌지 알아야만 한다. 전통적으로 인간은 자신을 신이 아닌 존재로 이해해 왔다. 동시에 단순한 동물이 아니라 특별한 동물, 곧 아리스토텔레스가 말한 '초온 로곤 에콘(zoon logon echon)', 즉 '말할 줄 아는

생명체'가 인간이기도 하다. 인간을 좀 더 자세히 알고자
한다면, 인간이 어떻게 생각하고 말하는지 살펴보는 것이
좋으리라. 인간이 생각하고 말하는 방식도 다양하기 때
문이다. 시인은 바다를 두고 화학자와는 다르게 생각하고
말한다. 생각하고 말하는 하나의 특별한 방식이 철학이
다. 그리고 철학은 바로 이 생각하고 말하는 방식으로 관
찰되어야 한다. 철학의 특별함 가운데 하나는 물건을 두
고 생각하고 말하듯, 인간 자신을 두고 성찰한다는 점이
다. 이런 특성을 두고 근대 철학은 반성 혹은 자기 성찰이
라 불렀다. 그러니까 인간은 육지와 바다라는 자연을 두
고 생각하고 말하듯, 인간 자신을 두고 철학한다.

　　바로 그래서 철학은 항상 인간의 철학이기도 하다. 인
간의 철학이라는 표현은 이중의 의미를 지닌다. 인간은
생각하는 존재인 동시에 생각의 대상이 되는 존재다. 이
점이 바로 철학과 해양학의 차이다. 물론 해양학은 오늘
날 지리적 요소 외에도, 인간이 바다에 영향을 미치는 한,
문명적 요소도 고려해야만 한다. 그러나 해양학은 바다에
영향을 미치는 인간이 누구인지, 인간 자신이 누구인지는
다루지 않는다. 그러나 '바다의 철학'은 인간 자신을 늘 생
각한다.

　　항해가 육지에 있는 도시들의 모습만 보여 주지 않듯,
우리가 이제 시작할 생각 여행 역시 어떤 특정한 장소에만
국한하지 않는다. 우리의 생각 여행은 바다를 고찰한 철학
들을 두루 살필 예정이다. 그래도 중요한 것들이 많이 빠
지기는 한다. 그러나 여행객이 세계의 모든 도시를 볼 수
없듯, 철학 전체를 살피지 않아도 된다는 점은 오히려 우

리의 부담을 덜어 준다. 또 여행한 지역 안에서 많은 것이 관찰되지 않을 수 있다. 항해를 하며 닿는 곳마다 육지를 살필 때 중요한 것을 모두 남김없이 관찰하고 이해하기란 불가능에 가깝다. 바로 그래서 앞으로 우리가 살펴볼 철학에서도 핵심만 간추리게 될 것이다. 그럼에도 우리의 여행은 지평선을 확장해 주리라. 새로운 것을 알게 해 주고 두루 살피며 비교할 수 있게 만들어 주기 때문이다.

여행 안내자가 볼 만한 명승지를 이야기해 줄 뿐만 아니라, 실제로 보여 주려 노력하듯, 이 책 역시 원전을 직접 인용해 보여 준다. 안내자만 말을 하는 것이 아니라, 원전 텍스트가 직접 그 속내를 밝히도록 구성한 것이 이 책이다. 철학의 언어는 때로 낯설게 들리지만, 그래도 그 새로운 특징에는 독특한 매력이 있다. 건축물의 양식처럼.

정신의 왕국을 주유하는 여행은 일반 관광 여행과 마찬가지로 정해진 목적지만 돌아다녀야 하는 의무를 지니기는 하지만, 관광 여행은 줄 수 없는 강점을 자랑한다. 배를 타고 떠난 항구는 우리의 기억 속에만 남는다. 반대로 생각을 섭렵해 보는 우리의 여행은 언제라도 보고 싶은 곳으로 다시 돌아갈 수 있다. 과감하게 가로지르며 서로 멀리 떨어진 입장들 사이를 자유롭게 오갈 수 있는 것이 우리의 철학 여행이다. 현대에서 고대로, 또 중세와 근대로 우리는 거침없이 오갈 수 있다. 겉보기로는 멀리 떨어진 것 같은 영역이라도 실제로는 밀접하게 맞물려서 서로 대비해 볼 때 각 영역의 특징은 더욱 분명하게 드러난다.

본래 철학 분과들 사이에 경계를 설정하는 일은 매우 어렵다. 철학 서적과 조금이라도 친숙한 사람은 목차만 보고도 이 책이 다양한 영역을 다룬다는 점을 이내 알아 보리라. 형이상학과 자연철학, 윤리학과 미학, 정치철학 과 사회철학, 법철학과 역사철학, 이런 식으로. 항해를 하 는 동안 우리는 지금 이탈리아 해변을 지나고 있는지 아 니면 그리스 해안에 머물러 있는지 분명히 안다. 그러나 철학 분과들 사이의 경계는 그처럼 분명하지 않다. 예를 들어 플라톤은 『국가』에서 형이상학, 인식론, 윤리학, 정 치학, 교육학, 예술철학을 아주 긴밀하게 연결해 놓았다. 이런 맞물림이야말로 철학의 본성이다. 철학은 경계를 넘 어서서 특별 영역의 협소함을 이겨 내려는 학문이다. 그 런 면에서 철학은 계속 전문화되는 학문의 시대에 어울리 지 않을 수 있다. 특별하지 않고 일반적인 것, 보편적인 것 을 다루는 특수 분과가 철학이다. 그런 점에서는 분명 비 현대적이다. 그러나 바로 그래서 현대적이지 않을까? 우 리가 살아가는 세상은 도시와 국가, 사적 영역과 공적 영 역, 여름과 겨울, 이런 식으로 분류된다. 그러나 철학은 물 리학과 화학, 사회학과 심리학처럼 분류되지 않는다. 바 로 그런 점에서 철학은 특수 분과보다도 우리가 매일 살 아가는 삶에 더 밀접하게 맞물린다.

철학자 헤겔은 이미 철학을 바다와 비교한 바 있다. 1818년 베를린 대학교 교수 취임 강의에서 헤겔은 학생들 에게 철학함이라는 모험을 하자고 분위기를 북돋우며 철 학의 세계는 생각의 세계이기 때문에 우리가 눈으로 보고 귀로 듣는 것은 헛될 수밖에 없다고 말했다. 아마도 학생 들은 충격을 받았으리라.

철학을 하겠다는 결단은 생각함으로 몸을 던지는 것과 같다.(생각은 오로지 자기 자신에게만 머무르는 외로운 일이다.) 마치 망망대해에 몸을 던지는 일이랄까. 모든 다채로운 색채, 모든 발 디딜 곳은 사라지며, 모든 친근한 불빛은 꺼진다. 오직 단 하나의 별, 정신이라는 내면의 별이 반짝인다. 이 별은 북극성이다. 그러나 홀로 있음에서 정신은 말하자면 전율에 사로잡힌다. 어디로 가야 하는지, 어느 쪽으로 가야 마땅한지 아직 모르기 때문이다.[2]

그렇다고 걱정하거나 두려워할 필요는 없다. 항해에 참가하는 사람은 스스로 항로를 잡거나 헤엄치지 않아도 되기 때문이다. 모든 것이 순조롭기만 하다면.

---

2   게오르크 빌헬름 프리드리히 헤겔, 베를린 대학교 철학과 석좌교수 취임 강연(1818), 『이론 전집 판Theorie Werkausgabe』, 에바 몰덴하우어Eva Moldenhauer/카를 마르쿠스 미첼Karl Markus Michel 편집, Frankfurt/M, 1970, 제10권, 416쪽. 인용문은 가독성을 위해 따옴표 처리를 하지 않고 텍스트 가운데 문단 형태를 바꾸어 표시했다.

근본원리로서의 물

모든 것은 하나다

철학의 발상지는 바다다. 철학의 근본원리는 물이기 때문이다. 인류 최초의 철학자로 여겨지는 인물은 기원전 600년경에 살았던 고대 그리스의 탈레스다. 그의 고향 도시 밀레토스는 고대 그리스의 강력한 교역 중심지로 소아시아의 서부 지역에서 육지가 혀를 내민 것처럼 바다와 맞닿은 곳에 위치한다.

탈레스는 글로 쓴 기록을 남기지 않았다. 그의 말을 담은, 보존된 원전 가운데 완전히 확실하다고 여겨지는 것은 없다. 논란의 여지가 없다고 받아들여지는 유일한 기록은 기원전 4세기에 아리스토텔레스가 세계 전체를 단하나의 원리로 설명한 최초의 철학자로 탈레스를 꼽은 것이다. 이 단 하나의 원리가 물이다. 세계를 떠받드는 원리가 물이라는 말에는 이중의 의미가 담겨 있다. 아리스토텔레스가 전해 주는 바에 따르면 탈레스는 물이 육지는 물론이고 나뭇조각 또는 물 위를 떠가는 배를 받쳐 주는 바탕인 동시에 모든 사물이 그곳에서 생겨나 다시 그곳으로 돌아가는 원천이라고 보았다.

항구가 많아 외국과 다양한 교류가 이뤄진 교역 중심지에서 철학이라는 생각함이 태동한 것은 분명 우연이 아니다. 그런 도시에 사는 사람은 다른 언어와 사고방식, 낯선 풍습과 종교를 자연스레 접하면서 서로 차이가 나는 지식의 다양함을 경험하고 고향 사람들의 사고방식이 당연한 게 아니구나 하고 터득하게 마련이다. 어, 이게 아니구나 싶어 그 배경을 알아보고 차이를 가려보는 생각을 하게 만드는 데 이보다 더 큰 자극은 찾아보기 어렵다. 이를테면 세상의 시초를 두고 전혀 다른 이야기들이 떠돈다면 무엇이 틀렸고 무엇이 진실인가 하는 의문이 저절로 고개를 들게 마련이다. 다양한 의견은 자신의 믿음을 뒤흔들며 직접 머리를 써서 의문을 풀어 보게 만드는 끊임없는 자극이다. 게다가 다른 민족의 이야기는 호기심도 일깨운다. 심지어 탈레스가 그 먼 이집트까지 찾아가 그곳의 풍습과 학문을 알아보려고 했다는 이야기가 전해 오기도 한다.

기원전 600년 무렵의 해안 도시 밀레토스가 철학의 탄생에 유리한 토양을 마련해 주었다는 결론이 그럴싸해 보인다 해도 탈레스가 말하는 근본원리는 어째 기묘하게만 들린다. 물론 물이 생명의 탄생에 아주 중요한 근거가 되기는 하지만, 그래도 물은 생명이 생겨나는 데 필요한 조건이기는 하되, 충분한 조건은 아니기 때문이다. 바로 그래서 세계 전체, 우리가 지각하는 모든 것이 물에서 생겨났다는 주장은 말이 안 되는 이야기처럼 들린다. 그럼에도 단 하나의 원리를 탐색하고 이름을 붙여 보려는 노력은 분명 철학적이다. 아리스토텔레스 역시 그렇게 보았다. 이런 관점은 좀 더 풀어서 설명할 필요가 있다.

아리스토텔레스는 그의 전체 사상 가운데 핵심이라고 할 아주 중요한 저작에서 탈레스의 원리를 다룬다. 아리스

토텔레스 자신은 이 책에『제1 철학』, 곧 최고의 철학을 뜻
하기도 하는 제목을 붙였다. 그의 제자들은 이 책을『형이
상학』이라고 불렀다. 말하자면 이 책은 최초의 형이상학
저작이다. 이 책은 모든 존재와 생각의 토대를 다루는 것
으로, 아리스토텔레스 자신의 표현대로 "근본 원인의 학
문"을 포괄한다. 다양한 원인을 논구하면서 아리스토텔레
스는 이 다양한 원인을 아우르는 보편 원리와 원인을 다룬
철학을 구상했다. 아리스토텔레스가 가장 오래된 철학이
어떤 생각을 펼쳤는지 그려 본 스케치는 대략적이기는 하
지만 중요한 의미를 가진다. 철학의 출발이 무엇인지 찾아
보려는 탐색은 동시에 철학의 본질을 규정하기 때문이다.

최초의 철학은 오로지 물질만을 원리로 보았다고 아
리스토텔레스는 설명한다. 원리란 모든 것이 생겨나는 근
원이자 모든 것이 다시 돌아가는 귀착점으로 생각한 것이
다. 원리 자체는 불변하는 영원한 것이다. 변화하는 것은
오로지 물질이 가진 속성뿐이다. 모든 생성과 소멸은 결
국 어떤 불변의 것을 전제해야만 한다고 고대 그리스 자
연철학자들은 생각했다. 그러나 이런 원리가 몇 가지이며
종류는 얼마나 되는지 이들은 합의를 보지 못했다. 아리
스토텔레스의 논평을 계속 들어 보자.

그런 철학의 원조인 탈레스는 물을 원리로 보았다. 물이
육지를 떠받든 것이 그 증거라고 탈레스는 설명했다.
아마도 그는 자연의 모든 것이 습기를 자양분으로
삼는다고 보았으며, 따뜻함도 증기라는 습기 형태를 띠며
증기로 유지된다고 보았기 때문에 물을 원리로 간주한

모양이다. (이처럼 모든 것이 생겨나는 근거가 모든 것의 원리다.) 이로써 탈레스는 모든 것의 씨앗이 축축한 습기를 본성으로 지니며, 물은 바로 이 습기의 원리라고 하는 가정에 이르렀다.[3]

이렇게 볼 때 탈레스는 모든 사물의 궁극적 원리를 찾은 최초의 철학자다. 아리스토텔레스는 이 궁극적 원리를 태초인 동시에 원리 혹은 근원을 뜻하는 그리스어 '아르케(archē)'로 나타냈다. 아르케는 모든 것이 비롯되는 근원이며, 동시에 그 자체는 불변하는 참된 존재자다. 물론 아르케는 그때그때 다른 방식으로 우리에게 나타난다. 없음에서는 아무것도 생겨나지 않는다. 살아 생존하는 모든 것은 이 근원 덕분에 존재하며, 또 근원으로 다시 돌아가 해체된다.

이런 근원을 묻는 물음은 신들의 창조 행위를 전해 주는 신화가 더는 믿음을 심어 주지 못할 때 고개를 든다. 인간, 동물, 식물 그리고 땅은 생겨나고 소멸하기를 반복한다. 무엇이 이런 변화의 궁극적인 근거로 남을까? 탈레스는 변화하지 않고 남는 것은 흐르는 것, 곧 물이라고 답한다. 세계의 본질과 근원을 다룬 숱한 신화들을 살펴보고 탈레스는 인간과 비슷한 점이 많은 신과는 전혀 다른 새로운 원리 위에 세계 전체를 세웠다. 탈레스는 다양한 신

---

3 Aristoteles, 『Metaphysik』, 983 b. 헤르만 보니츠Hermann Bonitz 번역. 다음 자료도 참조할 것. 볼프강 샤데발트Wolfgang Schadewaldt, 『그리스 철학의 시초Die Anfänge der Philosophie bei den Griechen』. Frankfurt/M. 1978, 213~234쪽.

들이 노니는 천상이라는 생각과 깨끗이 작별하고 유일한
근거, 모든 생성과 소멸을 받쳐 주고 포괄하는 단 하나의
근거에서 자신이 발 디딜 곳을 찾았다.

　　오로지 "단 하나의 원리"를 생각했다는 바로 이 관점
이 탈레스를 철학의 창시자로 만들었다. 두 가지 혹은 그
이상의 원리를 주장하는 사람은 원리가 여러 가지라면 이
런 원리들은 어디서 생겨나는지, 왜 원리들이 서로 달라
지는지, 여러 가지 원리라는 것을 어떻게 설명해야 하는
지 하는 물음을 피할 수 없다. 하나의 근원을 탐색하는 일
은 현상의 엄청난 다양함을 하나의 공통점으로 묶어 그
맥락을 파악하고자 한다. 이런 하나의 공통점이 없다면
현상은 우리의 파악 능력을 넘어서고 만다는 결론을 올바
른 생각이라면 피할 수 없다. 형이상학의 전체 역사는 세
계의 다양함을 단 하나의 원리로 설명하고자 하는 정신적
요구가 쓴 것이다. 단 하나의 원리를 찾아야만 어떤 일의
원인을 되물어 가는 생각이 무한 순환에 빠져 아무런 매
듭을 짓지 못하는 것을 막을 수 있다. 현대의 이론물리학
역시 우주를 설명할 수 있는 세계 공식, 곧 무수히 다양한
사물을 하나의 원리로 묶고자 노력하는 학문이다.

　　물론 탈레스와 더불어 역사의 새 장이 열렸다는 견
해에는 일찌감치 의혹이 제기되었다. 이미 고대에 호메
로스 같은 작가가 강력한 신 오케아노스(Okeanos), 대양
(Ocean)의 어원이 된 신 오케아노스를 모든 생성의 원천
으로 선포했다는 지적은 끊이지 않았다.[4] 그래서 나중에

4　　Aristoteles, 『Metaphysik』, 983 b. Homer, 『Ilias』, XXI, 195~197.

는 탈레스가 신화와의 실질적 단절을 이뤄 냈다고 볼 수는 없다는 주장도 힘을 얻었다. 그러나 이런 주장을 펼치는 사람은 변덕스럽고 포악한 오케아노스, 여신 테티스(Téthys)와 결혼해 수많은 아들과 딸을 낳은 너무도 인간적인 모습의 오케아노스가 인간의 모습과 상관이 없는 근원인 물과는 매끄럽게 이어지지 않는다는 점을 넘겨짚은 것이 틀림없다. 신을 인간의 모습으로 그리는 신화에서 원리를 궁구하는 철학으로 넘어가기 위해서는 과감하게 물로 뛰어드는 도약이 필요하다. 그리고 이런 도약에서 철학이 출발한다. 물론 내용상 탈레스의 새로운 생각은 신화와 비슷해 보이기는 한다. 그러나 이런 유사성은 호메로스가 오케아노스를 "깊숙이 흐르는 지배자"이자 신들의 아버지로 묘사하는 이야기의 강한 여운에 끌린 관점 탓에 그렇게 보일 따름이다.5 그뿐만 아니라 물, 특히 변덕스러운 바다의 힘에 시달리는 인간의 경험 탓에 비슷하게 보이는 것일 수도 있다.

현실을 다루는 생각의 새로운 창시자가 탈레스라는 관점에 대한 또 다른 반론은 아리스토텔레스가 전해 준 탈레스는 여전히 신들의 존재를 믿었다고 하는 주장이다. 그 근거로 거론되는 "우주는 영혼의 지배를 받는다"6는 탈레스의 견해가 맞는 모양이다. 그러나 이 말을 믿는다면 탈레스는 신들을 바라보는 낡은 믿음에 새로운 기초를 마련해 주었다고 보아야 한다. 곧 세계는 영혼의 지배를 받는

---

5 Homer, 『Ilias』, XIV, 201. 『Odyssee』, X, 139.
6 빌헬름 카펠레Wilhelm Capelle(편집), 『소크라테스 이전 철학자들Die Vorsokratiker』. Stuttgart, 1961, 72쪽.

다는 말은 더는 신화적 관점에서 한 것이 아니라 철학적
성찰의 결과물이다. 신과 영혼이라는 두 단어는 탈레스에
게 같은 것을 가리키는 다른 말일 뿐이다. 이로써 탈레스
가 주장한 원리, 곧 물에 아주 중요한 결론이 주어진다. 탈
레스는 거의 모든 초기 자연철학자와 마찬가지로, 아리스
토텔레스가 말했듯, "물질이라는 원리"만 알았다. 그러나
이 물질이라는 원리는 우리가 물질이라 부르는 것이 결코
아니다. 오히려 초기 자연철학자들이 주장한 물질이라는
원리는 생명을 가지는 것, 생기를 띤 물질이거나 물질적
생명을 뜻한다. 바로 그래서 사람들은 나중에 자연철학자
들의 생각을 "물활론(Hylozoism)"이라 불렀다. 탈레스가
바라본 물은 단순한 'H2O'와는 다른, 그 이상의 것이다.

　　앞서 인용한 아리스토텔레스의 말에서 분명하게 드러
나듯, 물을 모든 것의 근본원리로 바라보는 것은 물이 없
으면 생명은 사라진다는 점에 큰 의미를 부여한 관점이
다. 더 나아가 물활론을 진지하게 받아들여 물질도 영혼
을 가진다고 가정한다면, 물이라는 물질은 계속해서 생명
체를 만들어 낸다. 그러나 무엇보다도 잊지 말아야 할 점
은 강 하구 삼각주에 위치한 항구도시의 아들 탈레스는
바다와 물의 강력한 힘을 늘 목도해 왔다는 사실이다. 태
풍이 몰아치는 바다는 해변 전체를 휩쓸고 배들을 집어삼
킬 뿐만 아니라 사람들이 사는 마을도 초토화했으며 새로
운 섬과 곶을 만들어 냈다. 폭우에 넘쳐흐르는 강물은 둑
을 허물고 산의 허리를 찢는가 하면 육지를 물바다로 만
들고 익숙한 생활환경을 뒤바꾸어 놓았다. 반면 대지를
적시는 빗물은 경작할 수 없던 척박한 땅을 비옥한 초원

으로 부활시킨다. 이처럼 물은 분명하고도 확실하게 생명을 가능하게 해 주는 요소일 뿐만 아니라, 지구 전체를 뒤바꾸고 새롭게 꾸며 내는 강력한 힘을 자랑한다.

플라톤은 탈레스라는 인물, 유럽 최초의 철학자가 지닌 새로운 면모, 곧 먹고사는 일에는 신경 쓰지 않고 생각에 골몰하며 연구하는 학자로서의 면모를 잘 보여 주는 일화를 들려준다. 플라톤이 쓴 기록을 보면 탈레스는 밤하늘의 별을 관찰하다가 발아래 우물에 빠지고 말았다. 트라키아 출신의 어떤 총명하고 재치 있는 하녀가 이 광경을 보고 탈레스를 놀리며 발아래 있는 것도 모르면서 하늘만 바라보느냐고 말했다고 한다.7 이 일화는 물을 세계의 근본원리로 선포한 철학자가 하필이면 우물에 빠지고 말았다며 세상 사람들이 철학을 보는 관점의 정곡을 찌른다. 그러나 플라톤은 전혀 다른 측면을 강조한다. 플라톤은 이 일화로 평범한 사람들이 먹고사느라 한바탕 소동을 피우는 한복판에서 철학의 생각함이 어떻게 다른지 보여 준다. 철학자는 오로지 이론으로 근본을 탐색하는 문제에만 관심을 두고 평범한 사람이 주로 골몰하는 일에는 거리를 둔다. 어떻게 하든 빨리 돈만 벌면 그만이라는 태도, 호시탐탐 정치권력에 접근하려 노리거나 이웃 여인과 에로스적인 일탈을 꿈꾸는 번다한 일상에 철학은 일절 관심을 두지 않는다. 심지어 플라톤은 일상생활을 감당하

7   Platon, 『테아이테토스Theaitetos』, 174 a. 다음 자료도 볼 것. 한스 블루멘베르크Hans Blumenberg, 『트라키아 여인의 웃음. 이론의 근원적인 역사 Das Lachen der Thrakerin. Eine Urgeschichte der Theorie』, Frankfurt/M, 1987.

는 데에는 철학자보다 하녀가 더 잘 맞는다고 촌평하기도
한다. 철학자가 할 일은 전혀 다른 것이라면서. 우물에 빠
진 탈레스를 보며 비웃음을 흘리는 보통 사람들은 그러나
항상 우물 안에서, 말하자면 무지함이라는 어두운 동굴
안에서 살아갈 뿐이다.

　　탈레스는 세상 물정이라고는 모르는 몽상가가 아니
다. 탈레스를 다른 방향에서 다룬 다른 일화들은 모두 그
를 이론이든 실제든 모든 문제를 합리적으로 해결할 줄
아는 지혜로운 두뇌의 소유자로 묘사한다. 탈레스는 반원
에 내접하는 각은 직각임을 증명함으로써 오늘날 유명한
"탈레스의 정리"를 밝혀낼 정도로 걸출한 수학자였다. 또
그는 자신의 수학 능력을 응용해 이집트 피라미드의 그림
자로 그 실제 높이를 계산해 내기도 했다. 더 나아가 선박
이 하늘의 별들을 보며 방향을 측정할 수 있게 항해용 천
문학을 만들어 냈으며, 배와 육지 사이의 거리를 계산할
측정 도구도 고안해 냈다. 그는 나일강의 범람을 수면이
높아지게 만드는 바람의 영향으로 설명했다. 일식 현상을
예견해 리디아와 메디아 사이에 벌어질 뻔한 전쟁을 막기
도 했다. 탈레스가 이오니아의 도시들에 페르시아의 위협
을 막으려면 굳은 단결이 필요하다는 조언을 아끼지 않았
다는 이야기도 전해 온다. 그는 리디아의 왕 크로이소스
가 페르시아의 키루스를 치려고 벌인 원정에 동행했으며
크로이소스의 군대가 강을 건널 수 있도록 돕기도 했다.
또 그는 관찰에 근거한 예측 능력을 유능한 경제학자처럼
활용하기도 했다. 별자리를 관측하고 이듬해 올리브가 풍
작을 이루리라고 예측한 탈레스는 올리브유를 짜는 기구

를 모조리 사들여 임대해 주고 막대한 이득을 올렸다. 물론 이런 행위에는 철학자라도 원하기만 한다면 얼마든지 부자가 될 수 있음을, 그러나 이런 일은 추구할 만한 가치가 없음을 보여 주려는 의도가 깔려 있다.[8] 수학과 기술을 다루는 이런 능력 덕분에 탈레스는 고대의 일곱 현자 가운데 한 명으로 꼽혔다. 심지어 탈레스가 이 현자들과 지혜의 대결을 펼쳐 승리함으로써 일곱 현자 가운데 가장 현명한 인물로 인정받았다는 전설도 있다.

탈레스의 업적을 칭송하는 전설들은 한 점의 의혹도 없는 것은 아니나, 두 가지만큼은 분명하게 보여준다. 우선 고대에서 철학과 과학은 하나로서 동일한 것이었다. 둘째, 탈레스는 자기 자신을 사람을 꺼리는 괴짜로 곳곳에서 묘사하기는 하지만, 결코 그런 괴팍한 사상가가 아니었다.[9] 오히려 그는 경제와 정치라는 공공 생활에서 지혜로운 실천을 아끼지 않은 인물이다. 문제 해결 과정에서 그가 보여 준 기술적 관심은 바다로부터 자극을 받은 것이 분명하다. 바다에 맞서 살아남기 위해 싸우는 인간은 물이 주는 위협을 이겨 내고 그 위험을 줄이기 위해 자신의 지능을 총동원해야만 하기 때문이다. 영국의 역사학자 아널드 J. 토인비[Arnold Joseph Toynbee(1889~1975). 영국의 문화 이론가이자 20세기가 낳은 위대한 역사철학자.]는 문화의 모든 발달을 이끌어 낸 추동력은 도전에 맞서 창의적인 해답을

---

8   Aristoteles, 『정치학Politik』, 1259a.

9   디오게네스 라에르티오스Diogenes Laertius, 『유명한 철학자들의 삶과 생각Leben und Meinungen berühmter Philosophen』, 오토 아펠트Otto Apelt 번역, Hamburg, 1967, 15쪽.

찾아내는 것이라고 설명하면서, 인류 역사의 원동력이야
말로 "도전과 응전(challenge and response)" 정신이라고
강조했다. 탈레스의 사상이야말로 이런 도전과 응전의 좋
은 사례로 볼 수 있다. 탈레스는 바다의 도전에 맞서 싸우
며 얻어 낸 지혜를 다른 분야에도 적용했기 때문이다.

탈레스처럼 단 하나의 사상으로 유명해진 철학자는 따로
찾아보기 힘들다. 더욱이 물이 모든 것의 근본원리라는
사상을 탈레스가 원래 정확히 어떤 말로 표현했는지 그
진본조차 전해 내려오지 않는다. 그러나 탈레스는 이 단
하나의 생각으로 동시에 두 가지 위대한 업적을 성취해
냈다. 우선 탈레스는 모든 것을 떠받드는 단 하나의 원리
에 주목한 최초의 인물이다. 그리고 그는 물에서 생명의
조건을 읽어 냈다. 나중에 세월이 흐르면서 물이 생명의
근원이라는 것은 거듭 사실로 확인되었다. 괴테는 탈레스
사상의 두 번째 측면, 곧 물이 생명의 근원이라는 측면에
특히 관심을 기울였다. 비극『파우스트』 2부의 "고전적인
발푸르기스의 밤"에서 괴테는 사이렌, 네레이스, 트리톤
등 바다에 사는 정령과 더불어 철학자 탈레스도 등장시
킨다. 이 대목에서 탈레스는 다른 늙은 철학자 아낙사고
라스와 토론을 벌인다. 호문쿨루스가 두 자연철학자를 만
나 보고 싶다고 하자 메피스토펠레스는 이렇게 빈정댄다.
"그럼 네가 직접 찾아보려무나./ 유령들이 자리를 차지한
곳이라면,/ 철학자도 환영이라네./ 사람들이 철학자의 솜
씨와 호의를 즐기도록,/ 철학자는 얼마든지 새로운 이론

을 만들어 내지."[10] ["고전적인 발푸르기스의 밤(Klassische Walpur-
gisnacht)"은 『파우스트』 2부 2막의 제목이다. 'Walpurgisnacht'은 4월 30
일에서 5월 1일에 걸쳐 벌어지는 봄의 축제다. 기원은 성자 성 발부르가(S.
Walburga, 710~777)를 기리는 마녀의 축제다. 사이렌, 네레이스, 트리톤은
모두 그리스신화에 등장하는 신들로 바다를 상징한다. 호문쿨루스는 연금
술사가 만들어 내는 인조인간을 뜻하며, 왕성한 지식 욕구를 상징한다.] 그
러나 탈레스와 아낙사고라스는 발푸르기스의 밤에서 사
람들이 즐길 만한 허튼 생각은 전혀 늘어놓지 않는다. 괴
테가 그리는 두 철학자는 1800년 즈음에 벌어졌던 지질학
논란의 양측을 대변한다. 한쪽은 이른바 "수성론(Neptun-
ism)"으로 바다의 영향으로 지구가 생겨났다는 입장을 견
지한다. 다른 쪽은 암석이 마그마가 굳은 것이라는 "플루
토니즘(Plutonism)" 또는 "화산 활동(Volcanism)"으로 불
을 뿜어내는 화산이 지구를 만들었다는 주장이다.[11] 탈레
스와 수성론을 보는 괴테의 호감은 숨길 수 없이 드러난
다. 화산을 주장하는 쪽의 입장은 별로 소개되지 않는 반
면, 바다는 생명의 기원으로 거듭 강조된다. 결국 괴테는
물의 사상가 탈레스로 하여금 열띤 목소리로 다음과 같이
외치게 한다.

은혜롭구나! 은혜롭구나! 늘 새롭게!
내가 활짝 피어난 꽃처럼 기쁜 것은,
아름다움과 참됨으로 누리는 것이라······.

10 괴테 전집, 14권의 함부르크 판, 제3권, 238쪽.
11 헬무트 횔더Helmut Hölder, 『지질학과 고생물학의 간략한 역사Kurze
    Geschichte der Geologie und Paläontologie』. Berlin, 1989, 36쪽 이하.

모든 것은 물에서 생겨나는구나!

모든 것은 물로 지켜지는구나!

태양이여, 너의 영원한 은혜를 우리에게 베풀지라.

네가 구름을 보내 주지 않는다면,

풍부한 시냇물을 보내 주지 않는다면,

강의 흐름을 이리저리 바꾸지 않는다면,

빗줄기를 퍼붓지 않는다면, 산이 대체 무엇이며,

들판과 세상은 온전할까?

네가 바로 가장 신선한 생명을 지켜 주는구나.[12]

근대의 주요한 철학자들도 탈레스에게 항상 존경을 표하며 자신들의 언어로 탈레스 생각의 핵심을 알기 쉽게 풀어 주려고 시도했다. 철학의 조상을 기리는 이런 노력은 헤겔과 니체의 글에서 잘 볼 수 있다. 두 철학자는 모든 것을 관통하는 단 하나의 원리를 찾으려는 발상에 칭송을 보낸다.

헤겔은 자신의 철학사 강의에서 학생들에게 "자연 세계의 다양함"을 각기 떨어진 상태로 버려두지 않고 "그 자체로 굳건한 하나의 분명한 실체"로 환원하려 한 시도는 "정말이지 위대한 정신의 대담함"이라고 가르쳤다. 이로써 탈레스는 옛 오케아노스 신화 안에 숨은 이성을 생각의 힘으로 환히 비추었다. 하나의 분명한 실체는 사물의 다양함에서 공통적인 보편성과 구체성을 읽어 낼 줄 아는 생각으로만 찾아지기 때문이다. 결국 탈레스가 말하는 물은 사

---

12 괴테, 위의 책, 255쪽.

물도, 흙, 공기, 불과 더불어 나란히 존재하는 요소도 아니
며, 사람들이 흔히 신을 떠올리는 다른 더 높은 영역의 대
상도 아니다. 오히려 물은 탈레스에게 모든 사물의 유일하
고도 진정한 현실성, 참된 본질을 뜻하는 "모든 것의 신"이
다. 고정된 형식 없이 막힘없이 흐른다는 점에서 물은 이
미 생명력을 발휘한다. "물이 절대자 혹은 고대인이 말했
듯 원리라고 하는 탈레스의 명제는 철학적이다. 이 명제와
더불어 철학은 시작된다. 단 하나의 것, 곧 일자(一者)가
본질이며, 모든 것을 아우르는 참된 존재자라는 점을 탈레
스의 명제는 의식하게 해 주기 때문이다." 이 단 하나의 원
리는 그 존립을 위해 다른 것을 전혀 필요로 하지 않는 그
자체로 존재하는 것이다. 괴테가 물의 본성에 열광했다면,
헤겔은 탈레스에게서 "단 하나의 원리"가 참되고 변함없
는 현실임을 강조한다. "참된 것은 다양함을 포괄하는 단
하나의 원리라는 통찰이야말로 철학적이다."[13]

탈레스가 보는 물이 다른 것들과 나란히 존재하는 대
상이 아니라, 모든 것을 관통하며 묶어 주는 보편원리, 감
각과 지각만으로는 포착할 수 없는 보편원리라는 헤겔의
해석에는 나중에 니체도 동의한다. 다른 문제에서는 헤겔
과 견해를 좀체 공유하지 않았던 니체이기에 더욱 의미
심장하게 다가오는 해석이다. 니체 역시 탈레스와 더불어
철학이 세상에 출현했다는 명제, 곧 비록 아직 낡은 발상
을 완전히 떨치지는 못했어도 근본원리를 강조함으로써

---

13 G. W. F. Hegel, 『철학사 강의Vorlesungen über die Geschichte der Philosophie』, 이론 전집 판, 제18권, 195~209쪽.

철학이 시작되었다는 논제를 설득력 있는 정확한 것으로 받아들였다.

> 그리스 철학은 물이 근원이자 모든 사물의 어머니라는 어딘지 모르게 기묘한 발상에서 시작한 것처럼 보인다. 이런 명제에 머물러 그 내용을 진지하게 받아들이는 것이 정말 필요할까 하고 우리는 묻지 않을 수 없다. 이 물음에 나는 그렇다고 대답한다. 그 이유는 세 가지다. 첫째, 이 명제가 사물의 근원을 말하고 있기 때문이다. 둘째, 이 명제는 그림을 그리지 않으며 신화처럼 꾸며 낸 이야기를 하지 않는다. 마지막으로 셋째, 이 명제는 아직 고치 상태이기는 하지만 "모든 것은 하나다"[이 표현은 모든 것이 맥락을 가지는 통일체라는 의미로 읽어야 한다.]라는 생각을 담고 있기 때문이다. 첫 번째 이유는 탈레스를 아직 종교와 미신과 더불어 있게 하지만, 두 번째 이유 덕에 탈레스는 이런 더불어 있음에서 빠져나온다. 이런 빠져나옴은 탈레스가 최초의 자연 탐구가임을 보여 준다. 세 번째 이유로 마침내 탈레스는 최초의 그리스 철학자로 등극한다. 탈레스에게서 처음으로 과학 하는 인간이 신화를 이겨 냈으며, 다시금 지혜로운 인간이 과학 하는 인간을 넘어섰다.[14]

최초의 철학자가 물질이라는 원리를 주장했으니 최초의 유물론자로 볼 수 있지 않느냐는 생각은 헤겔은 물론이고

---

14 Friedrich Nietzsche, 『학문과 지혜의 겨룸Wissenschaft und Weisheit im Kampfe』, 3권 전집, 카를 슐레히타Karl Schlechta 편집, 3권, 346쪽 이하.

비판적인 니체도 받아들이지 않았으며, 앞서 인용문들이 보여 주듯 다르게 해석했다. "모든 것은 하나다"라는 명제는 모든 것을 신과 동일시하는 범신론(Pantheism)의 원칙이다. 니체가 해석한 탈레스의 지혜는 감각으로 지각할 수 있는 물질만 다루는 자연과학과 다르게 범신론의 차원을 담아낸 것이다. 이렇게 볼 때 탈레스는 현대 자연과학으로 결코 논박되거나 추월당하지 않는다. 오히려 자연과학은 여전히 탈레스로부터 배워야만 한다. 탈레스의 사상은 범신론일 뿐만 아니라 영혼의 지배를 받는 세계라는 관점에서 범심론(Panpsychism)이라는 특징도 보인다.

　모든 것이 물에서 생겨난다면 인간도 마찬가지가 아닐까? 탈레스가 이 물음에 어떤 견해를 보였는지는 알려지지 않았다. 그의 친구이자 제자이며 마찬가지로 밀레토스의 시민인 아낙시만드로스는 옛 기록에 따르면 인간도 물에서 생겨났다고 확실하게 주장했다. 그가 생각한 원리는 물이 아니라 '아페이론(apeiron)', 곧 '한계를 가지지 않는 것', '무한자'이다. 아페이론이라는 원리는 물질의 특성을 전혀 가지지 않는 순수한 존재 그 자체다. 아낙시만드로스의 원리는 이미 두 눈으로 똑똑히 본다는 따위의 인간의 감각적 지각으로부터 완전히 분리되었다. 그러나 아낙시만드로스는 생명이 물에서 생겨난 게 틀림없다고 본다. 정확히 말해서 생명은 물에서 점진적으로 발달해 만들어진 것, 곧 진화로 생겨난 것이다. 물과 흙이 합쳐지며 열기를 통해 물고기 또는 물고기 비슷한 생명체가 생겨난다. 이런 생명체가 점차 진화를 거치며 다른 동물로부터 떨어져 나와 자립적인 생명을 가진 인간으로 발달했다. 아낙시만드로스가 보는 바다 역시 세 가지 단계를 거쳐 이루어졌다. 그가 보는 바다는 지구 전체를 뒤덮었던 홍수가 빠지고 나서 생긴 것이다. 불, 곧 태양이 물의 대부분을 말렸으며, 나머지는 푹 익은 끝에 소금기를 품은 바다가 되었다.[15]

철학 초기에 모든 생명의 출발을 바다에서 이뤄진 것으로 짐작하고 생각을 거듭한 끝에 이론으로 다듬은 것이 오늘날 고도로 발달한 과학으로 입증되고 있다는 사실은 참으로 놀랍다. 이로써 육지 동물인 인간은 자신이 잘 알지 못하는 요소를 생각으로 다룰 수 있는 다리를 지었다. 그 가늠할 수 없는 크기와 엄청난 위험으로 무시무시하게만 보이는 바다를 지능을 갖춘 두 발 달린 동물이 항해를 통해 개척했으며, 심지어 원리를 생각하는 이론으로 자신과 바다를 하나로 묶어 냈다. 모든 생명의 근원인 바다는 결국 인간 자신의 근원이다.

모든 것은 흐른다

탈레스와 아낙시만드로스처럼 보편 원리, 근본 원인을 찾은 끝에 떠오르는 의문은 이 원리로 어떻게 사물의 다양함을 설명할 수 있을까 하는 것이다. 신이라는 창조주의 손이 없다면, 원리 자체가 세계의 다양함을 만들어 낼 수 있어야만 한다. 이런 의문을 풀어 줄 탈레스의 생각은 전해지지 않는다. 우리는 오로지 당시 그리스 철학자들이 특별한 현상이 생겨나는 과정을 압축과 희석으로 설명하려고 시

---

15   Capelle, 위의 책, 80쪽, 87쪽 이하.

도했다는 점만 알 뿐이다. 이를테면 물에서 진흙이, 진흙에서 흙이 생겨나는 과정을 그런 압축과 희석으로 풀어 주려는 게 그런 시도다. 아낙시만드로스는 무한한 것이 따뜻함과 차가움, 메마름과 축축함 같은 대립으로 갈라져 나가며 무수한 사물들이 빚어진다고 가르쳤다. 아직 어린아이 동화 같은 그의 발달 이론은 그러나 개개의 사물이 형성되는 과정을 설명하기 위해 인간의 정신이 진력한 증거다.

대략 1백 년 뒤 세계를 이루는 근본 요소들 사이에 벌어지는 변화 과정을 핵심 주제로 삼은 또 다른 인물은 유명한 철학자 헤라클레이토스다. 헤라클레이토스는 오로지 끊임없는 변화 과정만이 있다고 보았다. 모든 것은 흐르기 때문에 물은 헤라클레이토스에게도 중요한 의미였다. 헤라클레이토스도 밀레토스처럼 바다와 가까운 소아시아의 교역 중심지 에페소스에 살았다. 그러나 헤라클레이토스는 탈레스와는 전혀 다른 사람이다. 그는 생활의 문제를 해결할 기술적인 제안을 한 적이 없으며, 도시의 정치 활동에 참여하라는 권고도 매몰차게 거절했다. 그가 여신 아르테미스를 섬기는 신전에서 아이들과 주사위 놀이를 하고 있을 때 에페소스 시민들이 호기심을 품고 다가오자 헤라클레이토스는 이렇게 외쳤다고 한다. "무엇이 그리도 궁금한가, 이 구제 불능 불량배들아? 이 주사위 놀이는 너희가 한다는 그 정치보다 훨씬 더 깨끗한 것이 아니더냐?"[16] 퉁명스럽고 완고한 성격의 소유자인 헤라클레이토스는 혼자 있는 것을 좋아해서 다른 사람들을

---

16 Diogenes Laertius, 위의 책, 160쪽.

피했다. 그는 행복을 오로지 육신의 향락에서 찾으며 가
축처럼 배불리 먹어 대는 것만 좋아하는 사람들과 거리를
두며 귀족의 자부심을 드러냈다. "행복이 육신의 쾌락일
뿐이라면, 먹이를 가득 얻은 소를 보고 행복하다고 해야
만 하리라."[17] 자신의 친구가 추방당하자 헤라클레이토스
는 책임자를 찾아가 이 도시는 아무래도 주변 눈치만 보
는 소심한 사람만 시민으로 인정하는 모양이라며 스스로
목매달고 도시를 이끄는 책임을 어린아이에게 넘기라고
일갈했다고 한다. 에페소스의 유명한 부자 가문을 찾아간
자리에서 그는 방명록에 이렇게 썼다. "너희의 재산이 바
닥을 드러내지 않게 하라, 에페소스 사람들아, 그러지 않
으면 너희의 무가치함이 환히 드러나리라!"

  헤라클레이토스가 직접 쓴 글 중에서 전해 내려오는
것은 없지만, 그 대신 핵심을 더없이 명료하게 담은 경구와
격언은 많이 남아 있다. 그 가운데 몇몇은 심지어 인구에
회자될 정도로 인기를 누리기도 한다. 전쟁이 모든 것의 아
버지라거나, 같은 강물에 두 번 발을 담글 수는 없다는 말
은 거의 누구나 아는 것이다. 그가 주장한 근본원리는 불
이다. 그러나 땅과 하늘의 근원은 물, 곧 바다에서 찾았다.
그가 왜 그렇게 보았는지 풀어 줄 열쇠는 변화를 중시하는
그의 핵심 사상에 있다. 모든 것은 그 반대의 것으로 넘어
간다. "차가운 것은 따뜻해지며, 따뜻한 것은 차가워지고,
축축한 것은 마르며, 마른 것은 축축해진다." 모든 새로운
단계는 앞선 단계를 부정하고 파괴함으로써만 생겨난다.

---

17 모든 인용문은 Capelle가 번역한 것이다, 위의 책, 151~157쪽.

헤라클레이토스는 끊임없는 변화, 영속적인 변화 과정을 철저하게 생각의 주제로 삼은 최초의 철학자다. 모든 것은 흐른다. 습한 것, 바다는 우리가 사는 세계가 생겨나는 변화 단계다. 헤라클레이토스의 철학을 두고 논평한 어떤 고대 사람은 이 영원한 변화를 두고 '로고스(logos)', 신의 세계 이성이 부여해 준 법칙성이라고 설명한다. 헤라클레이토스를 두고 쓴 대목은 다음과 같다.

> 헤라클레이토스가 세계를 생성하고 소멸하는 것을 풀어놓은 설명을 보자. "불은 이렇게 변한다. 처음에는 바다였던 것이 절반은 흙이 되고 나머지 절반은 불이 된다." 이 말에서 그가 뜻하는 바는 모든 것을 지배하는 로고스이자 신인 불이 완전히 공기로 바뀌고, 그다음에는 습한 것으로 바뀌며, 습한 것이 세계를 생겨나게 하는 근원적인 씨앗이 된다는 것이다. 그는 습한 것을 "바다"라고 부른다. 다시금 바다로부터 땅과 하늘과 그 사이에 포함된 모든 것이 생겨난다. 그리고 이 모든 것이 어떻게 다시 (근원으로) 되돌아가 불이 되는지 그는 다음의 표현으로 분명하게 밝힌다. "그것(불)은 흙이 되기 전에 가졌던 법칙 그대로의 모습을 회복해 모든 것을 태워 불바다로 만든다."[18]

헤라클레이토스의 경구가 너무 어려웠던 나머지 고대 사람들은 그를 "어두운 철학자"라는 별명으로 불렀다. 예를 들어 바다가 하늘과 땅으로 흐르며 바뀐다는 말을 대

---

18 Capelle, 위의 책, 144쪽. 인용문 안에서 인용된 구절은 130~157쪽을 볼 것.

체 어떻게 이해해야 좋을까? 헤라클레이토스는 희석과 응집으로 변화를 설명한다. 희석은 불을 향해 위로 올라가는 운동을, 응집은 아래로 내려와 흙이 되는 변화를 각각 나타낸다. 이 두 가지 운동이 끊임없이 반복되면서 우주의 전체 운동이 순환을 이루는 운명 또는 세계 법칙을 이룬다. 모든 것은 불에서 생겨나 불로 되돌아간다. 영혼도 이런 변화 과정을 따른다. "영혼의 죽음은 물이 되는 것이며, 물의 죽음은 흙이 되는 것이다. 흙이 물이 되고 물이 흙이 되는 변화는 끊임없이 되풀이된다." 그러나 영혼의 죽음은 생명으로의 변화다. 죽음은 오로지 변화한 생명이며 생명은 변화한 죽음이기 때문이다. 모든 것은 그 반대의 것으로 변화한다. 우리가 지속성을 가졌다고 보는 모든 것은 실제로는 변화의 과정일 따름이다. 우리가 같은 강물에 두 번 발을 담글 수 없는 까닭은 부단히 새로운 물이 흐르고 우리 자신 또한 계속 변화하기 때문이다. 헤라클레이토스 철학의 핵심은 그래서 단 한 문장으로 요약할 수 있다. "판타 레이(panta rhei)", 모든 것은 흐른다.

그의 근본원리인 불은 일견 탈레스에게 물이 차지했던 것과 같은 위치처럼 보인다. 그러나 사실은 다르다. 탈레스의 물은 이 철학자가 지진을 설명하는 흐름의 원리이기는 하다. 땅은 그 지하의 물 때문에 흔들린다. 그러나 물은 언제나 물이며, 모든 것의 동일한 근거다. 헤라클레이토스의 불은 그러나 끊임없이 변화하며 그 반대 요소로 넘어간다. 그의 철학이 더욱 어려운 점은 헤라클레이토스가 "로고스" 또는 "신"이라고 부르는 세계 이성이 불과 더불어, 또는 불 위에 있는 게 아니라, 바로 이 불 자체라는 것이다. 세계 이성은 불의 변화 법칙이다. 그리고 이 법칙을 헤라클레이토스는 운명 또는 필연이라 부른다. 그러나 모든 것은 서로 맞물려 변화하기 때문에 그 어떤 것도 다른 것과 지속적으로 달라질 수 없다. 그래서 헤라클레이토스가 말하고 싶어 하는 핵심도 바로 이것이다. "모든 것은 하나다." 헤라클레이토스는 아마도 고대의 다신교 한복판에서 범신론의 이러한 핵심을 강조한 최초의 인물이리라. 이로써 신과 인간의 구분은 사라진다. 고대의 기록은 이렇다. "헤라클레이토스는 모든 것이 떨어졌다가 다시 맞물리며, 생겨났다가 소멸하고, 죽으면서도 불사의 운명을 누리는 하나라고 보았다."

종횡무진 생각을 밀어붙이는 사상가 헤라클레이토스는 그저 우리에게 더 깊이 생각해 보라고 자극을 주는 것일까, 아니면 실제로 더 높은 경지의 철학을 펼쳐 보인 것일까? 우리는 생각을 하고 말을 하면서 바다는 언제나 바다이고 태양은 언제나 태양이라고 전제하지 않는가? 마치 탁자는 언제나 탁자이듯이. 헤라클레이토스가 세계를 지배하는 이성이라고 하는 로고스도 언제나 동일한 로고스여야 하지 않을까? 철학을 하며 상대주의라는 문제, 곧 불변의 고정된 것은 없다는 물음과 씨름해 본 사람은 오늘날까지도 헤라클레이토스라는 이름이 얼마나 큰 비중을 차지하는지 잘 알리라.

19세기에 들어 정치, 사회, 과학 혁명으로 유럽이라는 전체 인간 세계가 변혁의 몸살을 앓을 때, 시대의 요구를 이해하고자 힘쓴 모든 생각할 줄 아는 두뇌에게 선구적인 혜안을 선물한 위인이 바로 헤라클레이토스다. 헤겔은 자신의 철학사 강의에서 헤라클레이토스를 두고 이렇게 말했다. "그에게서 우리는 새로운 땅을 발견한다. 내 논리학에서 헤라클레이토스의 명제를 받아들이지 않은 것은 없다." 헤겔 철학의 핵심인 이 논리학은 모든 존재와 생각의 운동 형식을 보여 준다. 헤라클레이토스는 변화의 사상가로 이미 정확히 이 방향을 열어 주었다. 이 방향, 곧 '모든 존재자의 본질이 변화'한다는 방향은 헤라클레이토스가 선구적으로 열어 준 것이다. 실제로 헤겔 변증법의 몇몇 원리는 헤라클레이토스의 명제로 깔끔하게 풀린다. 모든 것의 본질은 그 반대되는 것으로 규정된다. 헤라클레이토스의 육성을 들어 보자. "병이 건강을, 사악함이 선함을, 굶주림이 배불리 먹는 것을, 피로가 휴식을 달콤하게 만든다." 이처럼 모든 것은 생명이 죽음으로, 죽음이 생명으로 변화하듯, 끊임없이 그 반대되는 것으로 넘어간다. 대립은 모든 운동의 원동력이자 헤겔의 말처럼 부정의 힘이다. 헤라클레이토스는 전쟁을 두고 "모든 것의 아버지"라 하지 않던가. 모든 것은 그 대립된 것을 이미 자신 속에 품는다. "바닷물은 물고기가 마실 수 있는 가장 순수한 것으로 은혜롭지만 인간에게는 해를 끼치는 위험한 것이다." 모든 것이 모순으로 충돌하며 변화하는 원리는 두 철학자가 보기에 바로 로고스, 곧 세계 이성이다. 철학의 핵심 과제는 이 로고스를 추적해 알아내는 일이다.

   니체 역시 헤라클레이토스에게 깊은 경의를 표한다. 심지어 니체는 헤라클레이토스를 모든 철학자 가운데 가장 중요한 인물로 꼽았다. "세계는 끊임없이 진실을 필요로 한다, 고로 세계는 끊임없이 헤라클레이토스를 필요로

한다."¹⁹ 니체는 모든 사물의 변화라는 헤라클레이토스의
근본 사상을 물에서 영감을 얻어 한 폭의 그림처럼 묘사한
다. 헤라클레이토스는 오로지 단 하나의 세계만을 인정했
다고 헤겔은 강조한다. 그렇다, "그는 변화가 없는 정적인
상태로 파악된 모든 존재를 부정한다." 헤라클레이토스가
인정한 유일한 세계는 거센 파도가 몰아치는 바다와 같다.

> 그가 유일한 것으로 바라본 이 하나의 세계, 영원한
> 불문율의 지배를 받는 세계는 리듬을 타듯 강력한
> 파도 속에서 가라앉았다가 떠오르기를 반복한다. 그
> 어디에도 불변의 것, 파괴될 수 없는 영원함, 파도를
> 막아 줄 방파제는 보이지 않는다. 헤라클레이토스는
> 아낙시만드로스보다 더 큰 목소리로 호소한다. "내가 보는
> 것은 오로지 변화일 뿐이다. 너희는 속지 말라! 생성과
> 소멸의 바다에서 그 어딘가에 든든한 육지가 보이는 것은
> 세계의 본질이 아니라 너희의 단견에 그렇게 보일 뿐이다.
> 너희는 마치 고정된 지속성이라도 있는 듯 사물을 부를
> 때 이름을 필요로 한다. 그러나 두 번째로 몰아치는 파도
> 자체도 처음의 파도와 같은 것이 아니다.

고대 사상의 엄청난 위용을 강조하는 니체의 문체에서 우
리는 이미 그가 그리는 철학의 모범이 무엇인지 가늠할
수 있다. 헤라클레이토스가 촉발하는 "현실의 모든 것은

---

19 Nietzsche, 『그리스 비극 시대의 철학Die Philosophie im tragischen Zeitalter
der Griechen』, 전집, 제3권, 380쪽. 다음 인용문은 369쪽 이하.

부단한 변화 속에 있다는 이 두렵고도 막막한 상상"은 마
치 "지진이 일어나 자신이 디디고 선 땅이 든든하리라고
여겨 온 믿음을 사정없이 뒤흔드는 것"과 같은 느낌을 불
러일으킨다. 어느 모로 보나 니체는 헤라클레이토스의 사
상을 묘사하면서 자신이 가슴속 깊이 품은 절절한 감정을
토로하는 게 분명하다. 확실하게 믿을 수 있는 불변의 것
이라고 주장할 만한 것은 전혀 없다. 니체는 자연과 역사
의 끊임없는 변화를 제대로 가려 읽지 못하는 철학자들을
비난하면서, 동일한 것의 영원회귀라거나 운명의 악의 없
는 장난이라는 표현을 쓸 때마다 헤라클레이토스를 모범
이자 우리를 안내해 줄 별빛으로 여겼다. "그가 바라본 것,
곧 변화라는 법칙은 필연적으로 이뤄지는 운명의 장난이
라는 가르침을 우리는 이제부터 영원히 길라잡이로 삼아
야만 한다. 그는 이 거대한 연극의 막을 열었다."

　　헤겔과 니체만이 영원한 흐름의 사상가에게 감격한
것은 아니다. 괴테는 헤라클레이토스의 사상을 자신의 자
연철학은 물론이고 서정시에도 그대로 받아들였다. 괴테
의 시 「변화 속의 지속(Dauer im Wechsel)」은 헤라클레이
토스의 말을 거의 그대로 인용한다.

> 쏟아지는 빗방울과 더불어
> 너의 사랑스러운 계곡은 변하는구나.
> 아, 그러나 같은 강물에
> 너는 두 번 헤엄치지 못하리.[20]

20　괴테 전집, 함부르크 판, 제1권, 247쪽.

신학자이자 철학자인 슐라이어마허[Friedrich Schleiermach-er(1768~1834). 독일의 개신교 신학자이자 고문헌 학자이며 철학자. 플라톤 전집을 독일어로 번역해 유명해진 인물로 근대 해석학의 창시자이기도 하다.]는 헤라클레이토스의 사상을 다룬 두툼한 원고를 써서 이 고대 사상가를 역사학으로 그리고 문헌학으로 연구할 토대를 닦았다. 독일 사회민주주의를 세우는 일에 적극적으로 참여했던 페르디난트 라살레[Ferdinand Lassal-le(1825~1864). 독일의 혁명가이자 사회주의 운동을 선도한 인물. 초기 독일 노동 운동을 주도한 인물 가운데 한 명이기도 하다.]는 1858년 헤라클레이토스의 철학을 다룬 책을 두 권 펴냈다. 이처럼 니체만 헤라클레이토스를 숭배한 것이 아니다. 모든 사회 체계와 문화 전통, 이를테면 종교, 도덕, 정치, 미학의 전통이 격심한 소용돌이에 휘말리자 영원한 변화를 주장한 저 고대 사상가가 큰 관심을 끌었다. 이런 관심은 마치 현실의 불안정함이 지극히 정상이며 절대 안정적일 수 없다는 사실을 헤라클레이토스에게서 확인하려는 몸부림 같았다. 헤라클레이토스의 사상은 자신이 살아가는 시대의 변혁과 불안이 두렵기만 했던 사람들에게 위로를 주었으며, 어떤 새로운 것을 시도하려는 사람들에게는 격려가 되어 주었다. 헤라클레이토스를 읽는 사람은 자신도 모르는 사이에 근대 철학의 한복판에 서게 마련이다.

탈레스와 특히 아낙시만드로스가 인간과 물은 물질적으로 결합되어 있다고 주장했다면 헤라클레이토스와 그 후계자들은 정신적인 결합까지 읽어 냈다. 변화하는 현실을 파악하기 위해 우리는 물에 빗댄 그림과 상상을 생각의 도구로 쓰게 마련이다. 인간 세계의 변화, 곧 시간의 흐

름 속에서 일어나는 변화를 포착하려는 노력도 마찬가지
다. 사조의 흐름, 유행의 파도, 봇물 터지듯 쏟아져 나오는
정치 변혁, 피난민의 물결에서 보듯 이런 모든 표현은 물
과 바다를 비유한 것이다.

2

옛 아틀란티스와 새로운 아틀란티스

'좋음'이 무엇인가 하는 물음

어떤 것이 윤리적인 행동인지 헤라클레이토스에게 묻는 다면 그는 로고스, 세계 이성을 따르며 그 요구에 맞는 공통된 것을 해야만 한다고 답하리라. 그러나 이게 무슨 말일까? 로고스는 우리에게 무엇을 요구하는가? 그리고 어떤 사람은 오로지 쾌락만 추구하고, 또 어떤 사람은 정치적 영향력을 키우려 안달하며, 또 다른 어떤 사람은 그저 좋은 돈벌이만 원한다면, 대체 이들을 묶어 주는 공통점은 무엇인가? 이런 물음에 전혀 답을 주지 않는다며 소크라테스는 고대의 자연철학자들에게 실망을 금치 못했다. 물론 우리는 이런 실망이 정말 소크라테스 자신의 것인지 알 수 없다. 우리는 소크라테스의 생각을 오로지 플라톤의 책을 통해서만 읽을 수 있기 때문이다. 어쨌거나 플라톤의 대화편에 등장하는 소크라테스는 자연철학자들이 사물의 생성과 소멸이라는 문제도 알기 쉽게 풀어 주지 못한다고 꼬집는다. 아낙사고라스가 세계를 설명하는 방식은 마치 왜 소크라테스가 여기 이 의자에 앉아 있느냐는 물음에 소크라테스의 몸은 뼈와 인대로 이뤄졌고 뼈는 관절로 결합되었으며 움직일 때마다 힘줄을 굽혔다 폈다

하느라 힘이 들어 의자에 앉았다고 답하는 것과 같다.[21] 이런 반어적인 방식으로 소크라테스는 자연의 지식이 설명해 주는 게 없으며 더욱이 철학의 핵심 물음을 다루기에 적당하지 않다고 폭로한다. 오늘날 두뇌생리학이 모든 문제를 풀어 줄 것이라고 기대하는 사람은 소크라테스의 이런 지적을 귀담아 들어 둘 필요가 있다.

소크라테스는 옛 자연철학자들은 물론이고 새롭게 출현한 소피스트에게도 불만을 품었다. 소피스트는 돈을 받고 지식을 팔았을 뿐만 아니라 진리라는 게 정말 존재하는지 믿을 수 없다는 말을 공공연히 퍼뜨렸기 때문이다. 소크라테스는 소피스트에 맞서 '좋음'이 무엇인지, 참된 지식이란 어떤 것인지 알아내고 싶어 했다. 확실한 지식을 가졌다고 주장하는 사람의 말을 아무런 시험 없이 받아들일 수 없었기 때문이다. 소크라테스는 진실이 무엇인가 하는 물음의 답은 자연 탐구가 아니라 인간이 어떤 존재인가 하는 성찰, 반성을 통한 자기 성찰로만 얻어 낼 수 있다고 보았다. 소크라테스의 제자인 플라톤의 철학 전체는 바로 이 '좋음'이라는 것이 무엇인가 하는 물음에 초점을 맞춘다. 인간의 본성을 성찰하고 앎의 본질이 무엇인지 묻는 철학은 물과 바다에 더는 관심을 두지 않는다. 이 철학이 주목하는 것은 빛이다. 플라톤 철학의 중요한 개념 가운데 하나인 '이데아(idea)'는 두 눈으로 본다는 그리스어에서 유래한 것으로 앎을 이루어 가는 과정을 시각적인 그림으로 풀어 주려는 것이다. 플라톤의 유명한 태양

---

21 Platon, 『파이돈Phaidon』, 98c-d(번역, F. 슐라이어마허).

비유는 앎이 무엇인지 묻는 물음과 좋음을 묻는 물음이
분리될 수 없음을 분명하게 보여 준다. 빛이 있어야 우리
가 두 눈으로 어떤 특정한 것을 볼 수 있듯 '좋음'이라는 이
데아를 가질 때에만 우리는 인식능력과 인식 대상이 서로
모순을 일으키지 않음을 명확히 알 수 있다. '좋음'이라는
이데아는 햇빛처럼 대상을 환히 밝혀 주기 때문이다. 그
러나 철학자 플라톤의 눈에 바다는 윤리적이고 정치적인
이유에서 의심스럽다. 플라톤의 눈에 모든 것이 흐른다는
관점은 앎의 기반을 허무는 것처럼 보였다.

　　거의 언제나 빛과 태양과 불로 생각함과 깨달음의 과
정을 두 눈으로 보듯 그림처럼 그려 보여 주기는 했지만
플라톤은 우리 인간이 처한 상황 전체를 묘사하기 위해
기회가 있을 때마다 바다도 끌어들였다. 이런 묘사에서
바다는 불순하고 혼탁한 지식이 떠도는 곳으로 그려진다.
속세에 더러워지고 뒤틀린 영혼을 실감 나게 묘사하고자
플라톤은 영혼을 저 거친 심해에서 혹사당하는 바다의 신
으로 비유한다. 물론 우리는 영혼이 천상의 것이며 불멸
의 생명력을 가진다는 점을 잘 알지만, 속세의 우리 몸 안
에 갇힌 영혼은 "바다에 사는 신 글라우코스처럼 거친 파
도에 시달린 나머지 사지가 찢겨 나가고 조개와 해조류와
산호 따위에 휘감겨 본래 모습을 보여 주지 못할 뿐이다.
우리의 영혼도 세상을 살며 겪는 수천 가지 고통으로 원
래 형상을 알아볼 수 없게 망가진다."[22] 이처럼 바다는 별
로 매혹적이지 않으며 심지어 신조차 망가뜨려 추해 보이

22　Platon, 『국가Politeia』, 611e~d.

게 만드는 말 그대로 고통으로 혼탁한 곳이다.

우리 인간의 안타까운 상황을 묘사할 때에도 바다는 비유로 쓰인다. 신을 부정하고 젊은이를 호도했다는 이유로 사형을 선고한 아테네 법정의 판결이 집행되기 전에 소크라테스는 제자들과 함께 마지막 대화를 나누며 네 차례의 논증 과정을 거쳐 날카로운 감각으로 영혼의 불멸성을 입증했다고 플라톤은 썼다. 이런 논증으로 소크라테스는 죽음을 두려워할 필요가 없다고 강조한다. 그러나 몸이 죽으면 불멸의 영혼은 어디로 가느냐는 질문에 소크라테스는 한동안 생각에 잠겼다가 우리가 유일한 현실이라고 여기는 것보다 더 높은 차원의 세상이, 더욱 순수하고 아름다운 세상이 우리 위에 존재한다고 답한다. 그러나 소크라테스가 했다는 이 대답은 정말 그 자신이 한 생각인지는 확실하지 않다. 다만 그가 이런 말을 했다는 전언만 있을 뿐이다. 아무튼 우리 인간이 이런 상황에 처해 있다. 인간은 지구라는 커다란 땅의 극히 작은 부분에서 살 뿐이다. 말하자면 늪지대에 사는 개미나 개구리처럼 바다로 둘러싸인 움푹 파인 구덩이 같은 곳이 인간의 거주지다.(늪지대에 사는 개미나 개구리라는 표현은 지중해 주변의 주민을 염두에 둔 것이다.) 인간은 오로지 이 구덩이만 알 뿐이다. 비유하자면 바다 밑바닥에서 살면서 게으름과 허약함 탓에 물 위로 머리를 내밀 생각을 전혀 하지 못하는 처지가 우리 인간의 상황이다. 그래서 인간은 머리 위의 바다를 하늘이라 여기며 절대 아름다운 땅을 보지 못한다. 그러나 이 구덩이를 벗어나 하늘 높이 날아오르면, 인간은 가장 먼저 자신이 살던 구덩이가 얼마나 좁고 보잘것없는지 알게 된다. 잠깐 수면 위로 뛰어올랐다가 육지를 본 물고기처럼 우리는 틀림없이 진짜 하늘과 진짜 빛과 진짜 땅을 간절히 그리워할 것이다. 더 높고 아름다운 곳에서 내려다보는 우리의 구덩이 같은 세상은 추악하기만 하다.

> 우리가 사는 땅은 온갖 풍상으로 할퀴어 황량하기 짝이 없다. 마치 바닷속에 빠진 아름다운 보석이 소금으로 부식된 것 같은 추한 모습이 우리가 사는 세상이다. 바다에는 언급할 가치가 있는 그 어떤 것도 자라나지 않으며 완전한 것이라고는 더더욱 찾아볼 수 없다. 오로지 갈라진 틈새와 모래만 있을 뿐이다. 한때 땅이었던 곳이 바다에 잠기면 오물과 진창만 남을 뿐이다. 아무튼 우리의 아름다움과 비견할 수 있는 것은 전혀 없다.[23]

플라톤은 소크라테스가 가정한 더 낮고 순수한 세상의 존재를 증명할 수는 없지만, 이런 세상을 믿는 것은 "아름다운 모험"이라고 강조한다.[24] 이 아름다운 모험이라는 말을 나중에 기독교 신학자들이 종교적 신앙을 강조하기 위해 앞다투어 받아들였다. 감각으로 지각할 수 있는 세계 저편에 다른, 더 완전한 현실이 존재한다는 점에서 기독교는 플라톤과 견해를 같이하기 때문이다. 플라톤은 보충 설명이 필요할 때마다 그림이 풍성한 이야기와 신화를 즐

23　Platon, 『Phaidon』, 108c~110b.
24　위의 책, 114d.

겨 인용한다. 합리적인 생각이 벽에 부딪힐 때마다 예전
과는 다른, 새로운 방식으로 신화를 끌어 쓰기는 하지만,
플라톤은 자신의 철학에서 이런 이야기는 신화라고 분명
히 밝힌다. 신화는 지성으로 정당화할 수 없지만 답을 알
수 없는 열린 물음에는 어느 정도 도움을 준다. 이런 설명
방식에서 바다는 우리 인간 실존의 음습한 그늘을 보여
주는 그림, 무엇보다도 우리의 대단히 제한적인 인식능력
의 실상을 보여 주는 그림이다.

　플라톤이 말하는 천상이라는 곳에는 물론 도덕적으
로 흠결 없는 인생을 살았던 사람, 사려 깊음, 정의감, 용
감함, 고결함과 진실성을 자랑하는 영혼만이 죽음 이후에
올라간다. 죄를 저질렀거나 범죄를 방조한 책임이 있는
사람은 지하 세계로 보내진다. 그리고 이 지하 세계를 플
라톤은 신화와 자연철학 이론을 섞어 묘사한다. 지하 세
계는 네 개의 강력한 격랑이 서로 충돌하는 곳, 그야말로
난장판이다. 그 가운데 오케아노스가 일으키는 격랑은 특
히 강력하다. 얼음처럼 찬물과 펄펄 끓는 물이 수시로 교
차하며 불과 진창으로 뒤범벅이 된 현장이 지하 세계다.
그곳의 물은 마치 펌프로 끌어올려지듯 우리가 사는 땅을
뒤덮으며 강과 호수를 이루었다가 바다로 흘러들어 다시
지하 세계로 내려온다. 강과 호수가 범람하다가 다시 말
라 버리는 이유는 물이 이렇게 순환하기 때문이다. 그러
나 지하 세계는 물이 발원하는 곳일 뿐만 아니라 범죄를
처벌하는 장소이기도 하다. 추악한 영혼은 강으로 내몰려
세찬 물살에 시달리며 지은 죄에 따른 벌을 감당해야만

한다.[25] 플라톤의 동굴은 무엇보다도 음습하다. 처벌의 장소인 저 깊은 지하 세계와 바다는 밀접하게 맞물린다. 근대 초기까지만 하더라도 사람들은 바다가 끔찍한 괴물 또는 심지어 악마의 지배를 받는다고 믿었다. 철학은 물론 이런 속설을 그대로 받아들이지 않는다. 하지만 심지어 플라톤이 바다를 이렇게 묘사한 것은 사람들이 얼마나 바다를 무섭고 두려운 대상으로 받아들였는지 잘 알려 주는 방증이다.

플라톤이 들려주는 유명한 아틀란티스 전설도 바다를 처벌의 장소이자 수단으로 끔찍하게 묘사한다. 플라톤의 대화편 『티마이오스(Timaios)』와 『크리티아스(Kritias)』는 바닷속에 가라앉았다는 이 전설의 아틀란티스를 다룬 원전이다.[26] 다른 기록 어디에도 아틀란티스는 등장하지 않는다. 플라톤은 이 전설의 섬이 부상하고 몰락한 과정을 이집트 사제가 기록했으며, 아테네의 개혁 정치가 솔론(Solon), 일곱 현인 가운데 하나인 그가 이 기록을 그리스로 가져왔다고 이야기한다. 플라톤이 이 전설에 담은 철학적 의도를 파악하기 위해 잠깐 이야기를 살펴보자. 물론 이 요약본은 플라톤이 쓴 표현을 고스란히 되풀이하지 않고 그 함의를 알기 쉽게 풀어 본 것이다.

우리가 호메로스의 서사시를 통해 알 듯, 고대 그리스의 신들은 툭하면 서로 싸움을 벌였다. 지배 구역 탓에 끊임없이 드잡이를 하는 것을 피하고자 신들은 제비뽑기로

---

25   위의 책, 111c~114c.
26   Platon, 『Timaios』, 20d~25e, 『Kritias』, 108e~121c.

구역을 나누기로 결정했다. 이렇게 해서 여신 아테나와 대장장이와 불의 신 헤파이스토스는 아테네 시민의 원래 땅, 곧 '원(原) 아테네(Ur-athen)'를 얻었다. 포세이돈은 헤라클레스의 기둥 너머에 있는 커다란 섬 아틀란티스, 곧 지중해를 벗어나 지브롤터 뒤에 있는 섬 아틀란티스를 차지했다. 두 영역은 눈부시게 발전했다. 신들이 토양을 비옥하게 돌봐 주어 모든 생명이 번성할 조건을 만들어 주었기 때문이다. 당시 매우 넓었던 아테네 영역은 아직 토양침식이 일어나기 전이라 이처럼 비옥한 토양을 자랑했다. 신들은 사람들을 원하는 방향으로 항상 능숙하게 이끌었다. 신들은 사람들의 영혼을 설득하는 방법을 썼는데, 이는 마치 방향타로 배를 원하는 방향으로 조종하는 것과 같았다.[27] 아테나와 헤파이스토스가 지배하는 아테네 땅의 백성은 그 신들의 특성에 충실해서 지혜와 예술을 사랑하며 불의에 굴하지 않는 용기로 좋은, 정의로운 국가 질서를 가꾸기에 힘썼다. 이 질서란 모든 국민이 자신이 맡은 일을 하는 것이다. 대다수는 농사를 짓고 경제활동에 충실했으며 나머지는 전쟁을 담당했다. 전쟁을 담당하는 그룹은 따로 정해진 구역에서 생활했다. 이 구역에서 사람들은 사유재산을 몰랐으며 여성과 남성이 동등한 대우를 받는 환경을 구축했다. 다시 말해서 여성과 남성은 결혼을 하지 않고 살면서 일을 똑같이 나누었다. '원 아테네' 시민은 전체적으로 대단히 성실했고 올곧은 자세로 조국을, 심지어 헬라스 전체를 섬겼으며 "아름다운 신

---

27 Platon, 『Kritias』, 109c.

체와 모든 면에서 뛰어난 정신력으로 유럽 전체와 아시아
에서 높은 평판을 누려 당시 살아 있는 모든 사람 가운데
가장 뛰어난 민족이었다."[28]

포세이돈은 아틀란티스 섬에 평화가 깃들도록 살폈
다. 포세이돈은 대단한 행운을 누려 섬 한복판에서 고아
로 자란 젊은 여자를 만나 바로 사랑에 빠졌다. 신이 이런
행운을 누린다는 것은 그리 새삼스러운 이야기가 아니다.
아무런 훼방을 받지 않고 오붓하게 여자와 사랑을 나누고
자 포세이돈은 그녀와 만났던 언덕을 일종의 성으로 개
조했다. 포세이돈은 아름다운 성 주변에 세 개의 벽을 쌓
고 두 개의 해자를 만들고나서, 처녀라기보다 소녀에 가
까운 클레이토(Kleito), 오늘날 우리의 관점에서 보면 미성
년자가 분명한 클레이토와 의도적으로 다섯 쌍의 쌍둥이
아들을 낳았다. 포세이돈은 아이들의 머릿수에 맞춰 자신
의 섬을 열 개로 나눈 다음 아들들에게 각각의 영토를 지
배하게 했다. 아들들은 모두 신의 유산을 지녔으며 대대
로 물려줄 지배자가 되었다. 포세이돈은 장남에게 아틀라
스(Atlas)라는 이름을 지어 주고 왕으로 삼았다. 아들의 이
름을 따서 섬 전체를 아틀란티스라 불렀으며 바다 역시
아틀란틱(Atlantik)[대서양을 뜻하는 영어의 Atlantic.]이라고 이름
붙였다. 나중에 섬의 모든 지배자는 왕위에 올랐다.

아틀라스 후손 왕조의 지배를 받으며 아틀란티스는
갈수록 힘을 키우고 부를 쌓으며 그 지배 영역을 더 많은
섬으로, 심지어 지중해를 넘어 이탈리아와 이집트까지 넓

혀 나갔다. 문명과 문화의 모든 면에서 아틀란티스 주민은 놀라울 정도로 탁월한 능력을 자랑했다. 이들은 기술이 뛰어났으며 생각할 수 있는 모든 편의 시설을 만들어 냈다. 채광(採鑛)을 하고 조경에 힘써 관개시설을 만들고 항구와 궁전, 다리, 성벽과 성문을 지었다. 수영을 즐길 공간을 무수히 많이 만들었으며 섬 주위에 커다란 방호벽을 쌓고 배가 운하를 통해 바다로 오갈 수 있게 한 솜씨는 혀를 내두를 정도였다. 이들은 농업과 정원 가꾸기 그리고 가축 사육에도 뛰어난 솜씨를 발휘해 심지어 코끼리도 키웠다. 이들은 이재에 대단히 밝아서 다른 섬들과 교역을 하면서 새로운 재화를 숱하게 벌어들였다. 스포츠를 즐겨 전차 경기장까지 지었다. 미적 감각이 뛰어나 벽을 쌓을 돌을 적절한 색으로 골랐다. 군사적으로는 더없이 강력한 군대를 육성해 열 개 지역은 저마다 전차 십만 대로 무장했다. 그리고 해상 전투에 대비해 연합 함대도 구축했다. 정치에서도 지혜를 발휘해 정의로운 사회를 자랑했다. 열 명의 지배자는 각자 독자적인 재판권을 행사했다. 열 개 영역 사이의 권력관계는 포세이돈이 정한 법으로 지켜졌다. 포세이돈을 기리기 위해 신성한 장소를 골라 황금 벽으로 둘러싼 화려하고 거대한 신전을 지었다.[29]

플라톤은 다채로운 풍요함을 자랑하는 이 섬나라를 매우 자세히 묘사한다. 그는 섬과 그 건축물의 규모를 상세히 밝히는가 하면 아틀란티스의 입지를 알려 주기도 한다. 이를테면 섬이 가라앉은, 지브롤터 건너편 지역은 바

---

29 위의 책, 114~119.

닥이 깊지 않고 진창이라 배를 타고 지나갈 수 없다는 설
명이 친절하게 따라붙는다. 플라톤의 이런 자세한 묘사
덕분에 본격적인 아틀란티스 연구에 불이 붙었다. 아틀란
티스를 다룬 문헌만 이만여 종이 넘게 나왔으며 이런 연
구 열기는 아직도 끝나지 않은 것으로 보인다.[30] 언제 어
디서 이 섬이 바다에 가라앉았는지, 아니 섬이 도대체 존
재하기는 했는지 하는 물음이 식을 줄 몰랐으며 이는 여
전히 많은 연구가 이어지는 원동력이다. 논란의 여지가
없는 것은 오로지 단 하나의 사실뿐이다. 플라톤이 묘사
한 지역의 바다는 배가 지나다닐 수 없을 정도로 수심이
얕지 않다. 역사의 기록은 실제로 고대 도시들이 지진과
범람으로 몰락하고 말았다고 증언한다. 플라톤과 거의 같
은 시기인 기원전 373년 도시 헬리케(Helike)가 그 좋은 예
다. 또 키클라데스 제도에 속하는 테라(Thera)섬, 오늘날
의 산토리니 역시 화산 폭발로 파괴되었다. 마찬가지로
확실한 것은 플라톤이 이런 이야기를 들려주는 의도뿐이
다. 플라톤의 아틀란티스 이야기는 그의 국가철학의 일부
다. 바로 그래서 플라톤이 아틀란티스를 둘러싼 연구를
환영하지 않을 거라는 점은 장담할 수 있다. 플라톤은 역

---

30 몇 가지 예만 들어보겠다. J. V. 루스, J. V. Luce, 『아틀란티스의 종말The End
of Atlantis』. London, 1969. 제임스 W. 메이버 주니어James W. Mavor Jr.,
『아틀란티스로 가는 여행Voyage to Atlantis』. 1969. 오토 H. 무크Otto H. Muck,
『아틀란티스의 모든 것. 옛 논문 – 새로운 연구Alles über Atlantis. Alte Thesen
– neue Forschungen』, Düsseldorf, Wien, 1976. 에드윈 S. 라메이지Edwin
S. Ramage(편집), 『아틀란티스, 팩트 아니면 허구?Atlantis. Fact or Fiction?』,
Indiana Univ. Press, 1978. 하인츠귄터 네서라트Heinz-Günther Nesserath,
『플라톤. 크리티아스Platon. Kritias』, Göttingen, 2006, 248~450쪽.

사적 진실이 아니라 철학적 진실을 원했을 뿐이다. 플라톤은 역사학자나 고고학자가 아닌 철학자이지 않은가. 구천 년 전 바다에 가라앉았다는 대단히 흥미로운 섬 이야기를 들었는데 해저에 그 유적이 남았는지 찾아보지 않겠나 하고 말하는 것은 분명 그의 의도가 아니리라! 오히려 플라톤은 당대 아테네 시민에게 부패한 국가는 몰락의 저주를 받을 수밖에 없다는 간결하면서도 확실한 메시지를 전해 주고 싶었을 것이다. 너무 늦기 전에 정의로운 국가를 실현하도록 힘쓰라! 플라톤의 이런 의도는 아틀란티스를 묘사하는 맥락에서 분명하게 드러난다.

아틀란티스를 다룬 글을 쓰기 전에 플라톤은 무엇이 정의이고 좋음인지 상세히 다룬 대작 『국가』를 집필했다. 좋음이란, 그 분명한 내용이 받쳐 주지 못한다면 추상적이고 공허한 개념일 수밖에 없다. 그래서 플라톤은 모든 덕목의 총화인 정의로움이 국가라는 체계 안에서 어떻게 실현될 수 있는지, 이성적인 구조를 갖춘 공동체에서 좋음이란 구체적으로 무엇인지 상술한다. 플라톤은 이런 논의를 위해 현실에 존재한 적이 없지만 정의를 직관할 수 있는 모델인 이상 국가를 설정한다. 대화편 『티마이오스』는 그런 이상 국가가 현실의 다른 국가와 비교해 어떤 모습이며 무슨 근거로 주장될 수 있을까 하는 의문을 제기한다. 이 물음의 답으로 주어진 것이 '원 아테네'와 아틀란티스 이야기다. 이성에 기초한 국가는 모든 관점에서 다른 국가보다 뛰어나다. 단 한 가지 조건은 이성적인 국가의 지배자와 국민은 윤리적으로 흠결 없이 살아야 하며 도덕적으로 타락하지 않아야 한다는 것이다.

아틀란티스 사회의 토대 또는 근간은 저 놀라울 정도
로 성취한 문명이 아니라 신이 정해 준 법칙에 따른 안정
적인 권력이라고 플라톤은 강조한다. 열 명의 왕은 저마다
자신의 관점에 따라 법적 판결을 내릴 수 있다. 그러나 이
런 판결의 기초는 신이 내려 준 정의 감각이다. 포세이돈
이 열 명의 왕들 사이의 관계를 규정한 법은 불변하며 철
판에 새겨 포세이돈 신전에 보관되었다. 먼저 왕들은 그
조상인 포세이돈을 섬기는 데 소홀함이 없어야 한다. 왕들
은 지혜를 키우기에 힘썼고 서로 우애를 다졌으며 부유함
이 아니라 오로지 덕성을 최고의 가치로 존중하고 섬겼다.

> 이들은 풍성함에 현혹되지 않았다. 부유함 탓에 자제력을
> 잃거나 탈선하는 일도 없었다. 오히려 이들은 냉철하고
> 날카로운 시각을 유지하며 이런 재화는 전체적으로 서로
> 덕성을 키우는 사랑으로 번성할 뿐, 재화만 좇는 허영은
> 자신을 몰락시킨다고 보았다.[31]

오늘날 우리에게 깔끔하게 분리된 자립적 영역인 종교,
법, 도덕은 아틀란티스라는 공동체에서는 서로 떼어 낼
수 없게 맞물렸다. 종교와 법과 도덕의 이런 혼연일체는
왕들이 함께 의견을 모으고 법적 판단을 내리는 일에 수
반되는 다양한 제례가 여실히 증명한다. 아틀란티스 주민
은 신의 유산이라는 바탕 위에서 윤리 질서를 지키기에
힘썼다. 이런 윤리가 외면당해 결국 "굴욕적인 상태"로 전

---

31 Platon, 『Kritias』, 121a.

락하자 아틀란티스가 몰락하기 시작했다.

플라톤은 이렇게 빚어진 파국을 그저 짤막한 문구로 매듭짓는다. "법에 따라 다스리는 신들의 신"인 제우스가 아틀란티스의 주민들을 처벌하기로 결정한다. 제우스는 모든 신을 소집해 "일러 말하되, ……." 이 문장으로 대화편 『크리아티스』는 끝난다. 결국 이 작품은 미완성으로 남았다. 그러나 플라톤이 다른 작품에서 이미 아틀란티스의 몰락을 다루었기 때문에 우리는 제우스가 무슨 말을 했는지 쉽게 상상할 수 있다. 오늘날 우리가 쓰는 말투로 옮겨본다면 제우스는 대략 이렇게 말했으리라. "존경하는 올림포스 신들, 친애하는 동료들이여! 동료 포세이돈이 다스리는 지역인 아틀란티스의 왕들과 국민은 도덕적 타락이라는 차마 눈뜨고 볼 수 없는 참상을 빚고 말았다. 그들은 누릴 수 있는 최선의 것을 가졌는데도 도덕을 완전히 포기하고 말았다. 그들은 자신의 행복을 더는 감당하지 못하고 뒤엎고 말았다. 그들은 진정한 행복을 알아볼 감각이 없는 사람을 행복할 거라고 여기고 오로지 부도덕함과 권력의 열매만 누리려 한다.[32] 그래서 그들에게는 신성함의 흔적이 남아 있지 않다. 따라서 우리는 이 사람들을 처벌해 각성시키기로 결정한다. 나는 아틀란티스가 계속 제국주의의 유혹에 사로잡혀 전쟁을 일삼다가 그 커다란 전쟁 기계를 가지고도 규모가 훨씬 더 작은 아테네 군대에게 굴욕적인 참패를 당하게끔 제안하노라.[33] 누가 덧붙일

---

32 위의 책, 121b.

33 Platon, 『Timaios』, b~c.

말은 없는가?" 다른 신들은 포세이돈, 이미 오래전에 아틀
란티스 주민에게 화가 잔뜩 난 포세이돈까지 포함해 침묵
했다. 제우스는 다시금 자신의 의중을 확실히 밝히려 결
연한 표정을 짓고 이렇게 선포했다. "그래도 아틀란티스
의 도덕적 상황이 개선되지 않는다면 우리는 언젠가 섬
전체를 바다에 가라앉히리라."

　아쉽게도 플라톤이 들려준 두 편의 각기 독립적인 아
틀란티스 이야기는 서로 매끄럽게 맞아떨어지지 않는다.
바로 그래서 해석의 문제가 생겨난다. 더 간결한 이야기는
아테네가 팽창주의를 일삼던 강대국 아틀란티스를 무찔
렀고 나중에 아테네 군대는 지진과 범람으로 몰살당하고
말았으며 아틀란티스는 바다에 가라앉았다고 들려준다.[34]
반면 제우스가 아틀란티스를 처벌하기로 결정한 것으로
끝나는, 앞서 살펴본 미완성 버전은 아테네 군대의 승리와
그들의 몰락을 전혀 언급하지 않는다. 첫 번째 이야기는
아테네 시민의 윤리적인 우수성을, 두 번째는 부패한 아틀
란티스가 받은 처벌을 보여 준다. 이 두 이야기를 하나의
맥락으로 완성하기 위해서는 우리 자신이 뭔가 덧붙여 생
각해야만 한다. 신들이 종종 홍수로 인간들을 처벌하고 땅
을 "순화"했다는 플라톤의 묘사에 비추어, 우리는 아테네
군대의 몰락도 처벌로 해석해야만 한다. 그러면 아마도 제
우스는 자신의 연설을 다음과 같이 이어 갔으리라. "아테
네가 아틀란티스를 누른 승리로 교만해진 나머지 도덕을
저버린다면 우리는 아테네도 군대의 몰락으로 처벌하게

34　위의 책, 25c~d.

될 것이다." 이렇게 해서 아테네의 군대는 물론이고 아틀란티스 섬도 불과 스물네 시간 만에 몰락하고 말았다.

플라톤의 아틀란티스 이야기에 담긴 도덕철학적 함의는 조촐하다. 그래서 우리는 그런 간결한 메시지를 위해 왜 그처럼 많은 말이 필요했을까 하는 의문을 품을 수밖에 없다. 그래서 많은 사람들은 플라톤의 아틀란티스가 철학 이론이라기보다 역사 이야기에 더 가깝다고 본다. 그러나 플라톤이 이런 서술 방식을 택한 데에는 교육적인 근거가 있다. 교육자로서 플라톤은 대중이 오로지 순수한 지성을 이용해 추상적 개념만으로 생각하면 쉬이 피곤해한다는 것을 알고 있었기에 상상력을 자극해 줄 필요가 있다고 보았다. 우리는 플라톤이 다른 주제를 다룰 때에도 그림처럼 구체적이고 상세한 이야기를 즐겨 사용하는 것을 안다. 동시에 플라톤은 독자가 분명하게 태도를 바꾸어 도덕적으로 행동하도록 동기를 부여해 주고 싶었다. 구체적인 모범 또는 최소한 절박한 호소를 담은 그림은 건조하기만 한 도덕규범보다 더 빠르게 실천적 결단을 내리게 해 준다. 플라톤이 과거의 이상적인 국가들을 설정하고 이야기가 그럴싸하게 들리도록 모든 수고를 아끼지 않은 것은 기원전 4세기 아테네 시민에게 이성에 기초한 국가는 얼마든지 가능하며 이미 존재했던 적이 있다고 설득하고 싶었기 때문이다. 그리고 도덕적 부패가 계속된다면 국가가 몰락한다고 경종을 울려 주려는 것이 플라톤의 진정한 의도였다. '원 아테네' 사람들이 이미 구천 년 전에 도덕적으로 나무랄 데 없는 공동체를 세웠다는 플라톤의 말은 정의라는 이데아가 인간의 정신에 영원히 각인된 것

이라는 자신의 견해를 강조하기 위함이다. 다양한 직업군
을 가진 '원 아테네 사회'를 간략하게 언급하기는 했지만
플라톤은 이미 국가철학을 다룬 그의 주저에서 자신이 생
각하는 공동체의 올바른 도덕적 표준을 상술한 바 있다.

　　플라톤이 아틀란티스 이야기로 자신이 생각하는 바
다가 어떤지 엿볼 수 있게 해 주는 관점은 우리가 그의 다
른 대화편에서 읽는 것과 정확히 맞아떨어진다. 아틀란티
스 전설에서는 '원 아테네'의 소규모 육군이 아틀란티스의
강력한 해군과 맞서 싸워 이긴다. 마찬가지로 국가철학을
다룬 대화편들도 이상적인 국가는 그 방어를 위해 여성이
든 남성이든 군인을 필요로 한다고 강조하지만 함대는 전
혀 거론하지 않는다. 이런 대비는 분명 아틀란티스와 달
리 이상 국가는 전투적인 정복과 팽창 정책을 추구하지
않음을 보여 준다. 바다로 나아가 정복과 약탈을 일삼을
가능성은 의도적으로 전혀 거론되지 않는다. 아마도 이런
관점에는 기원전 431년에서 404년까지 오랜 세월에 걸쳐
벌어진 펠로폰네소스전쟁의 경험이 반영되었음이 분명하
다. 이 전쟁에서는 스파르타라는 육군이 아테네라는 해상
강국을 상대로 승리했다.

　　게다가 아틀란티스의 몰락은 홍수 전설과 아주 잘 어
울린다. 고대 신화는 제우스가 추악한 행동을 일삼은 인
간을 처벌하려고 홍수를 일으켰다고 들려준다. 이 홍수
에서는 오로지 데우칼리온(Deukalion)과 그의 아내 피
라(Pyrrha)만이 살아남는다. 프로메테우스가 자신의 아
들 데우칼리온에게 제때 경고해 준 덕에 데우칼리온은 홍
수에서 살아남을 방주를 만든다. 플라톤은 문화의 발달

을 그림처럼 설명하기 위해 이 이야기를 활용한다. 홍수를 이겨 내고 살아남은 새로운 인간은 다시 처음부터 모든 것을 시작해야만 한다. 생활에 필요한 물품을 일일이 다시 만들고 공동체를 위한 시설과 제도도 다시 세워야만 한다. 오래가지 않아 인간은 생활에 필요한 모든 것을 다시 쓸 수 있게 되었지만 부자가 될 수는 없었다. 바로 이런 관점에서 플라톤은 자신의 도덕철학적 핵심을 짚어 낸다.

> 부유하지도 그렇다고 곤궁하지도 않은 생활을 하는 사람은 분명 상당히 고결한 신념을 키우며 기뻐하리라. 과하지도 부족하지도 않은 삶에는 악행이나 불의도, 질투나 불화도 생겨나지 않기 때문이다.[35]

플라톤이 보기에 홍수라는 처벌은 도덕적으로 더 나은 사회를 이룩할 새로운 기회를 열어 주는 것이다.

바다와 가까운 위치조차도 플라톤은 공동체를 위협하는 요인이라고 보았다. 국가철학을 담은 후기의 대화편 『노모이(Nomoi, 법률)』에서 플라톤은 그 이유를 상세히 밝힌다. 이 대화편은 크레타섬에 도시를 세우려는 계획을 둘러싼 토론을 다룬 것으로, 이런 맥락에서 소크라테스는 새롭게 건설되는 도시는 되도록 바다와 멀리 떨어지는 것이 좋다고 말한다.

> 해안에 들어서는 도시는 항구를 갖출 수밖에 없으며 모든

---

[35] Platon, 『Nomoi』, 679b. H. 뮐러H. Müller 번역.

산물이 오가는 통에 인간이 지닌 다양한 좋은 품성이 흐려질 수밖에 없다. 이런 상황에서 약삭빠르고 혼탁한 풍습이 생겨나지 않으려면 신처럼 강력한 입법자가 구세주 노릇을 해야만 한다. (……) 바닷물이 찰랑이는 지역은 일상생활의 요구를 해결하기에는 좋지만 이웃 관계를 거칠고 냉랭하게 만든다. 이런 곳에서는 상업이 성해 돈 벌기에 치중하는 분위기가 생겨나 주민의 영혼에 변덕스러워 신뢰하기 힘든 성향이 새겨지는 통에 주민은 이웃뿐만 아니라 다른 사람도 불신하는, 사랑이라고는 없는 태도를 보이게 마련이다.[36]

플라톤은 해안 도시에 도덕적으로 문제가 많다고 본다. 바다가 장사를 하기 쉬운 조건을 만들어 돈벌이에 치중하게 하는 탓에 주민이 정의는 물론이고 공동선을 무시하는 이기적인 장사꾼이 되기 십상이다. 플라톤의 이런 관점은 당시 아테네 사회를 비판하는 것이 분명하다.

　　그러나 해변 도시를 겨눈 이런 비판에는 논란의 소지가 많다. 플라톤의 제자 아리스토텔레스는 스승의 이런 관점에 의문을 품고 도시의 해변 입지를 전혀 다르게 보았다.[37] 바다는 도시국가에 두 가지 커다란 강점을 선사한다. 우선 원거리 교역으로 필요한 물자의 조달이 내륙 지역보다 더 용이하다. 부족한 물자는 수입으로 쉽게 충당할 수 있고 남아도는 물자는 다른 나라로 팔 수 있다는 것이 해변 입지의 강점이다. 무역은 중요하며 바다는 가장

36　위의 책, 704d~705a.
37　Aristoteles, 『정치학Politik』, VII, 6.

62

편리하고 빠른 교역로다. 이런 논리는 나중에, 곧 근대 초에 다시금 힘을 얻었다. 둘째, 해변의 도시국가는 해군력을 운용하여 침입하는 적을 바다로도 육지로도 물리칠 수 있어 승리를 누릴 기회가 커지므로 더 안정적이다. 그러나 약점도 만만치 않다. 전혀 다른 법체계 아래서 자란 사람이 항구로 들어와 도시의 윤리를 무시할 수 있으며 교역으로 인구 증가가 빨라지는 것도 해변 도시국가의 약점이다. 그래서 항구는 도시 구역과 분리하고 안전 설비를 갖추어 외지인의 드나듦을 통제할 수 있는 곳이어야 한다. 이렇게 볼 때 우리는 아리스토텔레스가 플라톤의 염려를 진지하게 받아들였음을 알 수 있다.

국가 문제를 다룬 저서들에서 플라톤은 해상 교역을 그저 잠깐 언급한 반면 아리스토텔레스는 바다를 무대로 생활하는 사람들, 곧 해군, 무역상, 선장, 어부 등을 농부와 수공업자 못지않은 국가 공동체의 중요한 그룹으로 인정했다.[38] 아리스토텔레스는 크레타섬을 묘사하면서 바다의 정치적 의미를 지적했는데, 지리적으로 그리스 전체를 장악하기에 알맞은 조건을 갖추었다고 강조했다. 이 섬은 지중해 한복판에 위치해 그리스 전체를 한눈에 굽어볼 수 있는 아주 좋은 입지를 자랑한다.[39] 현실적인 관점을 지닌 아리스토텔레스는 그리스에서 바다에 쉽게 접근할 수 있는 이보다 더 좋고 강력한 도시국가를 상상할 수 없었다. 이런 견해에는 나중에 많은 사람들도 동의했다. 이를테면

---

38 위의 책, IV, 4. Platon, 『Politeia』, 371a~b.
39 Aristoteles, 『Politik』, II, 10.

르네상스 시대인 15세기에 이탈리아 화가 프란체스코 디 조르조 마르티니[Francesco di Giorgio Martini(1439~1501). 이탈리아 르네상스 시대의 조각가이자 화가이며 건축가로도 왕성한 활동을 펼친 인물.]는 우리가 두 눈으로 이상적인 도시를 볼 수 있게끔 작품을 남겼다. 이 그림을 보면 두 기둥 사이로 보이는 대로가 배들이 정박하는 항구에 이른다.[40]

　　로마의 키케로는 플라톤의 견해에 동조하는 경향을 보여 준다. 그는 로마를 창설했다는 전설의 왕 로물루스가 로마제국의 수도를 해변이 아닌 티베르강을 중심으로 세운 것이야말로 지혜로운 선택이라고 찬양한다. 이 강을 통해 바다에서 내륙으로 접근이 용이하게 만든 것이야말로 지혜의 증거라는 주장이다. 키케로는 아리스토텔레스와 마찬가지로 다양한 물자를 쉽게 조달해 주며 항해술로 태풍도 이겨 낼 수 있다고 해상 교역을 환영하기는 한다. 그러나 바다가 해안 도시에 주는 위협, 플라톤이 강조한 위협을 그는 더욱 중시한다. 무엇보다도 바닷가는 적의 기습 공격에 내륙 지역보다 더 쉽게 노출된다. 그리고 시민의 생활 방식이 이방인의 다른 가치관에 영향을 받아 불안정해지기 쉽다. "항구도시의 시민은 편안한 가정생활에 만족하지 않고 희망의 날개를 달아 저 먼 타지를 찾아가고 싶다는 꿈을 꾸면서 몸은 현실에 머무를지라도 상상으로 타지를 헤매고 다닌다." 게다가 풍요한 재화의 유혹은 지나치게 방탕한 생활을 하게 만들어 공동체에 해를

40　Francesco di Giorgio Martini, "이상적인 도시Città Ideale(베를린 국립미술관 소장)".

끼친다. "그리고 해양의 아름다움은 일은 하지 않고 즐기
며 낭비하는 생활을 하게 만들도록 유혹한다." 코린트와
카르타고 같은 해변 도시는 항해와 교역에 치중한 나머지
농업과 국방을 소홀히 해서 몰락하고 말았다.[41]

　박식한 교양을 자랑하는 키케로가 바다를 바라보며
먼 곳을 동경하는 태도를 이처럼 비판적으로 보았다는 사
실은 놀랍기만 하다. 그가 바다를 바라보는 탁 트인 전망
을 매우 좋아했기 때문이다. 그러나 그의 생각만큼은 플
라톤과 같았다. 플라톤은 바다를 좋아하지 않았으며 아름
답거나 유용하다고 여기지도 않았다. 플라톤에게 바다는
'좋음'에 아무런 보탬을 주지 못하는 것이다. 사실 그는 개
인적으로 바다에서 끔찍한 경험을 하기도 했다. 시칠리아
에서 아테네로 배를 타고 여행하던 도중에 해적의 습격을
받아 노예로 팔렸다.[42] 곧 풀려나기는 했지만 이 경험으로
그가 바다를 보는 반감은 더욱 커졌다.

'유용함'의 탐색

세간에서는 플라톤의 아틀란티스를 최초의 국가 유토피
아로 보는 견해가 힘을 얻었다. 서사시적 형태와 철학을
결합한 이 문학 장르는 근대 초에 들어서며 활짝 꽃을 피

41　Cicero, 『공화국De re publica』, II, 5~10. 독일어 번역 라이너 니켈Rainer Nickel.
다음 자료도 볼 것. Cicero, 『신들의 본성에 관하여De natura deorum』, II, 152,
II, 161.

42　앨리스 스위프트 리지노스Alice Swift Riginos, 『플라토니카. 플라톤의 인생과
글쓰기와 관련한 일화들Platonica. The Anecdotes Concerning the Life and
Writings of Plato』, Leiden, 1976, 86~92쪽.

왔다. 행복한 공동체를 허구로 지어냄으로써 얻는 강점은
정부의 검열을 피해 국가의 정치와 사회 현실을 비판할
수 있다는 것이다. 이 문학 장르는 그 형식상 일종의 상상
놀이로 여겨져 그리 심각하게 받아들여지지 않았기 때문
이다. 1516년에 이 장르 전체에 이름을 붙여 준 책이 출간
되었다. 바로 토머스 모어가 쓴 『유토피아』다. 이 유토피
아처럼 16세기에서 18세기에 걸쳐 등장한 모든 희망의 이
상 국가는 섬을 무대로 삼았다. 이 시기의 국가 유토피아
는 섬을 상상의 무대로 펼친 문학이다. 해상 교역이 도덕
을 해칠 뿐만 아니라 아틀란티스의 예에서 보듯 섬이라는
지리적 위치가 공동체를 흔적도 없이 빠르게 몰락시킬 수
있다는 이유로 플라톤에게 바다는 환영할 만한 존재가 결
코 아니었다. 그가 보는 바다는 어차피 두려움을 불러일
으키는 것이었기에 신이 심판을 내리는 장소이자 수단일
뿐이었다. 그러나 근대의 유토피아에서 섬은 달라진 모습
을 자랑한다. 섬은 무엇보다도 완전히 자립적이며 독립
적인 사회를 일굴 수 있게 해 준다. 이러한 관점에서 바다
는 적을 막아 주는 방호벽이자 타지의 영향에서 자유로울
수 있게 해 주는 격리 장치다. 유토피아 섬의 주민은 그래
서 육지와 연결된 자연적인 다리도 제거한다. 그 밖에도
상상으로 그린 섬은 놀이를 즐기듯 매우 그럴싸한 현실을
꾸며 보이기 좋은 무대다. 배를 타고 활발하게 바다 위를
탐험하며 미지의 대륙과 섬을 발견하던 시대에 사람들은
놀란 입을 다물 수 없어 그저 믿어야만 하는 사실이 얼마
든지 존재할 거라는 기대를 숨기지 않았다. 저 멀리 대양
한복판에 위치한 섬에 이상 국가가 실제로 존재하지 말아

야 할 이유는 없지 않을까?

플라톤 이후 약 이천 년 뒤인 1627년 런던에서는 이미 제목부터 플라톤을 연상시키는 유토피아 책 『노바 아틀란티스(Nova Atlantis)』, 곧 '새로운 아틀란티스'가 출간되었다.[43] 이 책의 저자는 대법관까지 올랐으며 동시에 근대 경험론 철학 최초의 중요한 이론가이자 선구자 가운데 한 명인 프랜시스 베이컨이다. 베이컨은 플라톤의 아틀란티스 이야기가 자신의 철학을 풀어 보이려는 시도라고 정확히 이해하고 자신도 같은 차원에서 이야기를 쓰기로 결심했다. 『노바 아틀란티스』의 화자인 그는 페루에서 중국과 일본으로 항해하려 했지만 바람이 뜻대로 불어 주지 않아 그가 탄 배는 엉뚱한 방향으로 향한다. 이렇게 바람에 내몰린 나머지 그는 마침내 유토피아 사회를 발견한다. 이 기적의 섬 이름은 '벤살렘(Bensalem)'이다. 이 섬에서 그는 플라톤이 알려 준 아틀란티스의 진면목을 경험한다. 이 섬으로 베이컨이 염두에 둔 것은 아메리카다.(이런 설정은 세계 지도를 완전히 바꾼 '신세계'의 발견이라는 의미를 강조하려는 것이다.) 이 섬의 주민들은 이미 매우 큰 배와 함대를 자랑했다. 벤살렘이 거느린 배는 무려 천오백여 선이나 되었고 항해 능력이 뛰어났으며 적재량도 엄청났다. 이미 이 배들은 장거리 항해에도 손색이 없었다. 그러나 아메리카 원주민은 이 배들로 공격적인 정복 정책을 밀어붙였다. 항해를 하며 다른 섬들을 정복하고 약탈

---

[43] 이와 관련한 인용문은 다음 책에서 발췌함. 클라우스 J. 하이니슈Klaus J. Heinisch, 『유토피아 국가Der utopische Staat』, Rowohlt, 1966, 175~215쪽.

하기를 서슴지 않다가 결국 강력한 처벌을 받는다. 홍수가 일어나 섬은 폐허가 되고 말았다. 원주민은 산에 살던 몇몇 소수만 간신히 살아남았다. 그래서 "아메리카의 원주민이 매우 적으며, 또 야만인처럼 지극히 단순한 생활을 하는 것"은 놀라운 일이 아니다.(베이컨의 글을 읽으며 잊지 말아야 할 점은 그가 글을 쓴 시점인 17세기 초에 아메리카에는 오로지 인디언만 살았다는 사실이다.) 아틀란티스를 그려 보는 베이컨의 생각 놀이는 이런 식으로 플라톤의 옛 생각과 자신의 새로운 지식을 결합한 것이다.

베이컨은 벤살렘의 주민이 타지에서 찾아온 손님을 의심의 눈길로 바라보며 무척 경계했다고 썼다. 그러나 결국 주민은 경계를 풀고 손님을 매우 친절하게 대접하며 호의를 아끼지 않았다. 차츰 시간이 가면서 분명해진 사실은 섬 주민은 오로지 공동체에 최대한 유용한 것을 만들어 주는 일에 초점을 맞추어 생각하고 행동했다는 점이다. 이들은 엄격한 도덕과 과학적이고 기술적인 지성을 중시하며 생각하고 행동했다. 이 도덕은 성경에 기초한 것으로 성령강림의 기적을 믿는 자세를 강조했다. 한편으로 이 도덕은 솔로몬이라는 현명한 왕이 정한 규칙을 따르는 것이다. 이 도덕은 특히 철저한 가부장 중심의 가족 관계, 곧 여성은 항상 배후에서 충실하게 내조하는 역할을 맡아야 하는 가족 관계를 강조했다. 이에 맞게 섹스와 결혼 생활의 도덕은 청교도적인 엄격함을 자랑했다. 이 사회는 강구할 수 있는 모든 수단을 동원해 이런 도덕 원칙을 지키려 힘썼으며, 한편으로는 그에 못지않은 부지런함으로 과학과 기술의 역동적 발달을 추구했다. 이를 위해 벤살렘 사회는 자연과학과 기술 중심으로 운영되는 엄청난 규모의 아카데미, '솔로몬 하우스'를 세웠다. 이 시설의 책임자는 손님에게 설립 목적을 이렇게 설명한다.

이 시설의 설립 목적은 운동의 원인과 숨어 있는 자연의 힘을 알아내는 것이며 최대로 가능한 경계까지 인간의 자연 지배를 확장하는 것입니다.

실제로 이 거대한 규모의 과학과 기술 센터는 각종 실험실, 일부는 지하에 있는 실험실을 활용해 생각할 수 있는 모든 연구와 실험을 하며 자연을 정복할 방법을 찾았다. 새로운 기계뿐만 아니라 전혀 새로운 물질도 이 시설에서 만들어졌으며 심지어 새롭게 교배된 동물도 사육되었다. 아무튼 베이컨의 상상력은 우리를 경탄하게 만들 정도다. 예를 들어 음향 작업실에서는 보청기, 휴대용 음향 기기, 새로운 악기 등이 만들어졌다. 새로운 울림으로 새로운 하모니를 빚어 주는 악기는 유럽에서 듣는 것보다 훨씬 더 아름다운 음악을 선물했다. 또 잠수함을 비롯해 강력한 화력을 자랑하는 무기들은 물론이고 심지어 신체의 운동 과정을 연구하려는 목적으로 인조인간까지 제작되었다. 그 가운데 다수는 실제로 실용 단계까지 이르렀다. 아무튼 베이컨의 상상 연구 센터에는 없는 것이 없을 정도다. 이 연구소의 연구 과정은 분업과 협업의 본보기를 보여 준다.

벤살렘은 새로운 아틀란티스다. 이 허구의 섬은 유럽 문명이 오늘날 우리가 사는 현대 세계로 진입하게 된다.

플라톤이 가장 중시한 좋음의 물음은 베이컨 덕분에 답을 얻는다. 좋음이란 유용함이다. 유용함을 중시하는 정신은 냉혹할 정도다. 좀 더 자세히 들여다보면 이 정신은 저자 베이컨이 묘사하는 것처럼 조화롭지 않다. 한편으로 우리는 '솔로몬 하우스'가 "신의 작품과 창조물을 관찰하고 연구하는 일에 헌정되었다."라고 읽는다. 이런 분위기에 맞춰 연구원들은 "형제"로 일종의 교단을 이루어 스스로 "엿새에 걸쳐 창조된 작품을 연구하는 협의체"라는 명칭을 붙인다. 책임자는 근엄한 복장으로 고위 성직자 행세를 하며 주교처럼 섬김을 받는다. 아무튼 기독교 성경에 등장하는 솔로몬 왕을 연상하게 만들 정도로 연구 센터는 경건함을 자랑한다. 그러나 다른 한편으로 신의 작품인 자연은 경탄의 대상이 아니라 관찰과 실험의 대상일 뿐이다. 이렇게 이해된 자연은 유용함이라는 목적에 맞게 개조되어 착취되는 것일 따름이다. '솔로몬 하우스'에 마련된 성전에서 포유류와 조류는 우리 안에 갇혀 "해부 실험" 목적에 이용된다. 근엄한 책임자는 손님에게 이렇게 말한다.

우리는 이 동물에게 모든 독물과 해독제와 다른 약품을 쓰는 실험을 합니다. 인간의 몸을 더 잘 보호할 방법을 찾으려는 의학 실험입니다. 우리는 또 이 동물을 자연적으로 타고난 것보다 더 크거나 길게 만들거나 반대로 작게 줄여 버리는 외과 수술도 합니다.

오늘날 끊임없이 논란을 부르는 동물실험은 베이컨의 간절한 소망이었다. 그의 관심은 자연을 지배하는 방법에 있었을 뿐, 자연의 의미를 철학적으로 고찰하는 것은 아니었다.

유용함이라는 목적에 맞춰 모든 것을 보는 성향은 이 새로운 아틀란티스 주민이 다른 민족들과 두드러지게 차이를 드러내는 특징이다. 이 벤살렘이라는 섬의 주민은 이루 말할 수 없을 정도로 지독한 집단 이기주의를 자랑한다. 천구백 년 전 이들에게 법을 지어 주었다는 왕은 벤살렘 주민에게 되도록 낯선 사람을 받아들이지 말라고 명령했다고 한다. "왕은 타지인의 영향으로 윤리가 무너질까 두려워했다." 그래서 왕은 항해와 교역도 엄격히 제한했다. 이런 묘사는 해안 도시의 윤리가 무너지지 않도록 지혜로운 입법이 이뤄져야만 한다고 강조했던 플라톤을 연상하게 만드는 대목이다. 그러나 벤살렘 주민은 다른 민족들의 지식과 기술을 취득할 방안을 찾느라 혈안이었다. 이들은 배로 특수 요원을 파견해 은밀히 활동을 벌이며 새로운 지식과 기술을 사들이게 했다. 섬의 관광 가이드는 이렇게 설명한다. "각국으로 파견된 특수 요원은 과학과 기술과 수공업 그리고 발명품 정보를 샅샅이 수집해 귀국할 때 그 정보를 담은 책과 도구와 모든 종류의 기록물을 가지고 와야만 한다." 이런 관점에서 바다는 전 세계를 누비며 정보를 모으는 통로인 동시에 외부의 침입을 막아 줄 방어벽이다. 벤살렘이 모든 유용한 정보를 취득하고 외부와의 접촉을 차단해 타지인은 누구도 이 섬의 존재를 알지 못하게 한 것이 그 좋은 사례다. '솔로몬 하우스'의 연구원들은 진 세계 각지에서 취득한 정보를 자신들에게 유용하게 쓸 방법을 찾는다. 벤살렘 주민들은 이런 이기적인 행태를 드높은 도덕으로 알았다. 이들이 교역을 벌이는 목적은 다른 민족처럼 금, 은, 보석, 향료 또는 비단을 탐내는 것이 아니며 오로지 "빛이 있으라 하는 말씀대로 세상을 창조하신 하나님의 뜻"을 헤아리는 것, 곧 자연을 정복하기 위해 자연현상을 탐구하는 것이었을 뿐이다.

베이컨의 소설은 완성되지 않았다. 이 섬의 사회질서는 군주제이며 가부장제라고만 묘사되었을 뿐 더 자세한 설명은 없다. 왕이 나라를 다스리고 가족은 가부장을 섬기며 학문의 질서는 저 "솔로몬 하우스의 성스러운 아버지"가 책임진다고만 베이컨은 언급했다. 물론 섬 주민은 "자유를 누리는 즐거운 인생"을 살기는 한다. 그러나 주민의 태도는 철저하게 훈련받은 군인을 연상시킨다. 저 '솔로몬 하우스'의 아버지가 가마를 타고 시내의 거리를 지나갈 때 주민은 길가에 도열한다. "가마의 통행을 조금도 방해하지 않도록 거리는 깔끔하게 비워졌다. 당시 거리에 국민이 도열한 모습을 보고 군대의 전투대형보다도 더 반듯하다는 느낌을 받았다. 심지어 길가의 집들 창문에도 구경꾼은 허용되지 않았으며 모든 시민이 거리로 나와 대오를 갖추어야만 했다."

'솔로몬 하우스'에서 처리되는 정보는 섬 주민에게 절대 공개되지 않았으며 철저히 비밀에 붙여졌다. 학교와 대학 이야기는 전혀 나오지 않는다. 당시 등장한 유토피아 소설은 거의 한결같이 절대 훼손해서는 안 되는 깔끔한 질서, 보는 것만으로도 두려운 질서를 묘사한다. 그러나 베이컨이 그린 새로운 아틀란티스는 이런 일사불란하며 정체된 것만 같은 사회질서를 역동적인 과학 연구와 조화를 이루는 것으로 묘사해야만 했다. 이런 조화를 보여 주어야만 소설이 설득력을 얻기 때문이다. 그래서 과학 연구는 사회와 격리된 채 이루어진다. 시민은 모든 연구가 자신들의 삶을 개선해 주려는 최선의 노력이라고 굳게 믿고 높은 담장 안에서 종교 제례가 치러지는 신성한 수도원을 바라보듯이 '솔로몬 하우스'를 섬겼다. 오늘날 우리 사회에서 새로운 아틀란티스가 그리는 것과 같은 연구가 이루어진다면 누가 그것을 과학이라고 여길까? 학문의 자유와 사회의 자유는 서로 떼려야 뗄 수 없이 맞물려야 하거늘.

새로운 아틀란티스의 사회질서를 어떻게 평가하든 상관없이 베이컨은 이미 두 가지 면만큼은 확실히 주목하게 만들었다. 우선 학문과 기술의 폭넓은 발달은 오로지 자유로운 연구를 허락해 주고 장려하는 사회질서 안에서만 이뤄질 수 있다. 다시 말해서 자연과학은 자유로운 연구 분위기를 보장해 주는 사회에서만 발전한다. 다음으로 과학과 기술은 얼마든지 위험해질 수 있다. 예를 들어 핵기술은 엄청난 위험성 탓에 통제를 받아야만 한다. 의도했든 아니든 베이컨은 자신의 소설에서 사회와 격리된 연구라는 설정을 통해 학문의 자유와 안전 사이에 빚어지는 모순을 고스란히 드러낸다.

플라톤은 자신의 국가철학을 보충하기 위해 아틀란티스 이야기를 썼다. 이런 노력의 밑바탕에는 좋음이 무엇인지 그 궁극적인 답을 얻어 내려는 플라톤의 철학적 고찰이 깔렸다. 반면 베이컨의 새로운 아틀란티스를 주도하는 물음은 학문이 추구해야 할 지식이 정확히 무엇이 되어야 하는가이다. 베이컨은 자신의 과학철학으로 이 물음의 답을 얻고자 시도한다. 1620년 베이컨은 자신의 주요 저서 가운데 하나인 『인스타우라티오 마그나(Instauratio Magna)』를 펴냈다. 이 책의 핵심 의도를 담은 장은 유토피아 소설과 마찬가지로 고대 철학에 맞서 철학의 새로운 비전을 제시하려는 야망을 품었다. 아리스토텔레스의 논리학 저술에는 "오르가논(Organon)", 곧 도구를 뜻하는 단어로 제목이 붙었다. 요컨대 논리학은 올바른 생각을 위한 도구라는 뜻을 아리스토텔레스는 이렇게 표현했다. 이에 맞서 베이컨이 제시한 비전은 『노붐 오르가눔(Novum Organum)』[『인스타우라티오 마그나』는 베이컨이 일곱 개의 부로 구성한 책으로, 그 가운데 일곱 번째 부의 제목이 우리가 그의 주저로 아는 '노붐 오르가눔'이다. 그러나 『인스타우라티오 마그나』가 5부와 6부가 미완성인 채로 남았기에 세간에는 따로 출간된 『노붐 오르가눔』만 그의 주저로 알려졌다.], 곧 '새로운 도구'다.[44] 이 책에서 베이컨은 당대의 학문을 날카롭게 비판한다. 그저 고대 철학자들의 책만 고집스럽게 읽고 스토아철학처럼 명상과 추론만 일삼으면서 경험과 개별 현상은 장님이 코끼리 만지듯 어설프게 취급하는 것은 무의미하기 짝이 없는 일이라고 일갈한다. "학문의 진정한 목표는 인류를 새로운 힘과 발명으로 풍요롭게 해 주는 것이기 때문이다." 중요한 것은 자연을 다스릴 힘을 기르는 자세다. 그러므로 어떤 철학이 참된 철학이냐 하는 물음의 답은 자연을 다스리는 기술, 곧 발

---

[44] 베이컨 책의 인용은 다음 독일어 번역본에서 발췌했다. 프란시스 베이컨, 『과학의 새로운 기관』, 안톤 테오발트 뷔르크Anton Theobald Brück 번역 및 편집, Darmstadt, 1981.

명을 어떻게 뒷받침하느냐에 따라 주어진다. 이런 발명의 길은 모든 선입견을 지워 버리고 계획적으로 관찰과 실험을 통해 데이터를 수집하는 것이다. 이런 데이터는 해석될 수 있어야만 한다. 다시 말해서 수집된 데이터를 단계적으로 살피며 그 내적인 근거, 곧 모든 데이터의 보편 법칙을 찾아 나가는 것이 참된 철학이다. 이런 철학으로만 지속적인 실험과 특히 발명을 위한 기반이 주어진다. 모든 단계는 방법적으로 검증될 수 있게 실행되어야 한다. 과학의 연구 작업 전체는 "마치 기계처럼 정확하게 이뤄져야만 한다." 베이컨이 『노붐 오르가눔』에서 상술한 이론은 새로운 아틀란티스를 다룬 소설에서 구체적인 그림을 얻는다. 벤살렘의 연구 센터에는 자연을 해석하는 일만 맡는 전문가가 따로 있지 않던가. 또 그곳에는 발명가와 탐험가의 조각상이 세워졌다. 오로지 발명가와 탐험가만이 학문의 모범이 되어야 한다. 정치 지배자, 교회의 고위 성직자 또는 작가가 학문의 모범이 되어서는 안 된다.

"오로지 자연의 소리에 귀를 기울일 때에만 우리는 자연을 이길 수 있다"는 것이 베이컨이 주장하는 핵심 명제다. 그 라틴어 원문은 "나투라 논 니시 파렌도 빈시투르(natura non nisi parendo vincitur)"이다. 이 말의 뜻은 돛단배를 떠올려 보면 쉽게 알 수 있다. 물보다 가벼운 것은 물 위에 잘 뜨기 때문에 물보다 비중이 작은 재료를 쓰거나 배 안에 빈 공간을 충분히 만들어 균형을 잡아 주어야 배가 물위를 떠다닐 수 있다. 바람은 작은 면적의 표면보다 큰 면적의 표면에 더 강한 압력을 만들어 주기 때문에 돛이 클수록 배가 운항하기에 좋다. 이처럼 변함없는 자연법칙을 안다면 우리 인간은 자연법칙을 자신에게 유용한 쪽으로 활용할 수 있다. 바로 그래서 베이컨은 "아는 것이 힘이다" 하는 또 다른 원리를 강조한다. "시엔티아 에트 포텐티아 후마나 인 이뎀 코인시단트(scientia et potentia humana in idem coincidant, 지식과 인간의 힘은 일치한다.)" 플라톤과 아리스토텔레스는 철학 이론과 기술 생산을 완전히 성격이 다른 것으로 구별했다. 또 시민으로서 차분히 시간을 두고 "테오리아(theòría)", 곧 이론적 성찰을 하는 철학자는 힘든 노동을 해야만 하는 수공업자와는 사회적으로 다른 계층이었다. 베이컨은 이런 구분을 거부한다. 베이컨이 보는 지식은 오로지 도구를 이용해서만 발전한다. 망원경 같은 기술적 도구는 물론이고 방법론이라는 이론적 도구도 인생을 살아가는 데 유용한 과제를 해결해 줄 수 있어야만 한다. 그래서 철학자는 생각을 즐기는 태도와 말의 섬세한 차이를 따지는 말싸움 따위를 깨끗이 포기하고 기술자와 발명가가 되어야만 한다. 베이컨 자신도 이런 신념에 맞게 생각하고 행동했다. 그래서 그는 얼린 닭고기로 실험에 몰두하다가 독감에 걸려 안타까운 최후를 맞이해야만 했다.

    학문의 혁신을 다룬 베이컨 책의 표지는 두 개의 기둥, 헤라클레스의 기둥 사이로 탁 트인 바다의 전망을 담았다. 바다에는 바람을 잔뜩 받은 돛단배 한 척이 해안을 향해 다가오고 그 뒤편 수평선에 또 다른 배 한 척이 위용을 자랑한다.[45] 책의 부제목은 "물티 페르트란시분트 에트

---

45 그림의 자세한 묘사와 해석은 다음 자료를 볼 것. Ralf Konersmann, "철학자들과 바다Die Philsophen und das Meer", 출전: <악첸트Akzente>, 문학계간지, 통권 50호, 제3권(2003), 228쪽 이하.

아우게비투르 시엔티아(multi pertransibunt et augebitur scientia)", 곧 "많은 것이 들어와 지식이 늘어나리라."라는 뜻이다. 해석의 여지가 풍부한 다의적인 표현이다. 글자 그대로 풀면 이 부제목은 항해가 계속해서 우리의 세계 지식을 확장해 준다는 뜻이다. 그러나 그 함의가 더 중요하다. "모든 분야의 학문 연구를 할 때는 항해처럼 전 세계를 탐구하고 계속 새로운 성과를 선보여야 한다." 바다의 배들은 한계를 알지 못하며 활짝 펼쳐져 계속 확장되는 수평선을 자랑하는 근대 자연과학의 상징이다. 학문의 혁신을 표방한 자신의 책으로 베이컨은 어떻게 이런 탐구가 이뤄져야만 하는지 보여 주고 싶었다. 학문으로 세상을 바꾸어야만 한다는 이런 요구는 대단한 야심을 드러낸다. 그림에 등장하는 두 개의 기둥은 획기적인 전환의 상징이다. 고대에서 헤라클레스의 기둥은 지브롤터를 넘어 대서양으로 나아가는 관문으로 오랫동안 지중해 항해의 한계를 뜻했다.[46] 그러나 이제 이 한계를 넘어서 대서양으로 나아가 전 세계를 항해할 길이 활짝 열렸다. 대서양의 정복과 아메리카의 발견은 새로운 시대를 연 사건이다. 사람들은 역사학자들이 되돌아보는 눈길로 시대의 전환을, 근대라는 새로운 시대로의 출발을 확인한 것이 아니다. 이미 일찍부터 사람들은 세기적 변화의 시대에 살고 있음을 의식했다. 베이컨은 1600년을 전후한 시점에 자신의 철학으로 이런 변혁을 적극적으로 밀어붙이려 했다.

---

46 티투스 하이덴라이히Titus Heydenreich, 『항해를 보는 비난과 칭송, 로마 문헌에 나타난 고대 주제의 재생Tadel und Lob der Seefahrt. Das Nachleben eines antiken Themas in der römischen Literatur』, Heidelberg, 1970, 22쪽 이하.

그의 책 제목『노붐 오르가눔』과『노바 아틀란티스』는 이런 야망을 강조한다.

그러나 우리는 새로움, 신세계의 발견을 고대 예언의 실현으로 보고 고대 사상과 맞닿은 맥락을 확인할 수도 있다. 지브롤터 너머 더 큰 바다로 나아간 최초의 영웅을 고대 신화는 헤라클레스라고 전해 준다. 심지어 이 물길은 헤라클레스의 작품으로 간주되기도 한다. 헤라클레스는 아프리카와 유럽을 그의 강력한 힘으로 떼어 놓은 다음 지중해를 대서양과 연결했다고 한다. 이 신화의 흔적을 따라 생각한다면 비록 오케아노스가 그리스신화에 등장하는 신이기는 하지만 대양(Ocean)으로 나아갈 문을 인간에게 열어 준 영웅은 헤라클레스다. 서기 1세기에 철학자 세네카는 이런 생각의 흐름을 고스란히 받아들였다. 그가 쓴 비극「메데이아(Medeia)」에서 합창대는 드디어 아주 멀리 떨어진 곳까지 나아갈 수 있도록 확장된 항해를 칭송하는 노래를 부른다. 그 덕분에 인도 사람들은 아르메니아의 아라스강의 물을, 페르시아 사람들은 라인강과 엘베강의 물을 마실 수 있게 되었다고도 한다. 그런 다음 합창대는 심지어 거대한 땅과 지구의 새로운 영역을 발견할 수 있게 되어 잉글랜드 북부의 섬 툴레(Thule)가 더는 기왕에 알던 지구의 마지막 끝이 아니라고 감격의 노래를 부른다.[47] 학계는 세네카가 아틀란티스 전설에서 영감을 받아 이 비극을 쓴 것으로 짐작한다. 대서양이 아틀란티스라는 거대한

---

47 『세네카. 비극 전집Seneca. Sämtliche Tragödien』, 테오도어 토만Theodor Thomann 번역/해설, 라틴어 원문과 독일어 대역 판, 제1권, Zürich, 1961, 365~379행. "메데아"는 264~267쪽.

땅을 집어삼켰다면 새로운 땅을 생겨나지 못하게 할 이유가 없지 않은가? 세네카는 대서양이 "요소들을 가두었던 족쇄를 풀어 거대한 땅이 펼쳐지게 만들 것"이라고 썼다. 물론 우리는 대서양이 새로운 땅을 만들어 내는 짤막한 창조 설화로 이런 이야기를 읽을 수는 있다. 콜럼버스는 이 예언에 자극을 받아 탐험에 나섰다고 한다.[48] 그렇다면 결국 아메리카를 발견하게 해 준 동기는 이 예언이라는 말이 된다. 이런 맥락에서 본다면 아메리카 발견은 고대 철학의 지혜를 확인해 주는 것으로 전통의 예상하지 못한 새로운 측면을 드러내는 것이 된다.

베이컨은 철학이 더 이상 세계의 근원을 알아내려는 노력이 아니라고 하며, 철학을 그 목표를 이루어 갈 올바른 길, 곧 방법을 제시해 주어야 하는 과학 이론으로 바꾸어 놓았다. 이런 관점은 만물의 궁극적 근원을 탐색하는 일에서 눈길을 돌려 인류의 생존에 유용하게 쓰일 자연의 보편 법칙을 알아내도록 이끈다. 그러나 이처럼 방법론이 부각됨으로써 철학의 진정한 목표가 무엇이어야 하는지 하는 물음은 뒷전으로 내몰리고 말았다. 비판적으로 볼 때 베이컨이 철학을 과학 이론으로 제한한 시도는 지나치게 일방적으로 몰아붙인 것으로 적지 않은 부정적 결과를 낳았다. 베이컨이 철학적 사색에 새롭게 제시한 방향은 이후 날카로운 공격을 받았다. 무엇보다도 이런 방향 탓에 의미를 다루는 물음이 소홀히 다루어졌으며 과학

---

48 알프레트 콜러Alfred Kohler, 『콜럼버스와 그의 시대Columbus und seine Zeit』, München, 2006, 172쪽.

이 어떤 파괴적인 결과를 낳을 수 있는지 하는 문제도 본
격적으로 다뤄지지 못했다. 좋음과 행복이 무엇인지 하는
철학 본연의 물음은 이런 방향으로는 전혀 답을 찾을 수
없다. 아무튼 이 논의는 나중에 더 자세히 하자.

행복한 섬

근대가 시작된 이래 인간이 세계를 바라보는 관점은 시간
적으로도 공간적으로도 갈수록 풍부해졌다. 시간적·역사
적으로 인간은 휴머니즘의 기치를 앞세워 과거, 특히 그
리스·로마 고대 문화를 갈수록 더 정확하게 살폈으며 공
간적·지리적으로는 탐험을 통해 새로운 땅을 속속 발견하
고 바다의 더 넓은 폭을 알게 되었다. 과거, 특히 플라톤으
로부터 자극을 받아 사람들은 이상적인 공동체가 어때야
하는지 생각해 보게 되었으며, 이런 상상을 바다로 펼쳐
고향 땅과는 다른, 무엇보다도 더 나은 이상향을 품은 섬
을 그려 냈다. 고대 신화는 정의로운 삶을 산 영혼이 사후
에 완전한 행복이라는 보상을 받는 "축복받는 영혼의 섬"
을 '엘리시온(Elysion)' 또는 파라다이스라고 불렀다고 한
다. 이런 언급은 플라톤의 글에도 나온다.[49] 근대에 접어
들며 이 상상은 구체적인 형태를 얻어 사람들은 이상적인
사회를 이룩한 섬들을 앞다투어 그려 내기 시작했다. 유
토피아 섬을 다룬 문학 작품이 서가를 빼곡히 채울 정도
로 쏟아져 나왔다. 이런 문학을 다룬 해석도 폭넓게 이루

---

49   Platon, 『고르기아스Gorgias』, 535a~b, 524a.

어졌다. 바로 그래서 우리의 사유 여행은 잠깐이나마 세 개의 섬을 둘러보기로 한다. 이 섬들은 모두 플라톤에게 서 영감을 얻어 저마다 다른 이상적인 사회의 무대가 되 었다. 문학사에 등장하는 이 섬들도 새로운 아틀란티스로 볼 수 있다. 다만 이 섬을 창작한 저자는 플라톤과 달리 섬 을 몰락시키지 않고 더 나은, 완전한 아틀란티스로 그려 냈다. 이 섬들은 유토피아 문학사의 든든한 기둥이라는 점에서 확실히 보존되었다고 말할 수 있다. 심지어 그 근 본 특징이 나중에 사회 현실에 실제 반영되기도 했다.

그 첫 번째 섬의 이름은 '타프로바나(Taprobana)'로 이 섬에 세워진 국가는 "태양의 나라"다. 이탈리아 도미 니크수도회의 수도사 톰마소 캄파넬라[Tommaso Campanel-la(1568~1639). 이탈리아 철학자이자 도미니크회 수도사로 이상적인 사회 건설에 많은 관심을 두었다.]는 17세기 초에 반란을 주도했다는 죄목으로 나폴리의 감옥에 갇혀 있는 동안 이 소설을 썼 다.[50] 베이컨이 기술 연구 센터를 생각해 내기 전에 이미 이 수도사는 자신이 지어낸 섬 주민에게 정말 놀라울 정 도의 발명품들을 가득 안겼다. 예를 들어 모터가 달린 배 가 등장하는가 하면 심지어 섬 주민이 기후까지 조절할 수 있었다. 그러나 캄파넬라가 더욱 중시한 것은 완벽히 합리적인 조직을 갖춘 이상 사회다. 이 이상 사회는 빈곤 과 범죄와 부패 그리고 모든 종류의 사회적 무질서를 깨 끗이 퇴치한 덕에 개인의 자유와 개인적 행복은 전혀 찾

50 Tommaso Campanella, 『철학의 이상에 따른 태양의 도시Civitas solis idea reipublicae philosophicae』, Frankfurt, 1623. 본문의 인용문은 다음 책에서 발췌함. K. J. Heinisch, 『Der utopische Staat』, 117~169쪽.

아볼 수 없는 곳이다.

국가의 전체 조직은 피라미드 모양을 이루며 그 정상
에는 대제사장이, 기저에는 기꺼이 순응하는 백성이 각
각 선다. "남성과 여성이 항상 왕 앞에서 순종하는 태도
를 보이며 불만을 드러내지 않는 모습이 대단히 인상적이
다." 대제사장이자 동시에 신, 곧 태양을 대표하는 왕의 바
로 밑에는 신성의 삼위일체, 곧 권력과 지혜와 사랑을 각
각 담당하는 세 부제사장이 장관 역할을 맡는다. 이 장관
들의 휘하에는 백성이 선출한 많은 관리들이 성실히 봉
사한다. 종교와 국가가 혼연일체를 이루기 때문에 관리는
동시에 서원(誓願)을 한 사제가 맡는다. 이 사회에서 개인
의 행복이란 사회 전체의 질서를 떠받드는 것을 뜻한다.
개인과 사회의 이런 조화를 가장 잘 보여 주는 것이 사랑
장관의 관할 영역이다. 이 섬 주민이 나누는 사랑이란 국
가가 조직하는 종족 번식에 봉사하는 것이다. 캄파넬라는
플라톤이 요구한 국민의 병사 계급화를 철저히 밀어붙인
다. 사유재산은 이기주의를 뜻할 뿐이라 허용되어서는 안
된다. 섬 주민은 이렇게 주장한다. "사유라는 개념은 자신
의 집을 가지고 아내와 자녀에게 충실할 것만을 요구하는
까닭에 이기심을 낳는다." 이기심을 막고자 태양의 나라
는 재산과 아내와 자녀를 공유하는 보편적인 공산주의를
도입한다. 타프로바나 주민은 이기심을 포기할 때에만 공
동체를 사랑할 수 있다고 확신한다. 중요한 것은 오로지
공동체뿐이다. 공동체는 심지어 아기를 만드는 일조차 확
고한 법으로 통제할 수 있어야 한다고 요구한다. 임신에
알맞은 짝은 관리가 고른다. 관리는 옷을 벗은 채 운동을

하는 남성과 여성을 보며 이런 선택을 한다. "키가 크고 아름다운 여인은 오로지 키가 크고 건강한 남자하고만 맺어진다. 뚱뚱한 여인은 홀쭉한 남자와, 날씬한 여인은 몸집이 큰 남자와 각각 맺어져야 성공적으로 균형이 맞는다." 선발된 남녀는 함께 식사를 하고 먹은 음식물을 소화하고 난 뒤 신에게 기도를 올리고 나서 감독관의 명령에 따라 침소로 들어가 성행위를 한다. 침실에서 여인들은 "유명한 남자들의 초상화들"을 둘러보고 천장의 창문을 통해 하늘을 올려다보며 건강한 아기를 가질 수 있게 해 달라고 기도한다. 이렇게 해서 태어난 아이들은 모두 몸집과 특징이 비슷하여 당연히 부모와 떨어져 공동체 전체의 돌봄을 받고 자란다.

캄파넬라는 우리가 역사적 경험에 비추어 더는 원하지 않으며 원해서도 안 되는 정치 상황을 아주 인상적으로 그려 냈다. 타프로바나섬은 나중에 등장한 전체주의국가를 자연스레 떠올리게 만든다. 캄파넬라는 자신의 유토피아에서 모터 달린 배와 비행기만 앞당겨 선보이는 데 그치지 않고 '레벤스보른(Lebensborn)'[나치 정권이 아리아인의 순수 혈통을 지키기 위해 만든 인간 교배 실험장. 하인리히 힘러(Heinrich Himmler)가 1936년에 설립했다. 이 단어의 원래 뜻은 "생명의 원천"이다.] 같은 시설까지 고안해 냈다. 국가와 종교가 혼연일체를 이루기 때문에 이 섬에는 국가의 명령을 거부할 개인의 양심도 권리도 있을 수 없다.

도서관 사서이자 작가로 활동한 빌헬름 하인제[Wilhelm Heinse(1746~1803). 독일의 작가로 심미주의에 빠져 낭만주의를 되살리려 노력했다. 본문에서 언급한 작품의 정확한 제목은 『아르딩겔로와 행복이 가득한 섬(Ardinghello und die glückseeligen Inseln)』이다.]는 지중해 한복판에 상상으로 "행복이 가득한 섬"을 그린 작품을 1787년에 발표했다. 이 섬은 태양의 나라와 정확히 대척점에 서 있는 쾌락의 천국이다.[51] 작가가 자신의 유토피아로 고발하고자 하는 현실은 하인제의 경우 사회질서가 아니라 빈곤한 문화 탓에 빚어지는 정신의 불행이다. 그의 섬 유토피아에서 중점적으로 다루는 것은 질서 정연한 공동체가 아니다. 하인제의 주인공은 천신만고 끝에 일종의 국가를 건설한 천재 화가 아르딩겔로다. 이 국가를 지배하는 것은 계획할 줄 아는 합리적 이성이 아니라 상상력이다. 기술적 발명이 아니라 예술을, 질서와 훈육이 아니라 인생을 감각적으로 즐기는 기쁨이 하인제에게는 중요하다. 바로 그래서 국가가 조직적으로 개입해 후손을 만들지 않으며 여성 공동체가 자유로운 사랑을 위해 봉사한다. "실제 행복(단순히 상상하거나 꿈꾸는 것이 아닌 행복)은 언제나 불가분의 세 가지, 곧 즐길 줄 아는 능력과 그 대상 그리고 즐김 자체의 조화로 이뤄진다." 이 유토피아는 시민의 도덕적 위선, 아름다움을 가려 볼 줄 모르는 무식함, 빈한한 정신, 한마디로 지루하기 짝이 없는 계몽 복지국가에 맞서 "육신의 해방"이라고 불러도 좋을 것을 추구한다. 우리는 하인제에게서 이미 소시민 문화를 겨눈 니체의 공격을 떠올린다. 하인제의 영웅 아르딩겔로는 삶의 의지를 불태우며 관습을 거부하고 감각적으로 누릴 수

51 Wilhelm Heinse, 『아르딩겔로와 행복한 섬Ardinghello und die glückseligen Inseln』. 비판적 학습 판, 막스 L. 바에우머Max L. Baeumer 편집, Stuttgart, 1975.

있는 것을 선택하는 니체의 실천적 인간이기 때문이다. 문화사가 빙켈만[Johann Joachim Winckelmann(1717~1768). 독일의 미술사학자이자 고고학자로 최초로 고대 미술을 체계적으로 연구해 신고 전주의의 기틀을 세웠다.]과 마찬가지로 고대 그리스의 고전적 문화가 남쪽의 이글거리는 태양과 자유로운 삶 덕에 생겨 났다고 확신한다면 우리는 육욕을 불태우는 사랑과 전쟁 을 칭송하면서 고대 그리스의 이교도 신들로 돌아가 이 신들을 섬기는 새로운 신전을 지어야 한다.

하인제의 유토피아 섬 역시 현대 정신의 출발을 알리 는 신호탄이다. 1900년을 전후해 시민 도덕에 등을 돌리 고 공동생활의 대안을 찾아 알프스의 마조레 호숫가(Lago Maggiore)에 위치한 베리타 산(Monte Verità)에서 예술가 마을을 세웠던 이들은 물론이고 1968년을 전후해 나타난 히피도 마찬가지로 하인제가 꿈꾸었던 행복이 가득한 섬 에서 사는 것과 비슷한 삶을 추구했다. 그러나 어떻게 해 야 이런 무제한의 감각적 행복을 실현할 수 있을지 하는 문제에 하인제는 관심이 없었을 뿐만 아니라 관심을 가지 고 싶지도 않았다. 그는 사회철학이 아니라 소설 형태로 마음껏 아름다움을 즐기는 인생을 그려 내며 관습과 도덕 에 얽매인 당대를 비판하고 싶었을 따름이다. 그의 소설 전체는 고대 미술과 태양이 빛나는 남쪽을 좋아하는 교양 인을 위해 쓴 것이다. 몇 쪽 안 되는 소설 말미에서 그리스 의 섬 파트모스와 낙소스에 새롭게 세워졌다는 공동체 이 야기가 나오기는 하지만 수백 쪽에 달하는 소설의 대부분 은 예술가와 예술 작품 및 고대 철학을 두고 나누는 대화 로 점철된다. 이 고대 철학은 창조하는 자연을 섬기는 고대 자연철학이 핵심이다. 다시 말해서 1800년대를 전후해 고대 그리스 예술을 찬탄하는 이런 시선은 문화 개혁의 프로그램을 고민했을 뿐, 어떻게 해야 도덕적 국가를 세울 수 있는지 하는 문제에는 관심이 없었다.

반대로 제임스 해링턴[James Harrington(1611~1677). 잉글랜드의 정치철학자. 본문에서 언급된 책은 『오시아나 공화국(The Commonwealth of Oceana)』이다.]은 1656년 자신의 유토피아 소설로 국가를 개혁하려는 의지를 불태웠다. 그의 소설에 그려진 '오시아나'는 유토피아 섬이 아니라 실제로 존재하는 매우 큰 섬이다. '오시아나'는 바로 잉글랜드를 빗댄 이름이기 때문이다. 그리고 이 소설은 소설이라 부르기도 힘들다. 해링턴의 책은 이상적인 공화국은 어때야 하는가 하는 물음을 철저히 물고 늘어진다. 이상적인 공화국을 위한 논증과 원칙으로 가득한 책에는 심지어 해링턴이 다듬은 헌법 초안, 이상적 공화국의 원칙을 서른 개 조항으로 정리한 헌법 초안이 담겼다. 이 작품은 잉글랜드 왕이 처형당하고 호국경 크롬웰이 지배하던 시기에 태어났다. 그리고 이 책은 크롬웰에게 헌정되었다. 저자 해링턴은 새로운 정치 질서로 내전의 원인을 제거하기를 간절히 바랐다.[52] 해링턴의 초안은 나중에 민주주의 사회가 나아가야 할 방향을 제시한다. 권력의 오용을 막으려는 권력분립도 이미

---

52   James Harrington, 『작품집. 오시아나와 기타 작품들. 해링턴의 삶을 논한 존 톨랜드의 에세이가 수록됨. 존 톨랜드가 해링턴의 인생을 설명한 것을 덧붙임Works. The Oceana and Other Works with an Account of His Life by John Toland』. London, 1771, 재판, Aalen, 1963, 31쪽. 독일어 판: James Harrington, 『정치 논문집Politische Schriften』, 위르겐 게브하르트Jürgen Gebhardt 편집. München, 1973.

이 작품에서 제안되었다. 선거권은 비록 모든 시민은 아닐지라도, 예전보다 훨씬 더 강력하게 확장되었다. 정치의 결정권자는 어디까지나 국민이 선출한 대표자여야 한다. 해링턴은 부자만이 권력을 잡는다고 보고 점차 더 나은 분배를 이루기 위한 개혁안도 제시한다.

해링턴의 책은 영국에서 커다란 반향을 불러일으켰다. 그렇지만 해링턴의 정치사상은 영국이 아니라 북아메리카 신생국가들이 헌법 초안을 다지는 데 중요한 영향을 끼쳤다. 칸트 역시 해링턴을 높게 평가해, 기회가 있을 때마다 그를 두고 "정신력이 뛰어난 집필가"라고 불렀다.[53] 인물이 아니라 법이 다스려야만 한다는 해링턴의 원칙이 칸트 자신의 철학과 딱 맞아떨어졌기 때문이다. 칸트는 정치적으로 그려진 유토피아를 오로지 자유라는 기본권을 보장하는 한에서만 인정했다. 우리가 절대로 잊어서는 안 되는 매우 지혜로운 안목이다. 해링턴은 모든 국민을 행복하게 해 주어야 한다는 부담을 국가에 주지 않았으며 오로지 개인이 행복해질 수 있는 구조적인 조건만 간단하게 스케치했다. 그리고 그 첫 번째 조건이 개인에게 자유를 보장해 주는 것이다. 반대로 20세기의 가장 유명한 유토피아 사상가인 에른스트 블로흐[Ernst Bloch(1885~1977). 독일 철학자로 카를 마르크스의 사상에 충실해 이른바 네오마르크시즘을 세웠다.]는 '오시아나'가 초기 자본주의의 싹을 담고 있다고 간파했으며 사유재산을 인정하지 않는 유토피아에만 열광했다. 그러나 사유재산을 인정하지 않는 개인의 자유가

---

53 Kant, 『인간학Anthropologie』, 학술 판본, 제7권, 219쪽.

어떻게 헌법에 보장될 수 있는가 하는 문제를 이 마르크스주의 사상가는 분명히 밝힐 수 없었다. 역사가 더 오래된 자연법은 공동재산과 사유재산의 문제를 훨씬 더 자세하고 설득력 있게 다룬다. 자연법은 이후에 더 자세히 살펴보기로 하자.

일단은 유토피아와 현실의 관계를 다시 한번 간단하게 짚어 보자. 근대 초 우리 지구의 바다를 항해하며 계속해서 새로운 땅과 섬을 발견하면서 사람들은 상상의 나래를 펼쳐 이상 사회를 세운 새로운 섬들을 그려 냈다. 이렇게 상상으로 그려 본 섬과 현실의 간극은 경우마다 조금씩 다르기는 하지만 공통적으로 매우 크다. 캄파넬라는 자신의 태양 국가가 원칙적으로 실현 가능하다고 간주했다. 자신의 철학 체계의 일부로 국가 건설을 기획했기 때문이다. 다만 캄파넬라는 어디서 어떻게 이런 국가를 세울 수 있는지 보여 주지 않았다. 반대로 하인제는 유토피아로 오로지 자신의 꿈을 일종의 시처럼 풀어냈을 뿐이다. 이런 유토피아의 실현을 전혀 염두에 두지 않았다는 점은 그가 유토피아를 과거, 곧 16세기의 것으로 설정했다는 사실에서도 잘 드러난다. 그러나 해링턴은 현실을 개혁하겠다는 야망으로 유토피아를 썼다. 이런 식으로 현실의 대안을 찾는 것은 유토피아 사상의 전형이다. 그저 섬을 꿈꾸는 데 그치지 않고 미래에 이런 이상 사회가 실현되었으면 하는 간절한 열망이 유토피아라는 생각 실험을 이끄는 원동력이다. 그리고 이런 점에서 해링턴은 현실에 충실한 감각을 보여 주었다.

그는 나날이 커 가는 영국의 국력과 관련해서도 이런

현실감각을 보여 주었다. 그는 자부심을 숨기지 않고 베네치아는 바다로 제한을 받지만 '오시아나'는 그렇지 않다고 썼다. "바다는 베네치아에 성장의 법칙을 베풀었지만 '오시아나'의 성장은 바다에 법을 정해 준다."[54] 이 말이 품은 속내는 이렇다. 도시 베네치아는 바다로 가로막혀 더는 커질 수 없다. 그러나 영국 식민 제국은 계속 성장하며 지배적인 해상 강국으로 올라서려 한다. 18세기에 잉글랜드에는 다음과 같은 후렴구를 가진 유명한 노래가 생겨났다. "지배하라, 브리타니아! 파도를 지배하라!" 이 노래는 오늘날까지 영국의 두 번째 국가로 불릴 정도로 높은 인기를 자랑한다. 19세기에 영국은 타의 추종을 불허하는 최강의 해상 강국으로 군림했으며 플라톤이 상상의 아틀란티스에 부여했던 것과 비슷한 공화국의 지위도 차지했다. 그러나 바다가 땅처럼 장악되어 누군가의 재산이 되어도 좋은 것일까 하는 의문은 피할 수 없이 고개를 든다.

---

54 "The sea gives law to the growth of Venice, but the growth of Oceana gives law to the sea." Harrington, 『Oceana』, 34쪽.

3
바다의 자유

인류의 공동 소유

바다는, 이미 들어가는 말에서도 분명히 밝혔지만, 본래 철학의 대상이 아니다. 철학이라는 개념을 물에 빠뜨려 묽게 만들려 한다면 모를까, 철학은 사실 바다와는 별 상관이 없다. 바다의 철학이 있다면 달의 철학이나 고양이의 철학도 있어야 하지 않느냐고 시비를 걸어도 할 말이 없다. 학교나 대학에서 철학 수업의 일환으로 "바다"라는 제목을 붙인 강좌를 열면 당장 교장이나 학과장이 달려와 왜 그런 강좌가 필요하냐며 비판적으로 캐물으리라. 철학 개념 사전에서 "바다"라는 항목은 아무도 찾지 않는다.

그렇지만 17세기나 18세기의 철학 사전을 우연히 펼쳐 본 사람은 깜짝 놀라기 마련이다. 철학의 개념을 설명하는 최초의 대형 사전이 바다를 상세히 다루고 있기 때문이다. 1713년에 나온 그런 사전에서는 심지어 "바다" 항목을 네 단에 걸쳐 자세히 설명한다.[55] 일련의 자연과학 정보를 담은 설명은 당시 자연과학과 철학이 얼마나 밀접하게 맞물렸는지 잘 보여 준다. 이로부터 얼마 뒤 이런 관점은 완전

---

[55] 슈테파누스 쇼빈Stephanus Chauvin, 『철학 사전Lexicon philosophicum』. Leeuwarden, 1713. 다음 자료도 참조할 것. 요한 미크랠리우스Johann Micraelius, 『철학 사전Lexicon philosophicum』, Stettin, 1662.

히 새로운 측면까지 확장된다. 요한 게오르크 발흐[Johann Georg Walch(1693~1775). 독일 신학자이자 철학자.]는 바다를 다룬 사전 항목을 이런 문장으로 시작한다. "우리는 바다를 이중의 관점으로 살펴야만 한다. 물리적인 바다와 도덕적인 바다가 그 이중의 관점이다."[56] 새로운 측면인 두 번째 관점, 곧 도덕적인 바다는 누가 바다의 지배권을 가질 것인가 하는 물음이다. 이내 이 물음은 철학이 관심을 두는 유일한 물음으로 자리 잡았다. 바다는 "오로지 국제법의 관점에서만 철학의 대상"이라고 대략 백 년 뒤에 출간된 사전은 설명한다.[57] 19세기 초 모든 자연과학 지식은 철학으로부터 떨어져 나가 특수 분과 학문으로 넘어갔다. 그동안 바다를 다룬 지식이 매우 방대해져 19세기에 출간된 특수 사전은 바다라는 주제에만 거의 백 쪽을 할애한다.[58] 20세기 초에 들어서면서 철학 사전에서 바다는 사라졌다. 그동안 해양법을 다룬 문제는 법학의 차지가 되었다.[59] 이런 일련의 과정은 철학의 운명을 잘 보여 준다. 그때까지 철학으로 다뤄지던 문제들이 속속 개별 학문으로 발달했다. 이로써 철학은 차츰차츰 주제를 빼앗기는 것처럼 보인다. 그렇지만 우리는 신중해야만 한다. 다시 백여 년이 흐른 뒤에 바다는 『철

56 Georg Walch, 『철학 사전Philosophisches Lexicon』, Leipzig, 1733, 764~766쪽. 1775년에 나온 4쇄에도 항목은 그대로 남았다.

57 빌헬름 트라우고트 크룩Wilhelm Traugott Krug, 『과학철학 핸드북 사전Allgemeines Handwörterbuch der philosophischen Wissenschaften』, 제2권, Leipzig, 1827, 709쪽 이하.

58 요한 사무엘 트라우코트 겔러Johann Samuel Traugott Gehler, 『물리학 사전Physikalisches Wörterbuch』, 제6권, Leipzig, 1837, 1585~1675쪽.

59 『블룬트슐리의 정치 용어 사전Bluntschli's Staatswörterbuch』, 제3권, Zürich, 1872. 해역, 415~418쪽, 해전, 418~423쪽, 해양법, 423~431쪽.

학적 은유 사전』으로 되돌아왔기 때문이다.[60] 무슨 일이 일
어났을까? 철학은 생각의 조건을 탐구하면서 언어를 매우
날카롭게 다루는 감각을 키워 왔다. 이렇게 볼 때 우리는
그림처럼 선명하게 그려 주는 언어 없이 생각하기 힘들다
는 사실이 분명해진다. 철학의 개념이 대개 그림을 그리는
방식에 그 뿌리를 두고 있는 것을 보라. 철학은 바다를 이
런 그림의 원천으로 애용해 왔다. 이 문제는 나중에 더 자
세히 다루기로 하자. 지금 중요한 것은 경험과학이 완전히
새로운 철학적 물음을 제기하게 만들었다는 점이다.

　18세기에 들어 바다를 도덕적 관점에서 관찰할 필요
를 느꼈다는 사실은 전혀 놀랍지 않다. 왜 그런 필요성이
대두되었는지 살피기 위해 잠깐 지금까지 우리가 거쳐 온
생각 여행을 되돌아보자. 고대의 자연철학자들은 바다를
모든 생명의 근원으로 보고 신적인 성격을 가진다고 설
명했다. 이런 견해에 정면으로 맞선 사람이 플라톤이다.
바다는 신적인 것이 전혀 아니며 도덕을 위협하는 추악
한 것이다. 섬을 무대로 삼은 유토피아 문학은 더 나은 사
회질서를 구상하며 플라톤으로부터 많은 자극을 받았지
만 바다를 바라보는 태도만큼은 달리했다. 유토피아 문학
의 저자들이 보기에 바다는 완전한 공동체를 세계의 불완
전한 나머지와 갈라 줄 기회를 주었다. 그러나 근대 철학
은 유토피아의 관점에 머무르지 않았다. 근대 철학은 보
다 더 시급한 문제에 초점을 맞추어 바다의 소유권은 과

60　미하엘 마크로풀로스Michael Makropoulos, "바다Meer", 출전:『철학적 은유
사전Wörterbuch der philosophischen Metaphern』, Ralf Konersmann 편집,
Darmstadt, 2007, 236~248쪽.

연 누구에게 있는가 하는 물음을 다루었다. 앞서 인용했던 발흐의 말투를 그대로 빌려 표현하자면, 철학은 "인간이 감히 바다를 자신의 것이라고 주장할 수 있는가?" 하고 묻는다. 이것은 근대 초에 바다를 둘러싸고 제기된 새로운 도덕적 물음이다. 이 물음의 답은 권리와 사유재산과 자유의 근거를 무엇으로 보아야 하는가 하는 점에서 철학이 찾아야만 하는 것이다. 토론은 항로를 누가 차지할 것인가 하는 격렬한 논란으로 시작되었다. 그리고 이런 대결에서 새로운 유토피아는 평화롭게 하나 된 인류라는 미래 비전이라는 평가를 받기도 했다.

바다는 모두가 공유해야 하는 것이라는 견해는 이미 고대에서 제시되었다. 그러나 근대 초에 이런 견해는 그 근거를 다져 새롭게 역점을 두어 방어되어야만 했다. 유럽인이 15세기부터 시작한 탐험 여행으로 확장된 항로는 이내 지구 전체를 가로질렀다. 이런 탐험은 물론 호기심과 유명해지고 싶은 욕구가 강력한 동기였다 해도 호기심과 유명세만이 목적은 아니었다. 오히려 재화 획득, 무엇보다도 저 먼 동양의 귀중한 향료를 얻어 내려는 욕구와 더불어 땅을 획득하고 다른 민족을 굴복시켜 권력을 키우는 것이 항해의 주목적이었을 따름이다. 이런 이해관계를 추구하면서 유럽 각국은 지구가 넉넉한 크기를 자랑하는 데도 서로 먼저 항로를 차지하려는 경쟁을 벌이며 예전에는 볼 수 없던 새로운 갈등을 빚었다.

스페인과 포르투갈이, 1580년 이후 두 나라 모두 스페인 제국 합스부르크가의 통치를 받던 시절에, 교황이 그렇게 결정했다는 근거를 내세워 인도로 가는 항로를 제국

만이 유일하게 이용할 수 있다고 주장하고 나서자 네덜란
드가 격렬히 저항했다. 당시 아직 젊었던 법률가 후고 그
로티우스[Hugo Grotius(1583~1645). 네덜란드의 법학자이자 정치가로
"자연법의 아버지" 또는 "국제법의 아버지"로 불린다. 본문에서 언급된 책
『자유의 바다(Mare Liberum)』는 '자유 해양론'으로 옮겨지기도 한다. 국립
국어원 용례에서는 그의 이름을 네덜란드식으로 발음해 휘호 흐로티위스
라고 되어 있으나 이 책에서는 그의 이름이 라틴어인 점을 감안해 후고 그
로티우스라고 표기했다.]는 1609년 『자유의 바다』라는 책을 익
명으로 펴내 자신의 조국을 지원하면서 법적 다툼을 원
칙으로 해결하고자 시도했다.[61] 그로티우스는 사무엘 폰
푸펜도르프[Samuel von Pufendorf(1632~1694). 독일의 자연법 철학
자이자 역사학자.]와 크리스티안 토마지우스[Christian Thoma-
sius(1655~1728). 독일 법철학자로 초기 계몽주의의 선구자. 마녀재판과 고
문 폐지에 앞장섰다.]와 더불어 근대 자연법을 대표하는 주요
인물이다. 유럽은 이들에게 고마워해야 할 일이 참 많다.
이 자연법이 없었다면 인권은 선언될 수 없었으리라.

　　그로티우스가 보기에 바다의 소유권 문제는 오로지
국제법에 따라 결정되는 것이 당연했다. 바다의 소유권은
어느 나라 법에도 없기 때문에 그 결함은 국가의 법체계
를 초월한 국제법, 곧 자연법이 채워야만 하기 때문이다.
자연법은 철학의 문제인 동시에 법학의 문제다. 그로티우

61　『바다의 자유. 네덜란드 법은 교역을 판단할 권리를 가진다Mare liberum sive
de jure quod Batavis competit ad judicana commercia』. Lugdumi Batavokum,
1609. 이 책은 그로티우스 본인의 이름을 밝히고 1633년에 다시 출간되었다.
독일어 번역본은 『바다의 자유에 관하여Von der Freiheit des Meeres』로
리하르트 보샨Richard Boschan이 번역하고 해제와 색인을 달았다, Hamburg,
1919.

스는 자연법이라는 불문법이 전혀 약점이 되지 않는다고 보았다. 성문법, 곧 법조문은 오로지 그때그때 권력자의 뜻을 표현하는 것이기 때문이다. 그리고 많은 법률가는 아쉽게도 권력자에게 기꺼이 봉사했다. 그러나 자연법은 권력자라는 인간이 만들어 내는 것이 아니다. 바로 그래서 자연법은 보편타당성을 가진다. 그로티우스는 이 자연법의 기초를 두 가지로 보았다. 하나는 합리적인 논증이며 나머지는 표준으로 삼을 수 있는 권위, 곧 로마법이나 성경과 교부 또는 철학이나 고대 그리스·로마의 위인들이 남긴 글을 판단의 근거로 삼는 것이다. 근본적인 테제는 올바름과 부당함은 신 또는 자연이 모든 인간의 지성과 심장에 아로새긴 것이라 언제 어디서나 입증할 수 있다는 주장이다. 바다를 소유하겠다는 모든 요구에 반대하는 그로티우스의 격정적인 논증은 오늘날 읽어도 내 문제처럼 느껴져 감동을 자아낸다.

우리는 그로티우스와 마찬가지로 어떤 근원의 상태, 곧 모든 것이 모두에게 속해 사유재산이라고는 없는 황금시대가 존재한다고 볼 수 있다. 신 또는 자연, 그로티우스는 신과 자연을 모두 언급하는데, 아무튼 근원적인 주체는 지구를 인류 전체에게 선물했다. 다시 말해서 지구는 공유재산이다. 물론 사유가 허용되는 물건은 있다. 음식물과 옷은 각 개인이 생활하는 데 꼭 필요한 것이라 다른 사람과 나눌 수 없는 개인의 사유재산이다. 땅과 가축의 소유권도 이처럼 유추된다. 개인이 자신의 보존을 위해 필요로 하고 쓰는 것은 사유재산으로 인정되어야 한다. 어떤 민족이 공유하는 것을 두고도 같은 논리가 적용된다. 개인의 사유재산이 다른 사람을 이용자로 배제하듯, 어떤 민족이 공유하는 것은 다른 민족이 쓸 수 없다. 그러나 어떤 것이 공유재산인가 아니면 사유재산인가 인정을 받을 수 있으려면 특정 조건들이 만족되어야만 한다. 움직이는 것을 사유재산으로 인정받으려면 분명하게 자기 것으로 차지해야만 하며, 움직이지 않는 것은 울타리를 두르거나 감시를 해서 확보해야만 한다. 어떤 경우든 소유를 나타내는 표시 또는 상징이 요구된다. 그런데 포르투갈이 지도 위에 그저 선 하나를 긋고 대양의 대부분을 사유재산이라고 선포하면서 자신의 지배 구역이라고 주장한다면, 하늘도 마찬가지로 선 하나 그어 놓고 사유재산으로 바꿀 수 있어야만 한다.

　소유의 필수 조건을 만족시키기 때문에 어부는 바닷속 물고기를 잡아 자신의 것으로 만들 수 있다. 그러나 바다 자체는 그 누구도 소유자로 인정하지 않는 공유재산일 뿐이다. 따라서 누구도 바다가 자신의 소유라고 주장할 수 없으며 해서도 안 된다. 바다라는 자연은 점유를 허락하지 않는다. 바다는 개인이 이용할 수 있는 물건으로 취득될 수 없으며 사유재산으로 표시해 팔고 사거나 계약을 통해 나눌 수 없다. 바다의 본성이 소유에 거역한다. 바다는 쓴다고 줄어들거나 해를 입는 것이 아니라 모든 사람에게 봉사한다. 그로티우스가 바다의 엄청난 크기와 힘에 인간이 예로부터 품어 온 경외심을 가져야 한다고 호소하는 대목을 읽노라면 우리는 그가 자연 전체를 상업의 대상으로 삼으려는 경향에 저항하는 마음을 고스란히 느낄 수 있다. 바다의 상업적 이용은 바다의 가치와 품위를 해

치는 행위일 따름이다. 그로티우스는 연못이나 호수가 문
제가 아니라고 강조한다.

> 지금 우리의 문제는 대양이다. 고대인이 측량할 수 없이
> 무한하며 사물의 창조주이자 하늘의 이웃이라고 불렀던
> 바다가 우리의 문제다. 만지면 우리의 손길을 적시는
> 물은, 고대인이 믿었듯, 원천과 강과 호수와 바다뿐만
> 아니라 별에게도 물을 먹이는 구름이 되는 것처럼 끊임없이
> 변화하며 인류의 집인 지구를 가꾼다. 이런 물을 누군가가
> 막고 울타리를 둘러 차지할 수는 없는 노릇이다. 바다는
> 우리가 소유하는 것이 아니다. 바다가 우리를 소유한다.[62]

네덜란드 출신 저자가 우리가 바다를 지배하는 것이 아
니라 바다가 우리를 지배한다고 썼다면, 그는 자신이 무
슨 말을 하는지 정확히 아는 것이다. 그의 조국은 바다로
부터 끊임없이 위협을 당하기 때문이다. 바다는 태풍으로
제방을 무너뜨려 마을을 쓸어 가 버리는가 하면 물고기를
잡고 멀리 여행하며 다른 민족들과 다양한 교류를 맺어
소득을 올리는 교역을 하도록 허락해 준다. 바다가 인간
에게 의존하는 게 아니다. 인간이 바다에 의존한다.

바다라는 자연이 소유를 거부하듯, 자연은 모든 민족
이 교역을 위해 바다를 이용할 수 있게 해 준다고 그로티
우스는 썼다. 자유무역과 자유로운 교통로 없이는 어떤
국가도 번성할 수 없다. 인류 전체도 교역 없이는 번성할

62　위의 녹일어 번역본, 53쪽.

수 없다. 자연이 그 은혜를 민족마다 서로 다르게 베풀기 때문에 어떤 나라에서는 차고 넘쳐 나는 것이 다른 나라에서는 턱없이 부족하다. 바로 그래서 민족들은 서로 교류해야 한다. 인류는 가진 것을 서로 교환하는 교역을 하도록 강요받는다. 교역은 저마다 다른 민족을 함께 이끄는 신의 질서다. 멀리 떨어진 나라끼리 교역할 수 있게 해 주는 것은 바다와 바람이다. 자유무역이 특권을 자랑하는 귀족의 돈벌이를 줄여 놓는 것은 그만큼 더 좋은 분배가 이뤄질 수 있게 해 주기 때문에 정당하다. 자유무역은 이처럼 자유로운 바다를 요구한다. 바다 또는 그 일부를 자신의 차지로 선포하고 자유를 제한하는 사람은 엄청난 부정을 저지르는 것이다.

　자연이 정해 준 대로 바다가 인류의 공동재산으로 남아 사유재산이 없는 근원적 상태를 보존한다면, 법을 무시하고 멋대로 구는 자유란 있을 수 없다. 자연법은 바다에서도 황금률을 준수하기를 요구한다. "네가 원하지 않는 것은 다른 누구에게도 하지 말라." 우리 각 개인의 자유는 다른 사람의 자유를 존중할 때에만 보장받는다. 그래서 바다에서도 다른 사람에게 해를 끼치는 모든 행위는 금지되어야 마땅하다. 자유는 해서는 안 되는 일이 있다는 한계를 알 때에만 성립한다. 해적질을 처벌하는 것은 물론 각 지역에 따라 해당 지역 국가가 맡을 일이다. 그러나 해적질을 처벌하는 자연법의 전제 조건은 어디나 똑같다.

　그로티우스는 자신의 자연법 구상을 다듬으면서 특히 기원전 I세기경에 활약한 로마 철학자이자 수사학자 키케로의 사상을 길라잡이로 삼았다. 키케로가 이미 사유재산으로 다루어서는 안 되는 공유재의 인정을 정의라고 보았기 때문이다. "정의로운 사람이 해야 할 첫 번째 과제는 누구도 다른 사람에게 해를 입히지 않게 하는 것이다. 물론 부당한 일에 맞서 싸울 때는 예외로 인정된다. 정의로운 사람이란 공유재산을 모두의 것으로, 사유재산은 자신의 것으로 다룰 줄 아는 사람이다." 키케로는 심지어 원래 오로지 공유재산만이 있다는 견해를 보이기도 했다. 그의 이런 입장은 스토아학파의 철학과 맥을 같이한다. "지구상에 생겨난 모든 것은 인간이 쓰기 위해 창조되었다. 인간은 서로 함께 살기 위해 태어났으므로 자발적으로 서로 돕는 행동을 해야 한다."[63] 상당수의 고대 그리스 철학자들이 그리스인과 야만인, 자유인과 노예의 구분을 중요시한 반면, 스토아학파는 인류는 하나라는 생각으로 이런 구분을 받아들이지 않았다. 유명한 스토아 철학자 마르쿠스 아우렐리우스는 황제였으며 다른 스토아 철학자 에픽테토스는 노예였지만, 두 사람은 동일한 생각의 차원에서 어깨를 나란히 했다. 스토아학파는 인류가 하나라는 생각이 유럽에 자리 잡도록 기초를 다졌으며 그로티우스는 이런 생각이 좀 더 선명한 윤곽을 얻도록 해 주었다. 지구상의 모든 나라가 항해를 통해 갈수록 더 많은 교류를 맺어가는 동안, 그로티우스가 다듬어 준 근대 자연법은 모든 국가가 동일한 권리와 의무를 가지는 것으로 확정했다.

그로티우스가 펴낸 소책자에는 이미 현대 국제법의

---

63 Cicero, 『의무론. 의무에 맞는 행동에 대하여De officiis. Vom pflichtgemäßen Handeln』, 하인츠 구너만Heinz Gunermann 번역, 해제 및 편집, Stuttgart, 1976, 21쪽, 23쪽.

거의 모든 원칙이 담겼다. 이 법은 모든 인간에게 동일하게 적용되는 것으로 모든 사람을 하나로 묶어 주며 권리인 동시에 도덕이다. 왕이라도 그 백성에게 이런 권리를 유보하거나 빼앗아서는 안 된다고 그로티우스는 강조한다. 개인의 행동에 적용되는 모든 윤리 규칙은 민족 사이의 관계에도 적용되어야 한다. 이미 점령했다고 해서 그 땅을 차지하고 지배해서는 안 된다고 그로티우스는 다짐한다. 포르투갈이 동인도제도를 자기네 영토라고 주장하는 것은 말도 안 되는 소리다. 미지의 땅에 미개한 종족이 산다는 것을 구실 삼아 이 땅을 정복하고 속국으로 삼는 것을 정당화하는 행위는 심각한 범죄다. 기독교는 오로지 선교사의 노력으로 전파되어야지 무력으로 강제해서는 안 된다. 그로티우스의 이런 원칙을 충실히 지켰더라면, 지구상에서 그 어떤 문화도 헛되이 사라지지 않았으며 노예를 팔고 사는 일도 제국주의도 절대 없었으리라.

그로티우스의 자연법은 현세의 실질적인 법으로 만인에게 똑같이 적용되는 것이라 교회도 지켜야만 한다. 교황 알렉산데르 6세가 1493년에서 1494년에 걸쳐 스페인과 포르투갈 사이에 빚어진 갈등을 중재하다가 결국 남과 북을 가르는 선을 긋고 다른 모든 나라는 인도로 가는 항로를 이용할 수 없다고 결정한 것을 두고, 그로티우스는 교황은 세계와 바다의 주인이 아니고 자신의 소유가 아닌 것을 마음대로 정할 수 없다며 이런 결정은 효력이 없다고 일갈했다. 그로티우스는 자연법이 성경과 일치하도록 특히 주의를 기울였으며, 그래서 덧붙이기를 그리스도라 해도 세속의 권력을 행사할 수는 없다고 못 박았다. 교황이 세속의 일에 간섭하는 것은 정신적 문제에만 한정된다고도 했다. 바다의 소유권을 놓고 다투는 일은 그저 무역으로 물질적 이득을 보려는 세속의 갈등일 뿐이다. 그가 1609년에 쓴 이 글을 읽노라면, 이미 우리는 곧 터지는 종교전쟁으로 세속의 자연법이 더욱 힘을 얻으리라는 점을 짐작하고도 남는다. 우선 저마다 다른 권리의 요구를 앞세운 종교 종파들이 삼십 년에 걸쳐 전쟁을 벌임으로써 이런 서로 다른 요구를 정리할 상위 법체계가 필요해진다. 두 번째로 세속의 자연법은 기독교의 근본원리와 아주 잘 맞아떨어진다. 이런 세속의 법체계가 정비되고 나서야 비로소 유럽에서는 종교의 자유가 가능해졌다.

아우구스티누스가 기초를 닦은 기독교 신학 전체가 기독교인뿐만 아니라 인류 전체를 염두에 두고 신의 은총을 이야기했다면, 그로티우스의 자연법이 설정한 하나의 인류야말로 기독교 정신과 부합하는 새로운 인류 개념이다. 다시 말해서 모든 사람을 평등하게 보는 이 정신은 기독교의 새로운 목표가 되어야 한다. 이런 목표 앞에서 이교도와 기독교도를 나누었던 기존의 관점은 무너질 수밖에 없다. 모든 민족은 동등한 자연적 특질을 타고났기에 동일한 권리를 누려야 마땅하기 때문이다. 이렇게 볼 때 모든 민족은 "자연적 공동체이자 친척"이다. 신의 섭리 또는 자연은 민족들이 서로 평화롭게 교류하면서 교역으로 서로 이득을 보기를 원한다. 민족들은 문화와 종교의 차이를 뒷전으로 밀어내야만 하나의 인류로 통합한다. 하나로 통합된 인류를 보여 주는 인상적인 상징, 인류를 하나로 매개해 주는 분명한 상징, 그것은 곧 바다다. 바다는 인류가 공통으로 가지는 것이기 때문이다. 이득과 지배권을 둘러싸고 점점 더 지구 전체를 뒤덮는 암투와 전쟁의 한복판에서 그로티우스는 민족들이 서로 재화와 문화적 성취를 교환해 각자의 부족한 점을 채워 가며 평화적으로 협력하는 인류라는 생각을 다듬어 냈다.

그의 주저 『전쟁과 평화의 법』에서 그로티우스는 약간 변형해서 더욱 정밀하게 다듬은 바다의 관점을 거듭 강조한다.[64] 심지어 그는 해변까지 인류의 공동재산으로 선포했다가 해변이 어디서 끝나는지 정하기 어렵다는 이유를 들어 이 견해를 포기했다. 그로티우스의 주장은 빠르게 유명해졌지만 반박되지 않은 것은 아니다. 영국과 네덜란드가 바다의 소유권을 놓고 다툼을 벌였을 때, 영국은 『영해』라는 책으로 그로티우스의 논리에 맞섰다.[65] 이 책은 옛 문헌과 판결 기록을 토대로 국제법이 바다의 소유권을 얼마든지 허용한다고 증명하려 시도한다.[66] 이런 논쟁에서 보듯 자연법은 섬약하고 논란의 여지가 많은 것이기에 여러 심각한 위기를 겪을 수밖에 없음을 우리는 쉽게 짐작할 수 있다.

---

64 Hugo Grotius, 『전쟁과 평화의 법칙에 관한 세 권의 책De jure belli et pacis libri tres』, Paris, 1625, 제2권, 3장. 독일어 판, 『Des Hugo Grotius drei Bücher über das Recht des Krieges und des Friedens』, 율리우스 헤르만 키르히만Julius Hermann Kirchmann 편집, Berlin, 1869, 특히 246쪽 이하, 264쪽 이하.

65 John Selden, 『Mare clausum』, London, 1635.

66 발흐는 이미 바다의 소유권을 둘러싼 다툼의 전모를 그려준 바 있다. 다음 자료도 마찬가지다. 요한 하인리히 체들러Johann Heinrich Zedler, 『모든 학문과 예술의 완전한 대형 보편사전Großes vollständiges Universallexikon aller Wissenschaften und Künste』, 총20권, Halle, Leipzig, 1739, 152~159단, 우리 주제와 관련해서는 특히 156~159단. 발흐와 체들러의 글은 혹시 동일한 사람이 쓴 게 아닐까 싶을 정도로 논지가 비슷하다.

그런데도 그로티우스의 견해는 설득력을 잃지 않고 관철되었다. 독일의 자연법 철학자 사무엘 푸펜도르프는 1672년 새로운 논증으로 그로티우스의 견해에 힘을 실어 주었다. 그러나 동시에 푸펜도르프는 몇 가지 단서 조항을 달았다. 이런 제한은 자연법으로 소유권 문제를 해결하는 것이 그만큼 까다롭다는 점을 잘 드러낸다. 특히 오늘날 몇몇 분야에서 소유권 갈등은 첨예하기만 하다.[67] 푸펜도르프가 보기에도 바다의 지배권 문제는 사유재산을 올바르게 이해해야 풀린다. 특정 재화를 무제한으로 쓸 수 있는 게 아니라면 다툼과 전쟁을 피하기 위해 사유재산을 정리할 법이 필요하다. 이런 법을 가질 때에만 올바로 분배를 했느냐 하는 물음의 답이 찾아지기 때문이다. 그러나 무한할 정도로 넘쳐 나는 재화, 이런 재화를 쓴다고 해서 누구에게도 해를 끼치지 않는 경우의 재화를 두고 소유권 운운하는 것은 몰상식할 뿐만 아니라 악의적인 태도다. 그런 무한한 재화의 좋은 예로는 공기, 바람, 빛, 태양열, 흐르는 물 그리고 무엇보다도 바다가 꼽힌다. 누군가가 특정 바다와 그에 맞닿은 땅의 소유권을 주장하면서 그 근거로 자신이 첫 번째로 배를 타고 그곳을 지나갔다는 말을 한다면 "자신이 바다의 주인이라는 헛된 망상을 품었거나 부끄럽기 짝이 없는 탐욕"을 가진 것이라서 절대 자연법의 보호를 받을 수 없다. 자연법은 심지어 주인이 없는 황무지를 놓고 소유 운운하는 일조차 삼가고 "신의 세계는 이

---

67 Samuel von Pufendorf, 『자연법과 국제법De jure naturae et gentium』, London 1672. 독일어 판, 『Vom Natur- und Völcker-Recht』, 제5권, 제5장, Frankfurt/M. 1711, 891~905쪽.

런저런 사람에게 속하는 게 아니라 모든 사람의 것이며 자연적인 인간은 모두 똑같은 권리를 누린다"는 점을 유념하도록 요구한다. 바로 그래서 푸펜도르프는 재화 분배의 도덕 원칙을 이렇게 정리한다. "모든 사람이 자족함을 알고 자신이 먹는 만큼 일을 한다면 누구나 부족함을 모르기에 사유재산과 공동재산을 두고 다투는 일이 없으리라."

모든 국가가 항해를 하기 위해 바다를 이용할 권리를 가진다는 점은 푸펜도르프 역시 의심의 여지가 없는 자연법으로 받아들였다. 그러나 푸펜도르프는 이에 그치지 않고 바다에서 나는 모든 것이 무한하지는 않기 때문에 이를 관리할 사유재산법이 필요하다는 문제를 제기한다. 이 문제는 각국 연안의 수산자원, 물고기는 물론이고 특히 진주, 산호, 호박에 해당한다. 그 밖에 각국은 자국의 안전을 지킬 권리를 가지기 때문에 연안의 일정 지역을 보호수역으로 지정해 타국의 접근을 막을 수 있다. 이처럼 어렵고 시급한 문제들이 산적해 있다는 것을 가늠하기 위해 무슨 대단한 상상력이 필요하지는 않다. 도대체 보호수역은 얼마나 넓어야 하는가? 오늘날 바다의 수산자원을 착취하는 것을 규제할 우리의 법체계는 충분한가? 그리고 누가 이런 법을 따르도록 감독할 것인가?

휴머니티에서 산업화에 이르기까지

휴머니티를 말하는 사람은 암묵적으로 저 자연법 철학자들의 사상, 곧 인류는 결국 하나이며 인간은 인간으로 존중받아야만 한다는 사상을 당연한 것으로 전제한다. 인간 중

심의 세계관에 힘을 실어 준 것은 이처럼 자연법이다. 그리
고 철학은 자연법의 기초를 다지기 위해 노력했다. 철학은
특히 바다가 세계의 민족들을 맺어 주는 매개체라는 그로
티우스의 논리를 중시했다. 전 세계 사람들과 교류하고 싶
다는 생각은 코즈모폴리터니즘, 곧 세계시민주의를 키웠
다. 이런 의미에서 바다의 자유를 변호한 철학자로 세 명
을 꼽을 수 있다. 이 세 명은 다른 문제에서는 전혀 합치하
지 않는 사상을 선보였기에 바다의 자유를 주목했다는 공
통점이 더욱 의미심장하게 다가온다. 칸트는 바다를 자유
롭게 이용하고 국가의 교통을 장려할 구속력을 가지는 국
제법을 요구했다. 헤르더는 휴머니티를 강조하며 세계 다
른 지역의 민족들 사이에 빚어지는 부당한 일을 이겨 내기
위한 보편 도덕을 주장했다. 반대로 헤겔은 자유 해상무역
이야말로 보편 이성이 역사적으로 실현되는 증거라고 보았
다. 정리하면 칸트는 미래의 법에, 헤르더는 도덕의 확장에,
헤겔은 인간이 세계와 맺는 관계를 지배하는 이성의 힘에,
각각 희망을 걸었다. 세 형태 모두 바람직한 목표를 현실과
조화시키고자 하는 시도다. 오늘날 이뤄지는 윤리 토론에
서도 이 세 가지 논증 방식은 얼마든지 가려들을 수 있다.

　칸트는 자신의 법 이론에서 그로티우스와 비슷하게
지구 전체라는 토대는 원래 모든 사람의 공동소유지만 개
인에게는 그 각 부분을 사유재산으로 만들 자격이 있다고
본다.[68] 이미 소유자가 있는 물건은 누구도 자신의 것으로

68　Immanuel Kant,『윤리 형이상학Metaphysik der Sitten』, 제1부: "법 이론의
　　형이상학적 기초"(1797). 학술 판 전집, 제6권, 267쪽.

빼앗을 수 없다. 바로 그래서 칸트는 원주민의 부족한 법 체계를 구실 삼아 식민지 개척을 정당화하는 것을 부당하다고 보고 해변에 있는 돌 하나도 이미 주인이 있는 것이라 취해서는 안 된다고 강조한다. 또 주인이 없는 땅이라고 해서 닥치는 대로 차지할 수 없으며 자신이 지킬 수 있는 범위에서만 취해야 한다고 본다. "땅이 입을 가졌다면 이렇게 말하리라" 하고 시작되는 원문을 보자.

> 너희가 나를 지켜 줄 수 없다면 너희는 나에게 요구하지도 말라. 지킬 능력을 갖추고 나서야 바다가 "자유로운지 아니면 이미 주인이 있는 닫힌 것"인지 너희는 결정해야만 한다. 예를 들어 이미 어떤 국가의 영토인 해변에서 대포의 사정거리가 미치는 범위 안에서는 다른 나라 사람은 아무도 고기잡이를 하거나 해저에서 호박을 캐거나 하는 따위의 행위를 하지 말아야 한다.[69]

누구도 드넓은 대양에 자리를 차지하고 앉아 자신의 소유라고 지킬 수는 없는 노릇이기 때문에 공해(公海)는 인류의 공동재산이다.

  평소 날카로운 감각을 자랑하던 칸트가 이 문제에서만큼은 엉거주춤한 타협안을 제시한다. 그만큼 실제 현실의 소유권 문제는 해결하기 어렵기 때문이다. 당시의 무기 기술 발달 수준으로 미루어 볼 때 대포의 사정거리가 정확한 국경을 표시할 수는 없다. 오늘날의 미사일은 국

경 문제를 무의미하게 만든다. 그러나 구속력을 가지는 국제법이 없다면 국가들은 자연 상태에 빠져 오로지 자국의 이해관계에만 충실해 자의적으로 행동할 것이기에 노골적이든 잠재적이든 전쟁을 피하기 힘들다는 점에서 칸트의 제안은 정당하다. 그런 상황에서는 "자연 상태를 빠져나올 수 있게 해 줄 강제 수단이 정당성을 얻는다."[70] 칸트는 자신의 제안을 장차 항로 이용을 규제하는 구속력 있는 국제법으로 넘어갈 수 있게 해 주는 다리로 여겼다. 칸트는 국가 간에 피 흘리는 전쟁을 치르는 자연 상태에서 점차 평화로운 법치 상태로 넘어갈 것이라는 관점으로 인류의 전체 역사를 바라보았다.

법적인 합의는 타국에서 찾아온 방문객도 보호해 줄 수 있어야만 한다. 이를 위해 칸트는 방문을 보장해 주는 법을 요구하며 이런 법을 두고 "세계시민권"이라고 불렀다.[71] 누구나 다른 나라를 불편함 없이 방문해 그곳 주민과 교류할 수 있어야만 한다. "근해의 배를 공격해 약탈하거나 좌초한 배의 사람들을 노예로 삼는 행위"는 심각한 범죄다. 칸트는 또 지구는 본래 모든 사람의 것이라는 오래된 생각을 방문 권리의 근거로 제시하기도 한다. 인간은 지구라는 구체의 표면에서 무한히 서로 흩어질 수는 없기 때문에 서로 상대의 존재를 인정하는 법을 배워야만 하며 "지구상 어디서든 누구도 다른 사람보다 더 많은 권리를 가지

---

70 위의 책, 264쪽.
71 Kant, 『영구평화론Zum ewigen Frieden』(1795). 학술 판 전집, 제8권, 157~360쪽.

지 않는다"[72]라는 점을 깨달아야만 한다. 이런 근본적인 동등한 권리는 국가 형성으로 제한을 받기는 하지만, 여전히 누구나 전 세계의 모든 국가를 평화로운 의도로 방문할 수 있게 해 주는 효력을 발휘한다. "세계시민권"은 모든 외국 여행과 해상무역을 뒷받침해 주는 법적 토대를 제공한다. 인류 공동체는 이런 권리로 그 동질성을 증명한다.

> 지구 표면의 거주할 수 없는 부분, 곧 바다와 사막이 이 공동체를 떼어 놓기는 하지만, 배나 낙타(사막의 배)가 이 주인 없는 지역을 건너 공동체가 가까워질 수 있게 해 준다. 인간이라는 종이 교통함으로써 공동체를 이룰 수 있게 해 주는 것이 "표면"이라는 자연권이다. 다시 말해서 지구의 표면을 누구나 이용할 수 있게 보장해 주는 권리가 세계시민권이다.

물론 자유롭게 방문할 권리가 손님으로 대접받기를 요구할 권리, 그곳에 체류할 권리는 아니다. 그리고 방문 권리를 이용해 다른 나라를 굴복시키고 착취한다면 이 방문 권리는 심지어 최악의 범죄로 뒤바뀐다. 칸트는 "방문"을 "정복"으로 만드는 유럽의 교역 국가들을 아주 날카롭게 심판한다. "주민의 것을 빼앗고 계산하지 않는 행위"는 범죄다. 구속력을 가지는 국제법은 앞으로 이런 행위를 주목하고 막아야 한다.

　칸트의 가장 유명한 제자인 신학자이자 철학자 요한

고트프리트 헤르더는 그런 법이 가능하리라는 생각을 환상으로 간주했다. 그는 각국 정부가 머리를 맞대고 개인과 민족을 보호하는 국제적인 법을 만들어 낼 수 있을지 의심했다. 헤르더는 민족들 사이의 평화와 바다의 자유가 오로지 인류는 공동체라는 통찰이 커지고 보편 도덕이 확립되어야만 지켜질 수 있다고 보았다. 헤르더의 이런 관점은 그가 휴머니티라고 부르는 것을 지키고자 하는 절박한 변론이다. 모든 국가는 다른 국가 국민의 생존권과 그 특성을 인정해 주어야만 한다. 헤르더는 이런 인정을 통해서만 민족들 사이에 도덕적 결속감이 형성된다고 보았다. 감정이입이라는 개념의 창시자인 헤르더는 다른 민족이 처한 상황을 헤아려 보고 그들에게 공감하고 연대감을 느낄 필요가 있다고 강조한다. 모든 국가는 "다른 국가가 모욕당하고 욕설을 듣는 것을 갈수록 더 불편하게 느낄 줄" 알아야만 한다.

> 저마다 다른 사람의 입장이 되어 생각하고 느낄 수 있을 때 점차 보편 감정이 자라난다. 그러면 우리는 다른 법을 강요하는 뻔뻔한 사람, 남의 행복을 짓밟는 범죄자, 다른 풍습과 의견을 모욕하는 무지한 자, 자신의 습관을 이를 좋아하지 않는 민족에게 강요하는 사람을 미워하게 된다. (……) 보편 감정이 커지면 어느덧 "모든 교양 있는 민족의 동맹"이 생겨나 모든 주제넘은 권력에 맞서 싸우게 된다.

헤르더는 이런 "조용한 동맹", 민족들의 도덕적 결속이 정치 권력자들의 합의보다 훨씬 더 쉽게 이뤄질 수 있다고 확신했다.[73] 헤르더는 자신의 책『휴머니티를 장려하기 위한 편지들』로 이런 보편 도덕을 강화할 수 있기를 희망했다. 민족들의 도덕적 연대감이라는 생각은 전적으로 그로티우스가 생각한 의미에서 바다의 자유를 보는 입장을 정리할 수 있게 해 주었지만, 헤르더는 그로티우스보다 더 강한 열정으로 바다의 자유를 옹호했다. "부당한 교역"이라는 대목에 다음과 같은 문장이 나온다.

> 교역에서 뻔뻔한 월권이 저질러질 때 인간적으로 분노해 잘못이 없는 국가들도 기꺼이 이득을 포기하게 마련이다. 교역은, 아주 고결한 동기로 이뤄지는 것이 아니라 해도, 인간들을 서로 "통합"해 주지 갈라놓지 않는다. 교역이 인간들에게 매우 고결한 이득은 아니라 하더라도 공통의 이해관계와 개인적 이해관계를 최소한 어린아이도 가려 볼 수 있을 정도로 잘 알 수 있게 가르친다. 이를 위해 세계 바다가 존재한다. 이를 위해 바람이 불며, 이를 위해 조류가 생겨난다. 어떤 국가가 탐욕에 눈이 어두워 다른 모든 국가에게 바다를 닫고 바람을 뺏으려 한다면 그럴수록 민족들 사이의 관계를 헤아리는 통찰은 커진다. 모든 국가는 가장 자유로운 요소[이 요소는 바다를 뜻함 ─ 글쓴이]를 억압하는 국가, 지구의 모든 보물과 열매를 독차지하려는 월권을 일삼는 국가에게 분노를 키운다.[74]

73 Johann Gottfried Herder,『휴머니티를 장려하기 위한 편지들Briefe zur Beförderung der Humanität』(열 번째 글 모음집, 1797). 헤르더 전집, 베른하르트 주판Bernhard Suphan 편집, 제18권, Berlin, 1883, 271쪽.

74 위의 책, 272쪽.

헤르더가 보기에 교역은 도덕적 동기를 가지지 않고 고결한 가치를 이끌어 내지도 않지만, 인간의 휴머니티를 제고하는 효과는 발휘한다. 다시 말해서 교역은 사람들을 결속해 공동의 이익을 추구하고 개인의 성향을 존중하게 해 준다. 이런 교류를 통해 도덕적 "동맹", 민족들 사이의 연대감이 형성된다. 오늘날 우리가 쓰는 말대로 한다면 이 연대감은 공정성의 감각이다. 지구상의 모든 재화를 오로지 자신의 몫이라고 주장하며 다른 민족의 이해관계를 배려하지 않는 이기적인 민족은 이런 연대감이 결여되었다는 격렬한 비난을 받고 고립된다. 바다의 자유는 오늘날 해안 수역을 세 구역으로 구별해 서로 다른 이해관계를 조정할 수 있게 해 주는 해양법으로 규제된다. 그러나 해양법으로 바다를 둘러싼 모든 갈등이 제거될까, 아니면 국가 사이의 관계를 고민한 헤르더의 사상이 여전히 우리가 고민해야 할 시급한 화두일까?

철학자 헤겔은 그런 휴머니티 설교가 아무짝에도 쓸모없다고 여긴다. 헤겔은 철학자가 현실은 이러저러해야 한다고 도덕적 요구를 하는 것은 아무런 실효를 거둘 수 없는 무망한 노릇이라고 일갈한다. 도덕은 무기력하며 심지어 불필요하다면서. 인류 역사를 관통하는 것은 이성이라고 확신한 헤겔은 철학이 진정으로 해야 할 일은 "현재라는 십자가를 지고 가면서 장미꽃을 찾는 것"이라고 했다. 이 말은 온갖 추악함으로 얼룩진 사회 현실 가운데 숨은 이성적인 근본 구조를 읽어 내 강화해야 한다는 뜻이다. 헤겔의 법 이론은, 세간에서 흔히 표현하듯, 윤리적으로 이

러저러해야 마땅하다는 "당위성"의 이론이 아니라 있는
그대로의 "현실"에 충실한 이론이다. 헤겔은 바다의 자유
에 별반 관심을 두지 않는다. 그가 보기에 바다의 자유는
이미 잘 지켜지고 있기 때문이다. 점유, 곧 사유재산의 형
성과 관련해서 헤겔은 칸트와 견해를 같이한다. 내 소유
와 밀접한 관련을 가지는 것, 이를테면 "내 발밑에서 찰랑
이는 파도의 바다"라 할지라도 내가 그것을 내 소유로 주
장할 수 있으려면 내가 기술적 수단으로 이를 방어할 수
있어야 한다.[75] 그러나 칸트의 국제법 요구에 헤겔은 짙은
의구심을 지울 수 없다며 분명한 거리를 둔다. 이해관계
의 심각한 충돌이 일어날 경우 주권국가들은 제아무리 좋
은 법과 협약이 있더라도 항상 전쟁을 벌여 왔다는 것이
헤겔이 국제법을 회의적으로 보는 이유다.

　해상무역 문제에 대해 헤겔은 완전히 새로운 성찰을
선보인다. 헤겔은 국가들이 자유롭게 무역을 벌여야 할
근거를 앞서 살펴본 경우들처럼 도덕이나 자연조건에서
찾는 논리는 터무니없이 부족하다고 보았다. 망망대해로
나아가는 동기로 흔히 모험심과 일확천금의 꿈이 거론된
다. 철학자이자 수학자인 블레즈 파스칼이 보기에 항해는
위험을 자초하는 어리석은 놀이다. 그가 쓴 경구 가운데
이런 표현이 나온다. "인간의 모든 불행은 오로지 방 안에
홀로 조용히 있는 것을 견디지 못하는 무능함 탓에 빚어
진다. 아직 살날이 충분히 많고 집에 머무르는 것의 만족

75　G. W. F. Hegel, 『법철학 강요Grundlinien der Philosophie des Rechts』, § 55.
　　이론 전집 판, 제7권, 119쪽 이하.

스러움을 아는 사람이라면 누구도 바다를 항해하거나 어떤 성을 포위하려고 집을 떠나지 않으리라."[76] 반대로 루소는 해상무역이야말로 국가들이 지리적 위치를 이용해 부를 쌓을 수 있는 가장 좋은 전형적인 경제 형태라 그 어떤 위험도 마다하지 않는다고 보았다.

> 너희가 탁 트인, 보기만 해도 편안한 느낌의 해변에서 살면서 배를 타고 교역을 한다면, 화려한 인생을, 비록 잠깐일지라도 화려한 인생을 살게 되리라. 너희의 해변이 도저히 오를 수 없는 깎아지른 듯한 암벽일 뿐이라면, 너희는 야만인으로 남아 물고기만 먹고 살리라. 그러나 너희는 더 편안하게, 아마도 더 낫고 분명 더 행복한 인생을 살 것이 분명하다.[77]

이 문장에서 우리는 자연과 더불어 사는 소박한 인생을 선호하는 루소의 속내를 읽어 낸다. 그러나 해상무역이 문명과 교양에 보탬을 준다는 루소의 견해도 숨김없이 드러난다.

교역이 문명과 교양과 맺는 관계를 헤겔은 주목한다. 해상무역은 상품을 팔고 사는 개인의 이해관계나 국가적 이득만으로 이뤄지지 않는다. 무역은 근대 산업화의 한

76　Blaise Pascal, "종교와 기타 대상에 관하여Über die Religion und über andere Gegenstände", 출전:『팡세Pensées』), 에발트 바흐무트Ewald Wachsmuth 편집, Heidelberg, 1978, 139쪽.

77　Jean-Jacques Rousseau, 『사회계약론Der Gesellschaftsvertrag』, 하인리히 바인슈토크Heinrich Weinstock 편집. Stuttgart, 1971, 60쪽.

부분이다. 산업화와 무역의 관계가 가진 특성을 헤겔은 "시민사회"를 다룬 자신의 이론에서 분명하게 밝힌다. 시민사회는 상품을 생산하고 소비하는 집단적 영역이다. 가족과 국가가 공동체 의식으로 결속을 다지는 반면, 시민사회를 지배하는 것은 이기주의와 경쟁이다. 이로써 사회적 불평등이 피할 수 없이 생겨난다. 한쪽은 막대한 부를 누리며 다른 쪽은 극심한 빈곤에 시달린다. 빈곤은 많은 경우 윤리적 타락을 이끌고 온다. 개인의 자유라는 근대 원칙은 시민사회를 통해 활짝 피어나지만, 동시에 개인의 자유에 숨은 이면, 곧 불평등을 초래하는 측면도 분명하게 드러낸다. 이 시민사회는 무한 경쟁이라는 내적인 동력으로 마치 눈사태라도 일어난 것처럼 전 세계로 확장된다. 시민사회는 갈수록 다양해지는 욕구를 풀기 위해 갈수록 더 많은 원자재를 필요로 하며 과잉생산을 소화할 판로를 가져야만 한다. 해상무역은 이런 동력을 떠받드는 중요한 요소인 시민사회의 팽창을 계속해서 밀어붙인다.

바로 그래서 해상 여행의 모험은 헤겔에게 개인적 도덕이나 국가의 지리적 위치의 문제가 아니다. 오히려 근대 시민사회의 원칙, 곧 자유가 이 위험을 감행하도록 개인을 도발한다. 가족이 생존을 위해 먹고살 확실한 기반이 필요하듯 산업은 바다와 해상무역을 필요로 한다. 헤겔은 인류 역사에서 개인적 결정에 아랑곳하지 않는 힘이 작용한다고 진단했다. 우리는 바로 이 진단을 염두에 두어야 한다. 개인은 "생업이라는 고질병"에 허덕이며 자신의 이해관계를 따를 수밖에 없는 반면, 개인의 등 뒤에서 막강한 힘을 휘두르는 결정적 요인은 "산업"이다. 산업은 개인을 몰락의 위험에 노출함으로써 인간을 지배한다.[78] 헤겔을 독일 관념론을 대표하는 철학자이자 심지어 낭만주의 철학자로 보는 평가는 세간에서 심심찮게 제기된다. 그러나 젊은 카를 마르크스가 새로운 사회문제와 그 원인을 정확히 짚어 내는 헤겔의 지극히 현실적인 안목에 탄복해서 그의 시민사회 이론을 집중적으로 파고들었음을 우리는 주목해야 한다.

문화철학자 게오르크 지멜도 헤겔과 비슷한 관점에서 해상무역을 추진하게 만드는 것은 숨은 힘이라고 보았다. 그러나 지멜에게 이 숨은 힘은 바로 돈이다. 돈은 처음에는 개인의 자유에 봉사하며 상품 구매를 쉽게 해 주지만 이내 개인의 의지와 이해관계로부터 독립해 인간을 지배하는 힘이 된다. 지멜은 돈과 바다가 예로부터 전해 내려오는 사회질서를 갈아엎는다는 점에서 서로 닮았다고 본다. 돈의 흐름도 해상무역도 사회계층의 차이는 무시하기 때문이다. 돈과 교역은 모든 계급의 사람들이 서로 관계를 맺고 거래를 하게 만든다. 시민계급의 출현으로 관철된 이 새로운 형태의 소통은 귀족계급에게는 못마땅하기만 한 평등주의를 낳는다. 바로 그래서 귀족은 교역이라

---

78   Hegel, 『법철학의 기초Grundlinien der Philosophie des Rechts』, § 247, 391쪽.
"가족생활의 원칙에 터전, 확고한 '근거와 바탕'이 그 조건이듯, 산업에 생기를 불어넣어주는 자연의 외적 요소는 '바다'다. 생업을 위험에 노출시킴으로써 생겨나는 생업이라는 고질병을 이용해 산업은 생업 위에 군림하며 개인이 땀 흘려 일하게 만들어 시민 생활을, 시민의 욕구와 누림을 제한한다. 이런 제한은 마치 물이 흐르듯 끊임없이 위험과 몰락의 위기를 촉발함으로써 이뤄진다. 더 나아가 산업은 결합의 최대 매체인 바다를 매개로 서로 멀리 떨어진 나라들을 교통의 관계로 맺어 주며, 계약을 통해 법적 관계를 이루게 한다. 이처럼 바다는 최대의 결속 매체인 동시에 교역이 세계사적 의미를 찾게 만드는 것이다."

는 돈벌이를 탐탁지 않게 여긴다.

> 이집트와 인도의 옛 귀족은 항해를 기피했으며 계급의
> 순수성과 맞지 않는다고 보았다. 바다는 돈처럼 매개체로,
> 지리로 변한 교환 수단이며 그 자체로 완전히 무색이어서
> 돈처럼 서로 다른 계급 사이를 넘나들며 봉사한다.
> 해상 교통과 돈의 흐름은 역사적으로 밀접하게 맞물려
> 엄격하게 구분된 귀족계급을 닳게 만들고 평준화해 버린다.
> 바로 그래서 베네치아의 귀족은 호시절에도 자신은
> 장사는 하지 않겠다고 거부했다.79

지멜은 이로써 해상무역이 시민사회의 일이며 계급 차이
를 없앰으로써 시민의 사회적 계급에 봉사하는 활동임을
분명히 했다. 근대 자연법사상이 퍼뜨린 모든 인간이 평
등하며 서로 맞물려 있다는 이상은 결국 계급사회를 겨눈
공격이기도 했음을 지멜은 명료하게 풀어 준다. 돈과 해
상 교통은 평등을 키워 귀족계급의 특수한 위치를 무너뜨
리고 없애도록 돕는다.

　헤겔은 재화 획득 외에도 해상무역이 전혀 다른 두 가
지 강점을 가져다준다고 말한다. 상품을 팔고 사는 거래
에서 거래 당사자들은 각자 자신의 이해관계를 충실히 살
리기 위해 서로 계약을 맺고 법으로 규제되는 관계를 맺
도록 강요받는다. 거래의 불안정과 어느 한쪽이 제멋대로

79　Georg Simmel, 『돈의 철학Philosophie des Geldes』(1900). 전집 판, 제6권,
Frankfurt/M. 1989, 536쪽.

구는 자의를 막기 위해 이런 관계는 불가피하다. 다시 말
해서 호의가 법적 합의를 이끄는 것이 아니라 영악한 경
제적 계산이 계약을 맺는 근거다. 칸트는 정치 권력자가
특정 법적 합의를 이끌어 낼 것으로 희망한 반면 낙관적
인 현실주의자인 헤겔은 교역으로 법체계가 계속 다듬어
진다고 보았다. 헤겔이 "이성의 간지(奸智)"라 부르는 것
의 좋은 사례가 교역이다. 개인은 자신의 이해관계에 충
실하면서 의도치 않게 이익이라는 작은 목표보다 훨씬 더
중요하고 이성적인 공동선을 실현한다.

그러나 헤겔은 무엇보다도 바다가 교양을 키워 준다
고 강조한다. 바다는 강과 마찬가지로 사람들을 서로 떼
어 놓지 않고 결합해 주기 때문이다.

> 바다와 관련해 어떤 교육 수단이 있는지 궁금한 사람은
> 부지런히 예술을 꽃피운 국가가 바다를 어떻게 보는지,
> 항해를 금지했던 국가와 비교해 보면 그 답을 알 수 있다.
> 이집트와 인도는 바다로 나아가지 않고 내부에 갇힌
> 나머지 둔해져서 끔찍하기 짝이 없으며 굴욕적인 미신에
> 사로잡히고 말았다. 바다로 나아가 찬란한 문화를 일군
> 위대한 국가들과 비교해 보라.[80]

이집트와 인도를 이렇게 판단하는 것은 받아들이지 않는
편이 좋겠다. 그러나 이 장의 초입에서도 확인했듯 철학의
요람이 바닷가였다는 점은 우연한 사실이 아니다. 헤겔은

80　Hegel, 『법철학의 기초Grundlinien der Philosophie des Rechts』, 392쪽.

위의 인용문으로 바다가 국가들의 교류를 장려해 재화뿐
만 아니라 생각과 지식도 나눌 수 있게 해 주어 교양을 키
운다는 점을 확인해 준다. 개인은 가족과 직업을 통해 그
동안 쌓은 지식을 더욱 확장할 수 있는 기회를 얻으며 타
인의 관점에서 자신의 입장을 바라볼 수 있게 된다. 개인
은 자신의 낡은 사고방식과 거리를 두어 그때까지 알지 못
했던 것과 만나면서 다른 사람으로 거듭난다. 바다는 교양
을 쌓는 이런 과정을 유리하게 만들어 익숙했던 관점과 거
리를 두고 다른 사람이 될 수 있게 도와준다. 그래서 헤겔
은 교양을 "바다의 원리" 가운데 하나로 덧붙인다.[81]

　이 철학자께서 비유하자면 교양을 키우는 일종의 효
소로 바다를 묘사한 덕에 바다의 자유를 다루는 논의는 헤
겔이 다른 대목에서 말했듯 "울타리를 넘어감"이라는 새
로운 의미를 얻는다. 소시민으로 살아가는 인생이 갇힐 수
밖에 없는 그저 그렇고 그런 울타리로부터 벗어나는 해방
이 곧 교양이다. 바다를 통한 해방의 후련함을 헤르더처럼
실감 나게 묘사한 사람은 따로 찾아보기 어려우리라. 헤르
더는 1769년 처음으로 배를 타고 리가로 건너가면서 그동
안 자신을 짓눌렀던 각종 직책의 의무감과 수많은 다툼으
로부터 풀려나는 해방감을 맛보았다. 항해를 하며 헤르더
는 수천 가지 물음과 생각을, 무엇보다도 자신이 진정으로
맡아야 할 일이 무엇이며 이런 과제를 어떻게 해결할 것인
지 하는 생각을 다듬었다. 그는 새로운 철학적 구상과 교

81　Hegel, 『역사철학 강의Vorlesungen über die Philosophie der Geschichte』, 이론
　　전집 판, 제12권, 132쪽.

육 계획을 가다듬어 타국에서 거리를 두고 자국 생활을 반추한 덕에 얻은 새로운 생산적이고 신선한 기분으로 귀국했다. 이런 신선한 기분은 학자이자 교사로 그때까지 마치 마모되는 것처럼 살아온 시민으로서의 생활을 거리를 두고 바라볼 수 있게 해 준 바다의 선물이다. 거리를 두고 멀찌감치 떨어져 바라보기를 그는 정말 간절히 원했다.

> 하늘과 바다 사이를 떠가는 배처럼 어떤 상황에서
> 다른 상황으로 넘어갈 기회를 제공하며 생각해 볼
> 광활한 공간을 열어 주는 것이 또 있을까! 배에서는
> 모든 것이 생각에 날개를 달아 주어 저 탁 트인 하늘로
> 날아오르게 하는구나! 바람에 펄럭이는 돛, 쉼 없이
> 흔들리는 배, 철썩이는 파도 소리, 하늘을 유유히
> 떠도는 구름, 끝이 보이지 않을 만큼 무한히 펼쳐진 하늘!
> 땅에서라면 나는 좁디좁은 상황 안에 갇혀
> 죽은 생각이나 붙들고 씨름했겠지.

늘 똑같은 일과를 되풀이해야만 하는 단조로운 직업은 생각을 좁히고 우리를 무디게 만든다. "이렇게 사는 인생은 얼마나 왜소하고 보잘것없는가. 늘 되풀이되는 명예, 존중, 희망, 두려움, 미움, 혐오, 사랑, 우정, 배우고 싶은 열망, 작업, 판에 박은 취미는 정신을 협소하게 만드는구나."[82] 습관이라는 감옥에서 빠져나와 바다로 나아가면 우

---

82 J. G. Herder, 『1769년 내 여행의 기록Journal meiner Reise im Jahr 1769』. 헤르더 전집, B. Suphan 편집, 제4권, 348쪽 이하.

리는 자유의 공기를 마시며 세계를 바라보는 새로운 시야를 얻는다. 교양은 익숙한 궤도에서 벗어나 습관, 굳은 땅을 벗어나 더 넓은 세상을 볼 것을 요구한다. 헤르더의 여행기에 기록된 바다의 자유는 생각과 느낌의 자유이자 새로운 것을 경험하는 교양의 중요한 토대이기도 하다.

앞에서 언급했듯, 헤겔은 시민사회의 출현, 그 산업 생산과 경제의 출현과 더불어 사회적 불평등이 생겨난다고 명확하게 지적했다. 오늘날 우리는 경제 권력을 둘러싼 치열한 경쟁이 빈곤층뿐만 아니라 훼손되어 빈한해진 자연도 만들어 내는 과정을 본다. 바다에 면한 거의 모든 국가는 산업적 목적으로 바다가 품은 자원을 폭넓고도 깊게 착취한다. 이로써 바다는 후고 그로티우스가 상상했던 것과는 전혀 다르게 점유당하고 그 자유를 빼앗긴다. 해양법이 무색하게도 새롭게 바다를 차지하려는 분쟁은 그치지 않는다. 심지어 중국은 바다의 소유권을 놓고 인접한 여러 국가와 해결의 길이 보이지 않는 다툼을 벌인다. 현재 인류의 공동재산은 실제로 몇몇 국가의 점유물로 바뀌었다. 이런 추세는 갈수록 심각해진다. 이 문제를 비판적으로 다룬 어떤 책의 부제목은 이렇다. "공동의 유산이 산산조각 난다."[83] 마구잡이로 이뤄지는 어획과 바다에 버려지는 쓰레기, 각종 시추선, 원폭 실험으로 파괴되고 오염된 해양은 이런 쟁탈전이 남긴 흔적이다. 그로티우스는

83 『바다의 약탈. 공동의 유산이 산산조각 난다Die Plünderung der Meere. Ein gemeinsames Erbe wird zerstückelt』, 볼프강 그라프 비츠툼Wolfgang Graf Vitzthum 편집, Frankfurt/M. 1981.

120

항로를 이용하는 과정에서 바다에 그 어떤 해도 입혀서는
안 된다고 말했다. 그러나 바다를 겨눈 군사적이고 산업
적인 겁탈은 거침없이 해를 입힌다. 오염은 끝이 없고 미
래 세대에게도 해를 입힌다. 이제 국가들을 이어 주는 것
은 모두의 것인 자유로운 바다일 뿐만 아니라 바다를 망
가뜨리는 오염이기도 하다.

　바다를 더럽히는 일에 제동을 걸기 위해 각종 법이 제
정되고 해양법 국제회의가 열리곤 한다. 그로티우스는 근
대 해양법의 기초를 닦은 인물이라는 평가를 받는다. 그러
나 오늘날의 법적 기초는 그로티우스가 생각한 것에서 기
이할 정도로 변화했다. 오늘날 해양법의 모든 규정은 국가
들이 명시적으로 이를 인정하고 확고한 법이라는 특징을
부여할 때에만 구속력을 가진다. 그러나 그로티우스는 전
혀 다르게, 곧 바다의 입장에서 생각했다. 그가 펼친 핵심
논증은 해양법이 민족들의 합의나 다수의 의사를 대변한
다는 성격으로 정당성을 얻지 않는다는 것이다. 오히려 그
로티우스는 자신이 생각하는 핵심을 이렇게 정리한다. "바
다는 어떤 개인이 차지할 수 없는 것이다. 자연은 바다의
개인적 소유를 허락하지 않을 뿐만 아니라, 오히려 바다
가 공동재산이어야만 한다고 규정한다."[84] 자연이 규정한
다? 이 말로 그로티우스는 바다가 오로지 공동재산이도록
세계를 창조한 신의 뜻을 드러낸다. 바다는 개개의 국가가
차지할 수 있는 것이 아니어야만 모두에게 은혜를 베푼다.

　그러나 현실은 예전에도 지금도 다르기만 하다. 괴테

84　Grotius, 『바다의 자유에 관하여Von der Freiheit des Meeres』, 45쪽.

의 「파우스트」에서 메피스토는 바다의 자유가 "자유로운 정신"에게 무자비하게 자신의 이해관계만을 밀어붙일 기회를 줄 뿐이라며 비웃는다. "나는 전쟁과 교역과 해적질이 아닌,/ 그 밖의 항해를 알지 못한다네./ 이 세 가지일 뿐인 항해는 서로 떼어 볼 수 없다네."[85] 오늘날 바다에서 이뤄지는 남획과 오염을 둘러싼 토론에서 바다의 자유는 되도록 이 공동재산에서 자신의 몫을 많이 차지해 결국 망가뜨리도록 각국을 유혹할 따름이다. 바로 그래서 문제는 오로지 합의와 공동 대처를 통해서만 풀 수 있다.[86] 그로티우스가 보는 바다는 해상 교역이라는 경로를 통해 민족들이 협력하라고 요구한다. 오늘날 바다는 그 어느 때보다도 더 절박하게 그 회복을 위해 민족들이 협력하라고 요구한다. 세계 대양은 인류가 평화롭게 협력해야 하는 필연성을 갈수록 더 분명하게 일러 준다.

이렇게 협력해야만 하는 바다는 경제적 유용성 그 이상의 다른 어떤 것을 기준으로 바라보아야만 한다. 나는 이 장을 시작하면서 철학의 어떤 특수 사전에서 언급한 바다 이야기를 일부러 언급하지 않았다. 2000년에 출간된 『생명윤리학 사전(Lexikon der Bioethik)』에는 "해양오염"이라는 항목이 나온다.[87] 윤리학은 언제나 철학의 핵심 분

---

85 괴테 전집, 함부르크 판, 제3권, 337쪽.

86 《세계 대양 리뷰World ocean review》, 제4호(2015), "바다의 지속적인 관리 ‒ 아이디어에서 전략에 이르기까지Der nachhaltige Umgang mit den Meeren ‒ von der Idee zur Strategie", 76쪽 이하.

87 제바스티안 A. 게를라흐Sebastian A. Gerlach, 빌프리트 에르브구트Wilfried Erbgut, "해양오염Meeresverschmutzung", 출전: 『Lexikon der Bioethik』, 괴레스협회Görresgesellschaft의 위탁으로 빌헬름 코르프Wilhelm Korff, 루트빈

과로 선과 악을 구분하는 작업을 한다. 바로 그래서 환경
윤리 또는 생명 윤리 역시 철학이 관심을 두는 분야다. 그
러나 저 사전의 항목은 철학을 바탕으로 한 설명이 아니
라 바다를 더럽히는 유해 물질의 정보를 일차적으로 다룬
다. 사전은 수은, 카드뮴, 납, 주석, 방사능, 유기 염소, 황
화수소를 만드는 유기적으로 분해할 수 있는 물질, 인, 질
소 등을 비교적 상세하게 다룬다. 그다음으로 다루는 주제
는 오염을 막을 수 있게 해줄 해양법의 대책이다. 이런 정
보는 철학자가 다룰 수 있는 게 아니며 화학자와 생물학자
그리고 법학자가 취급할 것이다. 앞서 열거한 유해 물질은
그 어떤 변명으로도 명백하게 정당화할 수 없기에 이를 막
는 데 도움을 줄 규칙의 필연성을 입증할 논리를 찾느라
오랜 시간을 허비하지 않아도 된다. 이런 경우 어려운 문
제는 그로티우스처럼 법적 근거를 찾는 일이 아니라 어떻
게 해야 법을 실효적으로 적용할 수 있을까 하는 물음이
다. 법적 규제의 근거와 기준은 오로지 해양오염이 인간의
건강과 식생활에 직접적으로 끼치는 해악이다. 물론 사전
의 설명은 바다에 품는 다른 기대가 여전히 생생하다고 언
급하며 "순수한 자연의 상징인 광활한 바다"가 유해 물질
로 오염되었다는 사실에 독일 국민이 충격을 받았다고 썼
다.[88] 우리는 내면 깊숙이 순수한 자연이 앞으로도 영원히
존재하기를 기대하고 요구한다. 자연은 우리가 유용하게
쓸 수 있는 것을 넘어서서 그 자체로 환상적인 것, 심지어

벡크Lutwin Beck, 파울 미카트Paul Mikat 편집, Gütersloh, 2000, 제2권,
665~668, 668~669쪽.
88 위의 책, 667쪽.

존엄한 것, 어쨌거나 최소한 우리 인간이 집요하게 소비해
야 하는 것이 아닌 그 자체로 존중받아 마땅한 것이다. 그
러나 어떻게 해야 자연의 이런 소중함을 사람들의 뇌리에
각인시킬 수 있을까? 대체 어찌해야 소중한 자연을 지킬
까? 우리 지구의 거의 4분의 3에 해당하는 면적을 덮은 바
다, 그래서 우리 인간이 의존할 수밖에 없는 바다를 올바
르게 바라볼 이론적 토대는 무엇인가? 프랜시스 베이컨이
자연을 바라보는 태도는 올바른 자연관의 모범일 수 없다.
오늘날 자연은 베이컨의 뜻에 맞게 연구되고 취급되어 망
가져 가고 있기 때문이다. 자연을 완전히 제압하는 승리는
결국 승리자의 패배로 귀결될 따름이다.

4
이론과 바다

고대 세계관의 두 가지 형식

고대 철학은 새로운 아틀란티스의 '솔로몬 하우스'와는 전혀 다르게 자연을 바라보았으며 이론도 완전히 다르게 이해했다. 오늘날 모든 자의적인 의견, 반성, 가설 역시 이론이라는 이름으로 불린다. 이론은 필요하다 싶으면 아무 데나 가져다 붙이는 일상어가 되어 버렸다. 심지어 이론이라는 말은 허섭스레기 같은 여운마저 풍긴다. 사람들은 흔히 현실감각을 찾아볼 수 없는 생각 놀음을 두고 "또 이론 타령이네" 하고 비웃는다. 그러나 본래 이론은 변화 속에서도 변함없이 남는 현실, 참으로 존재하는 것을 궁구하는 노력의 산물이었으며 모든 특수 지식이나 단순한 의견과는 철저히 구분되었다. 이론은 인간의 정신적이고 윤리적인 인생에서 최고의 자리를 차지하는 것이다.

그리스어 "테오레인(theorein)", 곧 '바라보다', '직관하다', '관찰하다', '깨닫다' 라는 뜻의 단어에서 파생된 "테오리아(theòría)"는 우주의 신적 질서, 다른 말로 하면 세계 이성이 지배하는 질서를 생각하는 능력으로 파악한다는 의미다. 전하는 바에 따르면 이미 밀레토스 출신의 아낙사고라스, 탈레스의 제자인 아낙사고라스는 하늘을 관찰하고 우주 전체의 질서를 깨닫는 "테오리아"를 인생의 목표로 정했다고 한다. 고대 철학의 두 거두 플라톤과 아리스토텔레스 역시 시간과 공간 안에 존재하는 모든 것을 포괄하는 전체 깨달음을 이론으로 간주했다. 이렇게 본 이론은 곧 정확한 의미에서 철학이다. 아리스토텔레스는 이론을 위해 노력하는 인생을 인간이 누릴 수 있는 최고의 행복이라고 단언한다. 이론을 다듬는 노력으로 인간은 자신이 가진 가장 좋은 것, 이를테면 신성(神性)을 실현한다. 이 신성의 다른 이름은 이성이다. 인간은 이성을 활용해 사물 가운데 최고의 신적 질서를 구현한 것, 곧 존재자의 불변하는 질서를 탐구한다. 우리가 모든 가능한 목적을 위해 이론을 유용하게 쓰고 있다면, 이를테면 물리학 이론으로 기술을 개발한다면, 아리스토텔레스의 "테오리아"는 유용함을 생각하는 일 없이 오로지 앎에만 힘쓰는 그 자체로 의미 충만한 즐거움이다. "테오리아"는 행복을 누리게 해 주는 정신적 향유인 동시에 인간이 가진 최고의 능력을 구현해 주는 일종의 덕목이다. 신적인 질서를 관찰하면서 인간은 신이 차지한 위치에 다가간다.[89]

고대의 "테오리아"를 이해하기 위해서 우리는 먼저 고대인이 그린 세계 그림을 눈앞에 떠올려 봐야만 한다. 고대인의 세계관은 말 그대로 그림이며, 고대인은 눈으로 직관한 질서를 표현한다. 이 그림에서는 바다도 그에 맞는 위치를 가진다. 아리스토텔레스는 이 그림에서 세 영역 또는 단계를 구분한다. 가장 높은 위치에는 자신은 움직이지 않으면서 모든 것을 움직이게 하는 힘, 우주 전체

89　Aristoteles, 『니코마코스 윤리학Nikomachische Ethik』, X, 7(1177a~1178a).

를 관장하는 힘, 곧 신이 있다. 신의 바로 아래에는 에테르로 채워진 천체가 펼쳐진다. 이 천체 역시 신적인 성격을 지니고 영원함을 누린다. 천체는 모든 형태 가운데 가장 완전한 모습, 곧 원을 그리며 운동한다. 달의 아래는 우리가 살아가는 현세다. 현세는 다시금 네 단계로 구분된다. 구분의 기준은 무게다. 맨 밑에는 가장 무거운 것이 뭉쳐져 흙을 이룬다. 맨 위에는 가장 가벼운 불꽃이 타오른다. 흙과 불 사이에는 상대적으로 무거운 물과 상대적으로 가벼운 공기가 각각 자리를 잡는다. 물과 공기와 불은 층을 이루며 그동안 고대인이 구형임을 이미 알아낸 지구를 감싼다. 아리스토텔레스는 이런 세계 그림을 자신의 자연 강의에서 다음과 같이 요약한다.

> 땅은 물 영역 가운데에 위치하며, 물은 공기 영역 가운데에, 공기는 번쩍이는 빛 영역 가운데에, 빛 영역은 천구 영역 가운데에 위치하나, 천구 영역은 더는 다른 것을 필요로 하지 않는다.[90]

작은 지구가 중간에 위치하는 탓에 인간의 현세는 거대하고 무한한 천구 영역, 항성들을 가지는 천구 영역에서 회전한다. 이런 회전은 영원하며 불변하는 질서다. 반대로 달 아래 현세에 있는 사물들은 끊임없이 변화한다. 요소들이 부단히 모습을 바꾸는 이런 변화에 따라 물은 수증

---

90 Aristoteles, 『물리학Physik』, IV, 3(212b), 독일어 번역 한스귄터 체클Hans-Günter Zekl.

기가 되어 공기로 올라가거나 진창과 흙으로 바뀌기도 한다. 이런 생성과 소멸은 특정 리듬에 따라 이뤄진다. 개인이자 민족인 인간은 이런 생성과 소멸의 부단한 변화 속에 사로잡혀 살아간다.

이런 구조에서 바다는 모든 물의 근원이다. 바다가 지하 세계의 강과 호수로부터 물을 얻는다는 플라톤의 사변은 물이 위로 흐르지는 않기 때문에 모순적이다. 땅과 공기 사이를 물의 위치라고 본 아리스토텔레스의 생각이 우리의 일상 경험에 비추어 볼 때 더 그럴싸하다. 한편으로 바다는 공기처럼 투명하고 자유롭게 운동하지는 않지만, 다른 한편으로 흙처럼 견고하게 굳지는 않는다. 아리스토텔레스는 바다의 특성을 순환하는 물의 운동이라고 보고 이런 운동은 불변하는 질서를 나타낸다고 했다. 물은 증발해 하늘로 올라가 구름이 되었다가 뭉쳐져 비나 눈으로 다시 땅으로 떨어져 내린다. 바다가 넘쳐서 지구가 돌이킬 수 없이 파국을 맞는 것은 아닐까 하는 모든 걱정은 기우다. 바다는 햇볕을 받아 마르지 않으며 강물과 빗물로 넘쳐 나지 않기 때문이다. 흐름과 증발 현상으로 바다는 항상 균형을 이룬다. 육지에서 물이 풍부할 때와 메말라 부족할 때는 일정 주기로 반복된다. 흙과 물은 항상 같은 장소에 있지 않지만 전체적으로 물의 양과 흙의 양은 일정하다. 땅과 바다의 경계가 바뀌는 일은 엄청나게 오랜 시간에 걸쳐 이뤄져 그저 짧은 세월을 살다 가는 인간은 그런 변화를 감지하지 못하며 기록으로 후대에 전해 줄 수도 없다.[91]

---

91   Aristoteles, 『기상학Meteorologie』, I, 14(351a~b), II, 1~3(353a~359b).

　자연철학자 엠페도클레스는 바닷물에 소금이 있는 것
은 태양열을 받아 "지구가 흘리는 땀" 때문에 그렇다고 가
르쳤다. 그러나 아리스토텔레스는 이런 설명을 받아들이
지 않았다. 오히려 유기체가 분비하는 오줌이 소금을 함
유하는 것과 비슷한 이치로 바다는 소금을 가진다. 바다
든 유기체든 소금을 함유한 무거운 물은 아래로 가라앉는
다. 아리스토텔레스는 지구를 일종의 유기체로 파악했는
데 이런 관점은 고대 철학에서 흔히 볼 수 있다. 아리스토
텔레스는 바다의 수많은 개별 현상을 정확하게 관찰하고
설명하려고 시도했다. 예를 들어 바람이 부는 것을 느끼
기 전에도 바다에서 파도가 치는 것이 보이는 이유는 바
람이 일으킨 첫 파도가 계속 번지기 때문이다. 이런 현상
은 줄을 튕겼을 때 진동이 일어나는 것과 같은 원리로 생
겨난다.[92]

　자연 질서를 이런 방식으로 정리하려는 시도는 분명
바다를 보는 두려움을 이겨 내는 데 도움을 준다. 바다는
당시 사람들이 믿었던 거칠고 예측할 수 없는 포세이돈이
다스리는 것이 아니다. 바다의 변화는 특정 법칙을 따른
다. 이런 법칙의 지배는 신이 다스리는 우주 전체라는 위
대한 질서 안에 바다가 자리 잡고 있음을 웅변한다. 우주
자체는 탄탄한 구조 덕분에 불변하며 파괴되지 않는다.
사물의 파괴에는 외적인 원인과 내적인 원인이 함께 작용
한다. 그러나 우주 바깥에는 아무것도 없으며 우주의 내

92　Aristoteles, "바다와 소금물에 관하여Was das Salzwasser und das Meer
betrifft",『물리학 문제들Problemata physica』, 헬무트 플라샤르Hellmut Flashar
번역, Darmstadt, 1962, 194~209쪽.

적 질서는 완전해서 우리 인간은 필연적으로 지배하는 신을 떠올릴 수밖에 없다. 신이 지배하는 우주는 영원히 존재한다. 세계의 종말, 우주의 파괴를 가정하는 모든 이론은 그러므로 틀렸다.[93] 이처럼 아리스토텔레스가 보는 신학과 자연과학은 서로 밀접하게 맞물린다.

오랫동안 아리스토텔레스가 쓴 것으로 알려졌으나 분명 훨씬 뒤에 쓰인 것이 틀림없는 『세계에 관하여(Peri kosmou)』라는 제목의 작은 책자는 자연 전체를 직관하며 깨닫는 "테오리아"의 중요한 근본을 잘 정리했다.[94] 편지 형식으로 쓰인 이 책은 첫 문장부터 고대 사람들이 "테오리아"를 어떻게 이해했는지 알 수 있게 해 준다. "친애하는 알렉산더, 내가 보기에 철학은 신적인 작업, 진정으로 초현세적인 작업이야. 특히 세계 전체를, 그 안에 숨은 진리를 관조하기 위해 전력을 쏟는다는 점에서 철학은 신의 뜻을 헤아리는 일이라네."[95] 정교하게 잘 쓰인 이 산문은 세계를 지배하는 신의 질서를 찬양한다. 이 질서 안에서 땅과 바다는 각각 그에 합당한 위치를 얻는다. 이름을 알 수 없는 저자는 세계를 뜻하는 그리스어 '코스모스(kosmos)'를 두 개의 극을 중심으로 회전하는 공 모양으로 묘사한다. 북극과 남극이라는 이 두 극을 연결한 하나의 축에서 "생명의 터전"인 공 모양의 지구는 그 중간에 위치한

93 Aristoteles, 독일어 번역 전집, Hellmut Flashar 편집, 제20.1권, Darmstadt, 2006, 28~35쪽.
94 Aristoteles, 『Über die Welt』(= 교과서 편집 본, 해제, 파울 골케Paul Gohlke[그리스어-독일어 대역 판, Paderborn, 1949(Peri kosmou, 391a~401b).
95 위의 책, 16쪽(391a).

다. 두꺼운 껍데기와 부드러운 과육이 단단한 씨앗을 싸고 있듯, 물과 공기와 불과 에테르는 "서로 연결되어 지구를 싸고 무게중심을 잡게 해 준다."

> 공기라는 자연과 이웃해 굳은 땅과 바다가 펼쳐진다. 땅과 바다는 샘과 강 주변 그리고 바다 자체에 풍성하게 식물과 동물을 기른다. 땅을 누비며 흐른 강물은 바다로 모인다. 이렇게 해서 수천 가지의 씨앗, 높은 산, 깊은 숲이 어울린 다채로운 그림이 그려지며, 영리한 피조물인 인간이 바다의 섬과 육지에 건설한 도시들이 이 그림과 조화를 이룬다.

바다는 지구에서 가장 큰 면적을 차지한다. 당시 사람들은 지중해 주변의 익히 아는 육지가 다시금 거대한 대양으로 둘러싸였다고 보았다. 인간이 생활하는 모든 땅은 섬들로 이뤄졌다고 저자는 설명한다. 사람들이 육지라고 부르는 것은 결국 "엄청난 바다에 둘러싸인 커다란 섬"일 따름이다.[96] 비록 우리의 지구 지식이 이후 상당히 늘어나기는 했지만 전체적으로 볼 때 위의 설명이 틀렸다고 할 수 없다.

　항성이 숙연함을 자아내는 일정함으로 그 궤도를 영원히 회전하는 반면 우리 인간이 사는 세상은 급작스럽고 돌연한 변화에 시달린다. 화산은 용암을 토해 내며 땅에서는 가스가 분출해 물을 데운다.

96　위의 책, 24/26쪽(392b).

바다에서도 같은 일이 일어난다. 바다 밑의 분화구가
물을 집어삼키고 다시 토해 내 엄청난 폭풍우를 일으키며
헬리케(Helike)와 부라(Burra)[바다에 가라앉았다는 고대
도시— 글쓴이]가 흔적도 없이 사라진다. 불이 바닷물을 끓게
만들어 집채만한 파도가 치며 거친 바람이 회오리를 일으켜
바다 한복판은 물론이고 만과 항구도 쓸어버린다. 썰물과
밀물은 달의 움직임에 따라 항상 정해진 시간에 일어나
바다가 지구와 함께 운동하게 한다.97

우리가 자연재해라고 부르는 것도 이 이론의 입장에서는
전체의 정연한 질서에 따르는 현상일 따름이다. 요소들이
서로 충돌하며 무질서한 운동을 하는 것처럼 보여도 코스
모스는 절대 카오스에 빠지지 않는다. 오히려 자연은 대립
하는 요소들의 다툼을 이용해 무한히 다양한 모습을 빚어
내면서도 통일체를 유지한다. 도시에서 가난한 사람과 부
유한 사람이, 젊은이와 노인이, 약자와 강자가, 나쁜 것과
쓸모 있는 것이 긴장감 넘치는 공동체를 이루듯 이 무명
의 철학자는 습함과 건조함, 냉기와 온기 같은 "서로 모순
되는 근본 요소들"이 모든 것을 떠받드는 "동일한 질서를
이루어 자연과 운명을 만들어 낸다"고 썼다. 자연을 보는
"테오리아"의 안목은 이처럼 우리가 그저 요소들의 충돌
만 감지하는 경우에도 통일적인 질서와 이성을 가려 본다.

아마도 자연은 대립을 탐하는 모양이다. 그래야 조화를
만들어 낼 수 있으니까. 같은 것들만으로 질서는 만들어지지
않으니까. 남성성을 여성성으로 이끄는 것도, 같은 것으로는
무너지는 질서를 대립으로 세우려는 자연의 의도다.

이 익명의 저자는 헤라클레이토스가 했다는 말을 인용하
며 대립으로 질서를 세우는 자연의 이치를 강조한다. "너
는 온전한 것과 망가진 것을, 유용한 것과 무용한 것을, 적
절한 것과 부적절한 것을 찾아야 하리라. 모든 것은 하나
가 되며 하나가 모든 것이다."[98]
　이 이론은 모든 변화를 코스모스 전체가 지배하며, 다
양한 요소를 뒤섞어 기적과도 같은 하모니, 마치 높고 낮
으며 길고 짧은 음을 결합해 음악의 하모니를 만드는 신의
작품으로 강조한다. 개별 사물의 생성과 소멸, 탄생과 죽
음, 이 모든 것은 이런 맥락 안에서만 좋은 의미를 가진다.
전능한 신은 하나의 목적으로 모든 것을 뒤섞는다. "모든
본질을 한결같이 보존하는 것이 최종 목표다. 하나가 다
른 것에 자리를 내주고 때로는 승리하며 때로는 패배하는
까닭은 오로지 전체를 구해 변함없는 영원을 이루려 함이
다." 파괴적인 자연현상도 저마다 의미가 있다. 우리가 살
아가는 세계, 운동하는 세계는 이런 대립으로 존재한다.

　강력한 지진은 우리가 사는 땅을 초토화하고, 갑자기
　쏟아지는 소나기는 땅을 깨끗이 청소하며, 바다의 파도는

98　위의 책, 46/48쪽(396b).

계속 몰아쳐 뭍을 바다로, 바다를 뭍으로 만든다.⁹⁹

그러나 이 모든 파괴적인 자연재해는 신의 질서를 무너뜨
리지 않으며 불협화음도 음악이듯 신의 질서를 이루는 한
부분일 따름이다.

고대의 "테오리아"는 유한한 것들의 세상을 높은 곳에
서 내려다보는 눈길이다. 이 눈길은 전체의 위대함을 발
견하며 이로써 세계의 악함과도 화해할 길을 찾아낸다.
이런 관점은 멀리 떨어져서만 부정적인 것을 바라보므로
이 부정적인 것을 견딜 수 있다. 18세기 말에 작가 장 파울
[Jean Paul(1763~1825). 독일 작가로 고전주의와 낭만주의의 영향을 받아
아포리즘의 독특한 경지를 개척했다. 본명은 요한 파울 프리드리히 리히터
(Johann Paul Friedrich Richter)로 프랑스 철학자 장 자크 루소에 감명을
받아 이름을 개명했다.]은 자신이 쓴 소설 가운데 한 편에서 행
복을 찾을 길은 오로지 세 가지라고 표현한다. 모든 고통
으로 얼룩진 세상을 위에서 굽어보는 것이 그 하나다. 다
른 하나는 자신의 작은 보금자리로 들어가 세상과 거리를
두는 것이다. 그러나 가장 힘들지만 동시에 가장 지혜로
운 선택은 이 두 전략을 번갈아 가며 구사하는 것이다.¹⁰⁰
첫 번째 길은 코스모스를 직관하는 고대의 "테오리아"가
선물하는 행복이다. 이미 '코스모스'라는 단어가 담은 미
적 가치 평가가 보여 주듯 "질서"뿐만 아니라 "보석"처럼
"테오리아"는 아름다움을 선사한다. 이 아름다운 질서를

---

99 위의 책, 52쪽(397b), 70쪽(400a).
100 Jean Paul, 『퀸투스 픽스라인의 인생Leben des Quintus Fixlein』, 전집 판,
노르베르트 밀러Norbert Miller 편집, München, 1962, 제4권, 10쪽.

자랑하는 세계에서는 바다도 분명한 자리를 차지한다.

나중에 저 유명한 스토아학파도 자연을 직관하는 태도를 강조했다. 세계는 신적인 이성이 지배하며 이성은 인간에게 자연이라는 기적의 작품을 직관하도록 초대한다. 키케로는 이런 관점을 힘주어 강조하면서 세계의 신성을 자연의 모든 분야가 가지는 완전함을 근거로 입증할 수 있다고 주장한다. 그는 특히 바다에 강점을 둔다.

> 무엇보다도 바다를 보자! 바다의 아름다움은 얼마나
> 위대한가! 바다는 보기만 해도 장엄하다! 다양한 섬들이
> 보여 주는 풍요함이여! 해변과 해안의 우아함이여! 바다의
> 표면 아래 헤엄치거나 독특한 껍질로 산호에 매달린 저
> 다양한 생명체를 보라! 그러나 바다 자체는 뭍을 향해
> 끊임없이 파도를 일으키며, 마치 두 가지 요소가 하나로
> 융화하려는 것처럼 간절한 움직임을 보인다.[101]

이런 글에서 키케로는 무엇보다도 세계를 그저 맹목적인 우연들이 빚어낸 결과로 보는 견해를 비판한다. 키케로는 이런 기적적인 질서와 아름다움이야말로 신의 뜻을 보여 주는 것이라고 확신한다. 기독교의 창조 신학은 물론이고 계몽철학도 스토아학파의 이런 논리를 즐겨 인용했다. 기독교는 신을 찬양하는 관점에서, 계몽철학은 이성의 질서를 강조하는 관점에서 각각 자연을 기적과도 같은 작품으

---

101 M. Tullius Cicero, 『신의 본성에 관하여De natura deorum』, II, 100. 볼프강
    게를라흐Wolfgang Gerlach, 카를 바이어Karl Bayer 번역 편집 및 해제,
    München, 1978, 259쪽.

로 보았기 때문이다.

단계를 가진 코스모스라는 아리스토텔레스의 그림은 중세 내내 그 설득력을 잃지 않았다. 물론 중세 사람들이 이런 그림을 받아들이기에는 두 가지 어려움이 있었다. 우선 흙과 물과 공기와 불이라는 영원한 단계적 질서가 성경의 창조설과 어떻게 맞아떨어지는지 설명해야만 하는 어려움이 무엇보다도 컸다. 다음으로 가벼운 물이 무거운 땅 위에서 흐른다는 논리는 물이 언제나 아래로 흐른다는 경험과 모순된다. 단테도 이 문제에 큰 관심을 두고 아리스토텔레스의 자연철학을 경험과 조화시키려 시도하는 논문을 썼다. 단테는 과감하게도 원래 지구 남반구에 있던 단 하나의 거대한 대륙이 몇 개로 갈라졌고, 그 가운데 북반구로 미끄러져 내린 땅이 물 위에 떠 있는 형국이라 물은 땅 위로도 아래로도 흐른다는 주장을 펼쳤다.[102] 아무튼 이런 세계관으로는 우리의 현재 세계관과는 다르게 사물을 지각할 수밖에 없다. 바로 그래서 바다도 다르게 해석되었다.

물론 질서를 부여하는 신적 이성을 포기한다면 세계 전체를 다루는 고대 이론은 성격이 완전히 달라진다. 신적 이성을 포기한 자연철학자는 데모크리토스와 에피쿠로스다. 두 철학자는 텅 빈 공간을 채우는 원리로 원자를 인정하고 최초로 일관된 유물론을 주장했다. 기원전 5세기에 살았

102 Dante Alighieri, 『물과 흙을 주제로 쓴 논문Abhandlung über das Wasser und die Erde』, 도미니크 페를러Dominik Perler 번역 및 해제(= 철학 전집, 제2권). Hamburg, 1994.

던 데모크리토스는 이미 고대에 웃는 철학자라는 별명으로 눈물을 흘리는 헤라클레이토스와 대비되는 평을 들었다. 헤라클레이토스는 모든 것이 무상하게 변화하는 것을 보며 눈물을 흘린 반면, 항상 완전한 모습을 유지하는 원자는 데모크리토스를 웃음 짓게 만들었다. 에피쿠로스는 나중에 데모크리토스의 이론을 더욱 발전시킨 인물이다. 로마의 시인이자 철학자인 루크레티우스는 기원전 1세기에 자신의 책에서 원자론을 완결된 이론으로 소개했다.[103] 분명 시로 쓰였다는 특징 덕에 루크레티우스의 책『만유의 본성(De Rerum Natura)』은 고대 유물론을 다룬 가장 유명한 작품이 되었다. 유물론은 아리스토텔레스와 그의 제자들과는 전혀 다르게 세계를 설명한다. 유물론이 보는 우주 공간은 무한하며 영원하지만 우리가 사는 지구와 천체는 생겨난 방식 그대로 얼마든지 소멸할 수 있다. 모든 사물은 원자들의 우연한 이합집산으로 그때마다 다른 결합 방식을 통해 생겨날 뿐이다. 이런 세계관에서 요소들의 투쟁은 다른 전통적 이론에 비해 훨씬 더 극적이다. 유물론에는 세계를 질서 있게 다스리는 신의 손이 없기 때문이다. 그저 눈먼 우연만이 요소들이 다투며 서로를 지워 버리는 것을 막아 준다. 불과 물을 두고도 같은 말을 할 수 있다. 불과 물은 서로 싸우면서 상대를 없애려 위협한다. 루크레티우스는 분노한 사람들처럼 서로 드잡이를 하는 물과 불을 다음과 같은 생동감 넘치는 시로 묘사한다.

---

103 Lucretius, 『De rerum natura』, 독일어 판, 『Von der Natur』, 헤르만 딜스Hermann Diels 번역, Berlin, 1924.

마침내 우주의 강력한 두 적수가 맞붙는구나.

형제의 추악한 다툼처럼 싸움은 격렬하니,

너는 분명 이 영원한 싸움에도 끝이 있다고 보겠지.

아마도 태양과 열을 내는 모든 요소는

물을 남김없이 먹어 치우고 승자로 우뚝 서려 한다.

불은 물을 누르려 안간힘을 쓰나 지금껏 성공하지

못했다네.

강은 물을 얼마든지 보충해 주며, 심지어 위협하기를

바다 저 깊은 곳의 물로 세계를 뒤덮을 홍수를 일으키려

하는구나.

그러나 헛수고로다. 강력한 바람이 바다의 표면을 휩쓸며

하늘의 태양 못지않게 물을 날려 버리니.

바람은 오만하게도 모든 물을 날려 버리려 하지만,

물이 다시 바람이 불기 시작한 곳을 덮어 버리더라.

이렇게 물과 해와 바람은 헐떡이며 싸움을 벌이는구나.[104]

원자는 서로 무게를 달리하며 다양한 그룹으로 결합하는 탓에 코스모스는 아리스토텔레스가 묘사한 것과 근본 구조가 비슷하다. 무거운 것은 아래로 가라앉고 가벼운 것은 위로 떠오른다. 루크레티우스는 이렇게 해서 바다가 생겨난다고 설명한다. 태양의 열기는 물로 엉킨 진흙을 말려 흙을 아래로 가라앉게 만드는 반면 물은 위로 올라온다.

---

104 위의 책, V, 380~393.

이제 원자는 흙으로부터 떨어져 나와

돌연 푸른 표면 위로 내려앉나니

같은 원자들끼리 계속 뭉쳐져 소금을 머금은 물거품으로

빈 곳을 채운다.

그리고 매일 주변을 둘러싼 에테르는 더욱 강해져

햇볕의 열기가 흙을 더욱 뭉치게 해서

늘어난 무게로 극한까지 밀어붙이게 하나니.

지구는 그 중심까지 더욱 촘촘해지며,

그 몸에서는 소금기를 머금은 땀이 엄청나게 흘러나와

바다와 헤엄치는 표면을 넓히나니 (……)

이렇게 지구는 촘촘해진 요소들로 무게를 얻어

마침내 웅장한 모습을 드러내어 계속 진흙탕을 만드나니

육중하게 바다으로 가라앉는구나.

이렇게 해서 바다와 불을 머금은 에테르는

공기와 함께 순수하면서도 흐르는 물질을 지켜 내는구나.

이 순수함으로 공기는 다른 것보다 가볍구나.[105]

해수면의 높이가 늘 일정하게 유지되는 것도 루크레티우스는 아리스토텔레스와 비슷한 방식으로 설명한다. 물이 흘러들고 증발하는 현상이 균형을 잡아 준다는 설명이다. 그러나 루크레티우스는 자신의 독창적인 생각도 덧붙인다. 물이 땅에서 바다로 흘러들듯 모래를 통해 걸러진 바닷물은 다시 땅바닥으로 돌아간다.[106] 루크레티우스가 자

105 위의 책, V, 480~488, 495~500.
106 위의 책, VI, 608~639.

연의 균형 상태를 알기 쉽게 풀어 주려 노력한 흔적을 역력하게 드러내는 대목이다.

비록 모든 것이 우연에 기대기는 하지만 루크레티우스가 보는 원자는 법칙적 질서를 보인다. 우리 인간은 어차피 원자로 이루어져 있기 때문에 이런 질서에 지혜롭게 맞춰 살아갈 수 있다. 이제 철학의 본분은 더는 신 자체의 뜻을 관찰하는 것이 아니다. 철학의 목표는 오히려 인생 상담, 심지어 치료다. 철학은 이제 사람들이 죽음을 바라보는 두려움, 신을 보는 두려움을 덜어 주어야 한다. 생성하고 소멸하는 과정은 자연법칙에 따라 이루어진다. 다시 말해서 세계는 신이 만든 기적의 작품이 아니다. 이런 깨달음으로 인간은 이제 세계 안에서 두려움 없이 살아갈 수 있다.

오늘날 우리는 루크레티우스의 우주론 텍스트를 아리스토텔레스의 그것과 마찬가지로 학문적으로 진지하게 받아들이지 않는다. 그런데도 그의 글은 후대를 열광시켰으며 심지어 알베르트 아인슈타인도 이 책에 깊은 인상을 받았다. 아인슈타인은 이 책이 무엇보다도 세상과 거리를 두고 사람들의 말과 행동을 "지켜보는 일"에 관심을 가지는 인간에게 매력적으로 여겨질 것이라고 촌평했다.[107] 매우 적확한 지적이다. 루크레티우스가 보여 준 태도야말로 "테오리아", 곧 전체를 관조하는 자세, 그 어떤 환상도 없으며 냉철한 시선으로, 그러나 비관적이지는 않은 시선으로 지켜보는 자세이기 때문이다. 작품 도입부에 여신

107   Albert Einstein, 위의 책 서문, VIa.

베누스[흔히 영어 '비너스'로 알려진 여신의 라틴어 이름.]를 불러내
는 설정만 보아도 루크레티우스가 세계를 얼마나 위대하
게 보는지, 삶의 기쁨을 구가하는지, 특히 깨달음의 기쁨
을 구가하는지 우리는 잘 알 수 있다. 자연을 시적으로 인
격화한 사랑의 여신 베누스는 생명을 베푸는 것으로 땅과
바다를 다스린다.

아이네이아스(Aeneias)[그리스신화에 나오는 영웅으로 로마
건국의 기초를 닦았다고 한다. 베누스(아프로디테)의 아들이다.]의
어머니여, 그대 인간과 신들의 기쁨이여,
생명을 베푸는 베누스여, 그대는 별빛이 반짝이는 가운데
비옥한 땅과 배들이 항해하는 바다를 지키는구나.
그대는 씨앗을 잉태해 영혼을 가진 피조물로 만들어 주며,
빛으로 나아가 태양의 은총을 누리게 하나니.
오, 여신이여, 그대가 다가오면 바람이 달아나는구나.
하늘의 구름도 달아나, 그대 지구의 사랑스러운 화가에게
향기로운 꽃들로 양탄자를 깔아 주며, 바다의 물결도
미소 지으니, 하늘에는 평화로운 빛이 반짝이네.[108]

생명을 베풀어 기쁨을 선물하는 여신이라는 그림이 눈먼
우연의 지배와 어떻게 맞아떨어질까 하는 의문이 고개를
들기는 한다. 그러나 자연을 찬양하는 노래를 부른다 해
서 루크레티우스가 화산 폭발, 홍수, 페스트 같은 전염병
이 인간에게 미치는 잔혹함을 잊은 것은 아니다. 루크레

108   Lucretius, 위의 책, I, 1~9.

티우스는 이런 참혹한 경험 덕분에 인간이 신들을 두려워하는 종교를 만들게 되었다고 설명한다. 거친 바다의 위험도 마찬가지다. 인간들은 두려움에 사로잡힌 나머지 신들에게 도와 달라고 간절히 기도를 올린다. 물론 기도는 응답받지 못한다. 에피쿠로스와 루크레티우스가 보는 신들은 세계와 인간을 돌보지 않기 때문이다.

> 바람이 거친 힘으로 바다를 들끓게 하며,
> 강력한 군단을 태운 함대의 사령관과
> 심지어 코끼리들도 바다로 쓸어버리려 하니,
> 사령관은 공포에 몸을 떨며 폭풍이 잦아들고
> 부드러운 미풍이
> 불어 주기만을 신들에게 은총을 구하며 서약한 기도를
> 올리지 않겠는가?
> 아, 그러나 허사로다!
> 회오리바람이 거친 힘으로 그를 붙들어
> 그 간절한 기도에도 죽음의 파도 속에 가라앉게
> 하는구나.[109]

신들은 인간을 돕지 않으나 인간의 문화는 자연의 만행을 완화해 주어 한결 편안한 삶을 살게 해 준다. 그러나 루크레티우스는 문명도 회의적으로 보았다. 차라리 문명의 초기 시절에 사람들은 더 강인했고 충족된 삶을 누렸다. 기술과 문화의 성취는 언제나 새로운 위험을 이끌고 와서 결

국 자연의 힘과 훨씬 더 심각한 충돌을 빚게 만든다. 정말
이지 지극히 현대적인 생각이 아닐 수 없다. 바다는 인류의
선조에게 드물게 위협을 안겼을 뿐이다. 물론 바다의 위협
은 한번 닥쳤다 하면 엄청난 고통을 감내하게 만들었다.

> 그러나 하루에 수천 명의 남자가 바다에 빠지지는 않았네,
> 깃발을 따라 죽음을 향해 항해할 때
> 바다의 거친 파도가 배를 군대와 함께 암초로 몰았네.
> 그런다고 분노가 무슨 소용이랴, 분노는 바다의 파도만 더
> 거칠게 할 뿐.
> 좀 참고 기다리면 그 위협은 쉽사리 가라앉나니.
> 바다의 기만적인 잔잔함에 누구도 유혹당하지 않는다면,
> 아무도 파도의 번쩍이는 미소로 빠져들지 않으리.[110]

루크레티우스는 고통으로부터 자유로워질 때 인간의 행
복이 찾아온다고 한다. 행복하기 위해 사치는 필요하지
않으며 먹을 것과 입을 것만 있어도 얼마든지 만족스러운
인생을 살 수 있다. 그러나 어리석은 대중은 권력과 돈의
탐욕을 만족시켜야 행복해진다고 착각한다. 권력과 돈을
탐할 때, 특히 위험한 해상 여행을 하고 전쟁을 꾸밀 때 인
간은 타락과 몰락의 길로 빠진다고 그는 말한다.

> 인간은 헛된 수고만 기울이며
> 인생을 아무것도 아닌 근심으로 갉아먹는구나.

144

안타깝게도 탐욕을 누를 줄 모르고
육신의 쾌락은 끝을 모르는구나.
이런 인생은 열린 바다로 나아가는 것 같아
근본적으로 전쟁의 강력한 파도만 부를지라.[111]

인간이 누릴 수 있는 최고의 행복은 루크레티우스에게도
철학, 곧 세계를 관조하는 태도다. "테오리아"는 모든 변
화의 자연적 원인을 가르쳐 주어 세상사 전체의 흐름을
간파할 수 있게 해 주기 때문이다. 자연이 인간의 정신에
그 속내를 활짝 열어 보이며 깨닫게 해 주는 것이야말로
루크레티우스에게는 행복한, 심지어 깊은 감동을 주는 체
험이다.

이런 깨달음으로 내 심장은 신을 향한 진정한 환희로
벅차오르나니
자연이 너의 생각할 줄 아는 힘에 자신을 열어 보이고
그 전모를 드러내니 소름 돋는 감격에 전율하노라.[112]

이미 모든 것을 알았다는 루크레티우스의 확신에 우리는
놀라울 따름이다. 그러나 행간에 숨은 함의, 곧 인간의 정
신으로 세계를 파악할 수 있다는 확신에 주목하면 우리는
비슷한 감격을 현대 물리학자에게서도 발견할 수 있다.
전혀 예상하지 못하다가 양자역학의 원리를 발견한 베르

---

111 위의 책, V, 1430~1435.
112 위의 책, III, 28~30.

너 하이젠베르크[Werner Heisenberg(1901~1976). 독일 물리학자로 1932년 양자역학을 창시한 공로로 노벨 물리학상을 받았다. 관찰자로부터 완전히 독립된 원자 운동은 없다는 '불확정성의 원리'로도 유명하다.]는 감격에 몸을 떨었다.

> 첫 눈길에 나는 깊은 충격을 받았다. 나는 원자 현상의
> 표면을 관통해 들어가 그 깊숙한 곳에 숨은 놀라운 내적인
> 아름다움을 본다는 느낌을 받았으며, 자연이 그곳에서 내
> 앞에 펼쳐 주는 다양한 수학적 구조를 추적해야만 한다는
> 생각에 현기증을 느꼈다.[113]

루크레티우스에게 철학의 "테오리아"는 명성과 부와 권력을 탐하다가 빠지는 불행에 거리를 두고 바라보는 안도감을 뜻하기도 한다. 그는 이런 안도감을 바닷가 주민의 경험을 예로 들어 설명한다. 아마도 다음 구절은 그의 작품 전체 가운데 가장 흔히 인용되는 것이리라.

> 폭풍우로 파도가 들끓는 바다에서 아우성을 치는 사람들을
> 뭍에서 조용히 바라보는 것이 남의 불행을 고소해하는
> 심사는 아니다.
> 누군가가 고통을 견뎌야만 하는 게 기쁜 것이 아니라,
> 자신이 고통으로부터 벗어나 있다는 사실이 안도감을 줄
> 뿐이라.[114]

---

113 Werner Heisenberg, 『부분과 전체. 원자물리학을 둘러싼 대담Der Teil und das Ganze. Gespräche im Umkreis der Atomphysik』. München, 1976, 78쪽.

114 Lucretius, 같은 책, II, 1~5.

그러나 이런 표현에 담은 루크레티우스의 진의는 남의 불행과 자신을 비교하는 것이 분명 아니다. 그가 말하고 싶은 것은 아무 의미가 없는 탐욕이라는 위험으로부터 철학이 벗어날 수 있게 해 준다는 확신이다. 온전히 세계 탐구에 헌신하기 위해 힘들게 일해야만 하는 육체적 고통으로부터 자유로울 수만 있다면 충분하다는 것이 루크레티우스의 생각이다. 물론 이론가가 모든 사물이 변화하는 도도한 흐름으로부터 벗어나 안전한 둑에서 그저 구경만 해도 충분하다는 확신은 근대 철학에 들어서서 자취를 감춘다. 이 이야기는 나중에 더 자세히 하기로 하자.

아리스토텔레스의 이론도 에피쿠로스의 이론도 과학적으로 세계를 탐구하려는 초기 형태의 노력을 고스란히 담고 있다. 당시만 해도 철학과 과학은 분리되지 않았기 때문이다. 우리의 눈에 이들의 학문적 성과가 매우 불완전하게 보여도 당시의 사고방식을 배경으로 관찰할 때 그 의미는 분명하다. 앞서 언급했듯 고대인은 신들이 다스리는 바다의 그 거대하고 예측할 수 없는 힘에 경외심과 두려움을 느낄 수밖에 없었다. 민중의 이런 믿음에 부합하여 항해는 무사히 목적지에 도달한 경우에는 신의 선물로, 바다가 배를 삼켜 버렸을 경우에는 인간의 오만한 월권과 신성모독 탓에 빚어진 결과로 받아들여졌다. 그러나 철학은 인간과 바다의 관계를 근거 없는 신화나 미신으로부터 떼어 내어 실질적이고 냉철하게 바라볼 수 있게 해 주었다. 철학은 바다가 네 원소 가운데 하나인 물로 이뤄져 있으며, 신과 악령의 지배를 받는 것이 아니라 물고기와 식물이 살게 해 주는 자연의 이치에 맞는 것이라고 가르쳤다. 아리스토텔레스는 이미 바다 생명체를 연구하기 위해 많은 관찰 자료를 모았으며 심지어 연구 목적으로 물고기를 해부하기도 했다.

물론 철학의 이런 노력으로 항해의 위험이 사라지지는 않았다. 그러나 항해의 위험을 바라보는 태도만큼은 바뀌었다. 안전한 항해를 위해 필요한 것은 신들에게 바칠 제물이 아니라 용기와 지식이다. 용감함이라는 덕목은 전쟁에서 가장 잘 드러나지만 또한 병을 이겨 내거나 바다의 위험에 맞설 때에도 필요하다고 아리스토텔레스는 강조한다. 모든 덕목과 마찬가지로 용감함은 두 극단, 곧 경솔한 만용과 비겁함 사이의 중간 지점이라고도 했다. 만용은 경솔해서 지나친 자신감과 희망을 품는 반면, 지나친 두려움에 사로잡힌 비겁함은 너무 보잘것없는 자신감과 희망으로 초라하기만 하다. 그래서 만용도 비겁도 현실의 위험을 이겨 낼 수 없다. 그러나 용감한 사람은 꼭 필요한 것만 하기에 위험에 적절히 대처한다. 경험이 많은 노련한 병사는 자신을 지켜 가며 적을 정확히 공격할 줄 안다. 바다에 밝은 선원은 바다의 위험에 적절히 맞선다. 노련한 병사와 선원은 경험과 지식 덕에 아무것도 모르는 구경꾼이나 동행자보다 두려움에 덜 시달린다. 그러나 두려움은 원칙적으로 인간적이며 심지어 당연한 반응이다. 폭풍이나 화산 폭발 같은 무서운 사건 앞에서 아무런 두려움을 느끼지 않는 사람은 용감한 게 아니라 미친 것이다.[115]

---

115   Aristoteles, 『니코마코스 윤리학Nikomachische Ethik』, III, 9~11(1114b~1117a).

아리스토텔레스는 정치를 중시한 사상가였으며 그가 보는 모든 윤리적 행동은 '폴리스', 곧 도시국가에서 이뤄진다. 도시국가는 교역과 방어를 위해 항해술을 필요로 했으며 솜씨 좋은 뱃사람을 중시했다. 그러나 다른 철학, 이를테면 에피쿠로스의 철학은 정치에 별반 관심을 두지 않았다. 바로 그래서 루크레티우스의 글을 읽어 보면 바다를 전혀 다르게 보는 태도가 숨김없이 드러난다. 루크레티우스는 탐욕과 야망으로 위험을 자초하는 것은 어리석은 일이므로 되도록 항해를 하지 말라고 충고한다. 파도가 해안으로 끌어오는 난파선 조각은 "신뢰라고는 가질 수 없는 바다의 힘과 간계와 악의를 피하라./ 바다의 표면이 거울처럼 잔잔할지라도 절대 믿지 말라./ 미소 짓는 고요한 바다의 유혹은 더욱더 음험하다."라고 경고한다고 루크레티우스는 썼다.[116] 민중이 바다가 사악한 악령이 깃든 곳이며 나중에 중세에는 심지어 악마가 사는 곳이라고 믿은 탓에, 깬 정신의 소유자들은 이런 미신을 경고할 필요를 느꼈다. 앞서 살펴본 플라톤이 그 좋은 예이며 서기 I세기경에 플루타르코스는 바다가 인간의 본성과 어울리지 않는 것, 심지어 적대적이고 혐오스러운 것이라고 썼다. 이름이 거의 알려지지 않은 철학자 '침묵하는 세쿤두스'(Secundus the Silent)[서기 2세기경에 아테네에서 활동했다고 전해지는 철학자. 사람들의 질문에 항상 짧막한 대답만 했다고 해서 침묵하는 철학자라는 별명이 붙었다.]는 루크레티우스보다 더 강력하게 경고한다. 그는 모든 배가 미리 파 둔 무덤이자 노골적인

함정이며 예고된 죽음이라고 했다.[117] 역사가 흐르며 항해
의 필요성이 갈수록 강조되었으며, 항해는 인간의 대담함
을 잘 보여 준다는 평가를 받았다. 그러나 동시에 기피와
불만의 대상이기도 했다.[118]

인간의 문화적 무의식에 바다를 보는 전설적인 경외
심과 두려움은 그대로 남았다. 이런 두려움은 모든 유럽
국가가 쓰는 속담에 그대로 녹아들었다.[119] 기술 발달이
두려움을 어느 정도 덜어 주기는 했지만 완전히 제거할
수는 없었다. 1912년 타이타닉호가 바다에 침몰했을 때 이
불행한 사건을 인간의 오만으로 해석하는 목소리가 터져
나왔으며 기술 발달이 가져올 최대 위험을 고스란히 드러
냈다는 우려가 그치지 않았다. 티탄이 올림포스 신들에게
항거하다가 패배해 지하 세계인 타르타로스에 던져지고
말았다는 고대 전설을 잊지 말라며.

그러나 이런 막연한 전설적 두려움을 풀어 주려는 계
몽 작업 때문에만 고대 철학의 자연 관찰이 지속적으로 관
심을 끈 것은 아니다. 철학은 기술 발달이라는 주제를 비판
적으로 보기 위해서도 고대 철학의 자연 관찰을 중시했다.

---

117 Secundus the Silent Philosopher, 『세쿤두스의 그리스 인생The Greek Life of
     Secundus』, 벤 에드윈 페리Ben Edwin Perry 편집, Ithaca, New York, 1964,
     86쪽. 다음 자료도 볼 것. 라이문트 슐츠Raimund Schulz, 『고대와 바다Die
     Antike und das Meer』, Darmstadt, 2005, 208쪽 이하.

118 티투스 하이덴라이히Titus Heydenreich, 『항해에 대한 비난과 칭송. 로마 문헌에
     나타난 고대 주제의 재생Tadel und Lob der Seefahrt. Das Nachleben eines
     antiken Themas in den romanischen Literaturen』, Heidelberg, 1970.

119 장 델루모Jean Delumeau, "선원이 바다를 보는 두려움Die Angst der Seefahrer
     vor dem Meer", 출전:《문화와 이념Kulturen und Ideen》, 요하네스 벡Johannes
     Beck 편집, Reinbek bei Hamburg, 1984, 51~67쪽.

근대의 생명철학

1962년에 열린 철학 대회는 발전이라는 문제를 주요 주제로 다루었다.[120] 카를 뢰비트[Karl Löwith(1897~1973). 독일 철학자로 헤겔에서 니체까지의 연구로 유명하다. 강연과 같은 제목으로 출간된 책은 철학사의 고전으로 꼽힌다. 유대인으로 나치스의 탄압을 받아 일본에서 대학 강사로 일했다.]의 개회 강연 「발전의 숙명」은 이후 오랫동안 이어진 토론을 불러일으켰다. 이 토론은 오늘날에는 탄력을 받지 못하고 잠잠해지기는 했지만 그렇다고 끝나지는 않았다. 뢰비트의 비판은 17세기 이후부터 유럽을 시작으로 점차 전 세계를 지배한 발전 만능주의 사상을 유대교와 기독교 전통의 은혜 신앙이 전도된 것이라고 해석한다. 하나님의 은총에서 구원을 기대했던 인간은 이제 자연과학과 기술로 자연을 지배하는 것으로 구원을 대신할 수 있다고 본다. 이로써 예전에는 신학자가 차지했던 자리에 물리학자가 들어섰다. 자연은 오로지 인간의 이해관계를 만족시키기 위한 물질, 생명이라고는 없는 기계적인 물질이 되었다. 옛날 사람들이 자연에 간섭하는 행위를 종교 제례로 정당화하며 신의 용서를 구했다면, 오늘날 그런 의식으로 남은 것은 도대체 왜 그런 짓을 하는지 알 수 없는 기묘한 행위, 이를테면 진수식에서 뱃머리에 샴페인 병을 깨는 기행뿐이다. 자연을 자연과학과 기술로 지배하려는 욕구는 끝을 모를 정도로 무절제하다. 심지어 이런 지배 형

---

120 Karl Löwith, "발전의 숙명Das Verhängnis des Fortschritts", 출전:『철학과 발전의 문제Die Philosophie und die Frage nach dem Fortschritt』, 헬무트 쿤Helmuth Kuhn, 프란츠 비데만Franz Wiedemann 편집, München, 1964, 15~29쪽.

태는 다른 모든 측면은 깨끗이 무시할 정도로 파괴적이다. 원자력은 지구상의 모든 생명을 일거에 지워 버릴 정도로 발전했다. 오로지 기술 발전만 신봉하는 태도는 그동안 발전에만 목을 매는 발전 숙명론으로 변모했다. 이런 잘못된 길이 어떻게 시작되었는지 알아보려면 프랜시스 베이컨의 『노바 아틀란티스』를 읽어 봐야 한다고 뢰비트는 강조한다. 과학과 기술 만능주의의 이성적 대안은 루크레티우스의 철학이라고도 했다. 루크레티우스는 분명 인간에게 문화는 발전의 결과물이기는 하지만 기술 발전이 새로운, 더 큰 해악을 불러올 수 있다고 경고했기 때문이다.

아무튼 이 문제는 숱한 논란을 낳았으며 지금도 논란을 부르고 있다. 바다로 되돌아가기 전에 우선 역사적 사실부터 하나 바로잡아 보자. 뢰비트는 오로지 인간을 위해 존재하는 것으로만 자연을 바라보지 않아야 한다고 요구한다. 오히려 우주는 신적인 은총을 가져 인간의 목적에만 쓰이지 않는 그 자체로 의미와 가치를 지닌다고 보아야 한다고 그는 강조했다. 그리고 뢰비트는 이런 관점을 취한 사람은 오로지 괴테뿐이라고 덧붙였다. 그러나 다행히도 사실은 다르다. 세계가 죽은 물질로만 이뤄져 있다고 보는 기계론적 사고방식은 자연을 달리 보는 관점을 완전히 가려 버릴 정도로 유럽에서 득세한 적이 결코 없다. 오히려 자연을 기계적으로 보지 않는 전혀 다른 관점을 제공한 쪽은 바로 자연과학이다. 이 관점은 현미경을 통한 연구로 발견되었다. 네덜란드 박물학자 안톤 판 레이우엔훅[Anton van Leeuwenhoek(1632~1723). 네덜란드의 무역업자이자 박물학자. 특별한 교육을 받은 적이 없는데도 독학으로 현미경을 발명해 미생물학의 기초를 닦았다.]은 17세기에 현미경으로 물에 사는 미생물체를 발견했다.

모든 연구 분야에 중요한 자극을 준 최후의 만물박사인 위대한 라이프니츠는 미생물체라는 새로운 지식으로 자신의 근본 철학, 곧 형이상학을 더욱 풍요롭게 다졌다. 1700년경 라이프니츠는 우주에는 그 어디에도 완전히 죽은 물질이 존재하지 않는다고 힘주어 강조했다. 아니, 오히려 반대로 존재하는 모든 것은 온전한 생명력을 자랑한다. "아무리 작은 물질 한 조각이라 해도 온갖 꽃이 흐드러지게 핀 정원 또는 물고기로 득실대는 연못처럼 왕성한 생명력을 뿜낸다. 또 식물의 모든 가지, 동물의 모든 사지, 열매가 품은 즙 한 방울도 정원이나 연못처럼 왕성한 생명력을 자랑한다."[121] 우리가 어떤 것을 두고 생명이 없는 대상이라고 간주하는 까닭은 우리의 지각 능력이 부족해서 그럴 뿐이라고 라이프니츠는 말한다. 우리가 눈으로 확인할 수 없는 미시 영역에서도 원소들이 생명력을 가졌다고 봐야만 한다.

> 그러므로 생기 없는 황폐한 것, 불모의 것, 죽은 것은 우주에 전혀 없으며 카오스, 혼잡함도 없다. 그저 겉보기로만, 어느 정도 거리를 두고 바라볼 때에만 정지된 것 같은, 굳어 버린 뒤엉킴처럼 단조로움이 나타날 뿐이다. 그러나 우리는 고요한 연못이라도 그 안의 물고기와 구분해야만 한다.[122]

---

121 G. W. Leibniz, 『단자론Monadologie』, § 67. 아르투어 부헤나우Artur Buchenau 번역.
122 위의 책, § 69.

우리는 곧장 라이프니츠가 말하는 의미에서 전제 조건을
만족시킨다면 바다도 마찬가지로 볼 수 있음을 깨닫는다.
그리고 이미 고대 자연철학은 이런 관점을 보여 주었다.
어쨌거나 바다야말로 오로지 죽은 물질만 있다는 모든 주
장을 무너뜨릴 가장 강력한 논증을 제공한다.

　　라이프니츠가 남긴 족적을 따라 신학자이자 다방면
에 걸쳐 철학적 사색을 펼친 헤르더는 바다를 "마르지 않
는 생명의 샘"이자 그 주민에게 위대한 생명력을 베풀어
주는 "생명의 창고"라고 불렀다.[123] 이로써 헤르더는 후대
에 이어질 논의의 표제어를 정해 주었다. 바다는 생명의
원천이다. 바다를 이렇게 보는 관점은 낭만주의 자연철학
의 핵심이다. 새로운 연구 성과와 맞물린 이런 관점은 그
러나 탈레스, 아낙시만드로스, 헤라클레이토스의 철학이
품었던 확신, 가장 오래된 철학적 확신과 연결되는 것이
기도 하다. 또한 자연을 관찰하는 방향성도 바뀌었다. 이
제 사람들은 자연의 질서가 영원한지 또는 우연한지 하
는 물음에 더는 관심을 두지 않았으며, 오히려 자연의 발
생과 그 일관된 발달 과정을 그리며 이 발달의 정점에 인
간을 놓는 그림을 그리기에 열중했다. 이런 이론들은 자
연의 기본 운동을 원을 그리는 순환이 아니라 대각선으로
뻗어 가는 상승으로 묘사했다. 물론 이런 이론들이 큰 의
미를 부여한 문제는 생명이 어떻게 생겨나는가 하는 것이
다. 라이프니츠는 자신의 철학적 사고방식에 충실하게 생

123　Johann Gottfried Herder, 『인류 역사 철학의 이념Ideen zur Philosophie der
　　Geschichte der Menschheit』 제1부(1784), 전집, Bernhard Suphan 편집,
　　제18권, 168쪽.

명의 기원을 얼마든지 물로 상정할 수 있었는데도 성경과 신학의 주류 학설과 충돌할 정도로 과감하게 나아가지는 않았다. 라이프니츠와 동시대인으로 프랑스 외교관이면서 독학으로 지리학 연구에 심취했던 브누아 드 마예[Benoît de Maillet(1656~1738). 프랑스 외교관, 역사학자, 지리학자.]는 이런 과감한 행보를 서슴지 않고 내디뎠다.[124] 대략 백 년 뒤 결국 이런 사상이 학계 주류로 자리 잡았다.

17세기에서 18세기 사이에 가장 생산적인 두뇌를 자랑한 인물 가운데 한 명은 자연철학과 의학 연구에 힘쓴 로렌츠 오켄[Lorenz Oken(1779~1851). 독일 철학자, 의학자, 생물학자. 낭만적 자연철학을 대표하는 인물이다.]이다. 그는 자연 연구 전문잡지를 펴내며 이집트 여신 '이시스(Isis)'를 이 잡지의 이름으로 삼았다. 1809년에 펴낸『자연철학 교과서(Lehrbuch der Naturphilosophie)』에서 오켄은 바다를 모든 생명의 근원으로 설명한다. "모든 생명체의 기원인 근본 진흙은 바다 진흙이다." 이 바다 진흙은 죽은 식물과 동물의 부패한 잔해로 이뤄지는 것이 아니며 빛의 작용으로 흙의 특정 성분이 물과 결합한 것이다. 오켄은 자신의 주장을 아주 간결하게 정리해서 우리는 그의 명제 907번부터 910번까지를 결코 잊을 수 없다.

---

124 Benoît de Maillet,『바다의 감소, 육지의 형성, 인간의 기원 등에 관한 프랑스 선교사와 인도 철학자의 이야기 또는 대화Telliamed ou entretiens d'un philosophe indien avec un missionnaire françois, sur la diminution de la Mer, la formation de la Terre, l'origine de l'Homme』, 총 2권, Amsterdam, 1748.

모든 생명은 육지가 아니라 바다에서 생겨난다.

모든 진흙은 생기가 넘친다.

바다 전체는 생명력으로 충만하다.

바다는 항상 파도를 일렁이며

함께 가라앉는 유기체이다.

파도를 일렁이는 바다가 형태를 얻는 데 성공할 때

더 높은 유기체가 바다에서 생겨난다.

사랑은 바다의 거품에서 생겨난 것이다.[125]

바다를 다룬 생물학 책에 돌연 사랑이 언급된다는 점은 의아하기만 하다. 그러나 바다와 사랑의 결합은 쉽사리 보충해 설명할 수 있다. 바다는 생명으로 충만하며 살아 있는 유기체를 빚어내는 곳이기에 바다의 거품 속에서 태어났다는 여신 베누스 전설을 간단히 언급하는 것만으로도 바다와 사랑의 결합은 그 핵심이 방어될 수 있다. 오켄은 인간도 바다 덕분에 생명을 얻었다고 주장한다. 인간은 "육지 가까운 곳의 따뜻하고 얕은 바다에서 태어난 자식이다." 오켄은 물과 땅이 특정 장소에서 맞물려 생명이 태어나기에 유리한 조건을 충족하는 곳, 아마도 인도에서 처음으로 인간이 탄생했으리라고 추정한다. 물론 생명과 인간이 이렇게 탄생했다는 묘사는 오늘날 우리를 납득시키지 못한다. 그러나 생명이 물과 흙과 온기의 결합 작용으로 바다에서 생겨났다는 주장은 오늘날의 과학 연구가

---

125 Lorenz Oken, 『자연철학 교과서Lehrbuch der Naturphilosophie』. Jena, 1809, 151쪽 이하.

확인해 주는 사실이다.

헤겔도 비슷한 생각을 품었지만 그 표현만큼은 매우 신중했다. 헤겔 철학 체계의 가장 어려운 부분인 자연철학에서 그는 바다가 육지보다 훨씬 더 왕성한 생명력을 자랑한다고 설명한다.[126] 다시 말해서 바다는 "생명으로 도약할 준비를 하는 생동하는 과정"이다. 바다는 끊임없이 "개별적 생명과 잠정적 생명을 뒤섞고 만들어 낸다." 즉 헤겔은 이 말을 통해 바다 조류와 해저 퇴적층, 그리고 "바닷속에 살아 있는 가늠할 수 없는 양의 생명체", 곧 미생물체가 서로 엮이며 표면이 반짝이는 바다를 만들어 낸다는 점을 표현하고자 했다. 이로써 바다 표면은 "측량할 수 없으며, 가늠하기 힘든 빛의 바다, 무수한 생명의 점들이 빚어내는 빛의 바다"가 된다. 헤겔이 쓰는 문체가 보여 주듯 생명력의 압도적인 현재는 철학자들을 열광시킨다. "바다는 이런 식으로 별들의 바다, 은하계를 응집해 놓은, 저 하늘의 별들을 고스란히 담아낸다." 헤겔은 천체의 별들을 보며 감격에 사로잡힌다. 저 광활한 우주 공간이야말로 생명이 시작된 공간이기 때문이다. 바로 그래서 바다는 헤겔에게 잉태와 출산의 거대한 공간이다. "물고기는 말할 것도 없이 바다라는 세계는 해파리, 산호, 해초, 지의류 등 헤아릴 수 없이 많은 생명체를 품는다. 바닷물은 방울마다 무수한 미생물체를 담은 하나의 살아 있는 지구다." 이전의 그 어떤 철학자도 바다를 이처럼 열광적

---

126 G. F. W. Hegel, 『철학 강요Enzyklopädie der philosophischen Wissenschaften』, §341. 전집 제9권, 360~367쪽.

으로 찬양하지 못했다. 자연과학 지식 덕분에 헤겔은 이 토록 감격할 수 있었다. 아리스토텔레스의 눈에 신의 뜻을 보여 주는 것이 하늘의 별들이었다면, 헤겔에게 그것은 바다다. 아리스토텔레스가 천체의 균일한 궤도운동에 감격했다면, 헤겔은 왕성한 생명을 품은 바다 앞에서 감탄을 금치 못했다. 그러나 헤겔은 땅도 살아 있는 유기체로 보았다.

당시 자연과학이 굳게 믿었듯 오켄과 헤겔도 "게네라티오 아이퀴보카(Generatio aequivoca)"[부모 없이도 생명체가 스스로 생길 수 있다는 '자연발생설'을 가리킨다. 아리스토텔레스가 제시했다는 가설로 근대에 접어들어 활발한 실험 대상이 되었다.], 곧 무기질의 자연과 특히 바다가 자발적으로 유기적 생명체를 만들어 낸다는 '자연발생설'을 확신했다. 생명체를 만드는 것은 젤리 같은 점액으로 헤겔은 이 점액이 위에서 아래까지 바다를 온통 채우고 있다고 보았다. 이미 고대 철학도 이와 비슷한 가설을 선보인 바 있다. 17세기에 피렌체의 의사이자 자연 연구가인 프란체스코 레디[Francesco Redi(1626~1697). 이탈리아의 의사로 휴머니즘 철학자였으며 기생충학과 독물학에도 많은 관심을 쏟았다.]는 실험으로 이 가설의 모순을 밝혀냈다.[127] 그러나 이 가설은 1862년에 프랑스 생화학자 루이 파스퇴르의 실험으로 결정적 타격을 받았다. 무기질에서 유기체인 생명이 정확히 어떻게 생겨나는가 하는 문제는 오늘날에도 설명되지 못한다. 그러나 우리가 두 눈

---

127 이 실험의 생생한 묘사는 다음 자료를 볼 것. 다그마르 뢰를리히Dagmar Röhrlich, 『태초의 바다. 생명의 발생Urmeer. Die Entstehung des Lebens』, Hamburg, 2012, 63쪽 이하.

으로 볼 수는 없지만 바다가 풍부한 생명체를 품고 있다는 사실은 이후 자연과학 연구로 입증되었다. 따라서 뢰비트가 유명한 강연에서 암시했듯이 근대 자연과학이 자연을 오로지 죽은 물질로만 본 것은 결코 아니다.

그리고 세계 전체를 감탄과 경이의 눈길로 바라보는 태도를 근대 경험과학이 부정했다고 볼 수도 없다. 경험적 연구와 철학 정신 그리고 자연을 보는 감탄을 조화시킨 가장 유명한 사례는 알렉산더 폰 훔볼트가 제공한다. 그는 1845년에서 1862년에 걸쳐 전부 다섯 권으로 이뤄진 위대한 책『코스모스(Kosmos)』를 출간했다. 인문학적 소양도 뛰어났던 이 자연 연구가는 이 책에서 고대 그리스 사상의 근본을 되살리자고 호소한다. 고대 그리스철학은 자연을 기적적인 질서로 경탄해 마지않았다면서 훔볼트는 근대 자연과학도 아리스토텔레스의 "테오리아"를 본받아야 한다고 강조한다. 이런 매력적인 자연 질서의 아름다움을 깨뜨리는 것은 오로지 편파적이고 불완전한 자연과학이다. 그러나 참된 자연과학은 전체라는 커다란 맥락에서 모든 것을 살피는 "생각할 줄 아는 관찰"이며 다양한 현상을 보고 그 통일성과 필연성을 파악하려는 노력을 아끼지 않는 "세계 구조의 위대한 관찰"이 되어야 마땅하다.[128] 아름다운 자연 질서를 찬양한 고대 이론이 화산 폭발과 홍수 같은 자연재해를 잊지 않았듯, 자연의 충격적 측면도 그 현상의 의미를 파악한다면 얼마든지 자연 질서

---

128 Alexander von Humboldt,『코스모스. 물리적 세계 묘사의 기획Kosmos. Entwurf einer physischen Weltbeschreibung』, 한노 벡Hanno Beck 편집, 제1권, Darmstadt, 1993, 27쪽.

의 "아름다움을 향유하게 하는 계기"일 수 있다고 훔볼트
는 썼다.

훔볼트의 책은, 거듭 같은 표현이 반복되어 나오는데,
"세계를 관조하는 깨달음"을 목표로 한다. 그러나 단순히
주관적으로 어떤 것이 올바른 삶이냐 하는 확신을 뜻하는
깨달음이 아니라, 훔볼트가 말하는 깨달음은 자신의 탐사
여행과 자연 탐구 책들로 쌓은 모든 지식을 함께 종합해
서 세계를 본다는 뜻이다. 생각과 관찰을 병행하는 그런
직관은 실험으로 입증된 사실과 더 나은 삶을 궁구하는
우리 인간의 생각을 하나로 종합한다. 이런 노력은 결코
두뇌만으로 하는 작업이 아니며 상상력과 감정도 포용해
야 하는 것이다. 훔볼트가 거듭 확언하듯 이런 깨달음은
자연현상의 고결함을 직관하는 순수한 기쁨을 베푼다. 예
를 들어 천문학자는 우주가 짐작했던 것보다 훨씬 더 크
다는 확인에 "무한함의 감격"이 엄습하는 체험을 한다. 과
학의 관찰은 자연의 아름다움과 위대함을 보는 생생한 감
정을 (많은 사람들이 걱정하듯) 차갑게 무시하는 행위가
결코 아니다. 훔볼트는 자연과학의 관찰이야말로 감정과
이성이 하나가 되는 더 높은 차원으로 우리를 안내해 자
연을 보는 기쁨을 키워 준다고 강조한다.

훔볼트가 바라보는 바다야말로 자연을 관조하는 기쁨
의 가장 좋은 예다. 오켄과 헤겔보다 훨씬 더 정확하게 훔
볼트는 바다에 사는 무수한 종의 식물과 동물을 확인하면
서 "대양의 생명력"을 찬양한다. 그는 빛을 발하는 물고
기를 관찰하고 그 감격을 "모든 물결이 빛의 띠를 이루더

라!" 하고 표현한다.[129] 더 나아가 훔볼트는 개개의 생물을 둘러싼 자신의 풍부한 지식을 전체, 곧 무한히 펼쳐지는 바다를 바라보는 시선과 묶어 낸다. 이처럼 "다채로운 인상"을 베풀어 주면서도 하나의 웅장한 전체를 자랑하는 바다가 "이래서 나는 좋다"고 훔볼트는 술회한다. 정확히 입증된 사실 지식을 가진 과학자지만 그러나 그가 그 사실의 의미와 맥락과 우리 감정에 미치는 영향을 얼마나 중시하는지 잘 알 수 있는 대목이다. 이로써 과학과 철학과 미학은 밀접하게 맞물려 훔볼트의 "물리적 세계 묘사"는 심지어 한 편의 아름다운 시처럼 읽힌다. 바다에 사는 무수한 미생물체를 언급하고 나서 훔볼트는 이런 말을 덧붙인다.

이 무수한 미생물 그리고 속절없이 빠르게 파괴되는 그 동물적 요소는 가히 끝을 모를 지경이어서 바닷물 전체는 훨씬 더 큰 생물에 영양분을 공급하는 액체가 되는구나. 지극히 다양한 미생물과 일부 매우 잘 발달한 유기체라는 이 무수히 많은 생물을 두고 우아한 상상의 나래를 펼치노라면 이내 생각이 진지하고 숙연해진다. 항해할 때마다 매번 보는 이런 장엄한 광경을 두고 나는 무한함의 엄숙함이라 부르고 싶다. 정신으로 이 무한함을 새겨보고자 하는 사람은 저 자유롭고 툭 트인 바다가 보여 주는 무한함의 고결한 광경으로 자신의 내면에 고유한 세계를 세우리라. 그의 눈은 바다와 하늘이 맞닿아 향기를 발하는

---

129 위의 책, 281쪽.

수평선 어딘가에 사로잡힌다. 그곳에는 하늘의 별들이
내려와 맑게 씻은 모습으로 항해자 앞에서 고운 자태를
자랑한다. 이 영원한 변화라는 장엄한 연극에는 인간이
누리는 모든 기쁨과 마찬가지로 아련한 그리움의 숨결이
섞인다.[130]

자연과학자가 이런 글을 쓰다니 놀라울 따름이다. 이 글
에서 인간의 내면이라는 정신적 세계는 외적 자연과 만난
다. 얼마든지 수긍이 가는 묘사다. 대양의 고결함은 자연
과학이 다루는 사실이 아니다. 이 고결함은 오로지 무한
함이라는 개념을 이미 터득한 사람에게만 보일 따름이다.
훔볼트가 고결함을 다룬 칸트 이론을 염두에 두었을 수는
있다. 이 이론은 뒤에서 자세히 살펴보자. 어쨌거나 훔볼
트는 자연의 비밀을 열어 볼 열쇠가 인간 정신에 있다고
보았다. 자연현상에 통일성을 부여하는 이념은 감각으로
지각할 수 있는 측정 가능한 사실이 아니라 이런 사실을
떠받들어 주는 근거이기 때문이다. 훔볼트는 우리 인간의
이성과 자연이 서로 친족 관계라고 확신한다. 훔볼트는
"현상이라는 가리개 아래 숨은 자연의 정신을 포착하는
것이야말로 인간의 고결한 특성"이라고 썼다.[131] 오켄은 이
미 비슷한 말을 했다. 오늘날 우리 현대인의 눈에 이런 생
각은 낯설게 보일 수 있다. 그러나 1800년을 전후한 시기
에 휴머니즘 교양을 갖춘 거의 모든 사람은 같은 것은 오

---

130   위의 책, 282쪽.
131   위의 책, 15쪽 이하.

로지 같은 것에게만 인식될 수 있다고 굳게 확신했다. '같은 것은 같은 것에게'라는 이런 고대 철학의 지혜를 괴테는 한 편의 시로 담아냈다.

> 눈이 태양을 닮지 않았다면,
> 우리는 태양을 결코 볼 수 없으리.
> 우리 안에 신의 힘이 들어 있지 않다면,
> 어떻게 우리가 신적인 것을 알아보고 황홀해할까?[132]

훔볼트는 기회가 있을 때마다 괴테를 인용한다. 그만큼 두 사람의 자연관에는 공통점이 많기 때문이다. 자연현상은 인간의 정신에 죽은 대상으로 보이지 않으며 인간과 근본적으로 같은 것일 따름이다. 이런 생각은 자연 착취를 경계하며 자연을 존중하게 만든다. 바다를 생명의 원천으로 보는 사람은 바다를 그 자체로 보존하려 하지 파괴하려 들지 않는다. 훔볼트는 자연과학 연구가 사회에 유용하다고 보고 추천했지만 그것이 자연 파괴로 이어질 것으로 보지는 않았다. 그의 책 『코스모스』는 전 세계 각국에 번역될 정도로 지대한 영향을 미쳤다. 훔볼트가 자연과 바다를 보며 느끼는 감탄은 예나 지금이나 많은 과학자들이 공유한다. 바로 그래서 과학 발달을 파괴적 숙명이라고 염려하는 뢰비트의 주장을 사람들은 받아들이기 주저한다. 그렇다고 해서 발전 숙명론이라는 뢰비트의 논제가 반박되었을까?

---

132 괴테 전집, 함부르크 판, 제1권, 367쪽.

생명윤리학으로의 전환

아리스토텔레스에게 "테오리아"는 그 자체로 덕성, 심지어 최고의 덕성이다. 인간은 "테오리아"를 하면서 자신이 가진 최고의 능력인 이성으로 가장 고결한 대상, 곧 신적인 우주에 관심을 기울이기 때문이다. 훔볼트가 자연 전체를 생각함과 관찰함으로 살피는 것 역시 "테오리아"와 방향성이 같다. 훔볼트의 생각하는 관찰은 그 자체로 의미가 충만할 뿐만 아니라 올바른 목적에 이바지하도록 자연과학을 이끌 수 있기 때문이다. 인간의 간섭이 자연을 바꿔 놓을수록 "테오리아"는 자연과학을 유용하게 쓰려는 인간의 행동도 관찰하고 필요하다면 올바른 방향으로 이끌려고 시도한다. 바다를 주제로 쓴 유명한 책들 가운데 하나가 이런 노력을 잘 보여 주는 좋은 사례다. 이 놀라운 책은 1861년에 쥘 미슐레가 발표한 『바다(La Mer)』이다.[133] 미슐레는 철학자는 아니지만 유명한 역사학자다. 그의 책은 훔볼트의 『코스모스』와 마찬가지로 자연철학의 반열에 올려놓기에 손색이 없다.

플라톤과 아리스토텔레스는 죽은 물질이라는 것을 아예 몰랐다. 이들이 보는 우주는 살아 생동하는 것이다. 플라톤과 스토아학파는 심지어 우주에도 영혼이 있어 이 영혼의 지배를 받는다고 생각했다. 자연의 모든 운동은 이 영혼에 뿌리를 둔다. 미슐레도 정확히 그렇게 생각했다.

---

133   이 책의 독일어 판은 다음과 같다. Jules Michelet, 『Das Meer』, 미하엘 크뤼거Michael Krüger 서문, 롤프 빈터마이어Rolf Wintermeyer 번역, 편집 및 해제, Frankfurt/M., New York, 2006. 이 책에서 인용한 문장들의 판권은 다음 출판사에 있음을 밝혀둔다. © Campus Verlag, Frankfurt am Main, 2006.

그는 바다를 생명체로 해석했으며 심지어 일종의 인격체로 보기도 했다. 그는 자신의 이런 견해를 대단히 자세하게 설명한다. 밀물과 썰물은 바다의 호흡이며 조류는 혈액의 순환과 같은 것이다. 곧 바다는 동물과 똑같이 이런 순환 작용으로 생명력을 얻는다. 조류의 리듬은 바다의 맥박이며 규칙적으로 불어오는 바람과 조류의 움직임은 "지구의 본래 생명"이다. 미슐레는 고대 철학자들보다 훨씬 더 분명하게 이 생명체의 질서를 드러낸다. 책 곳곳에서 그는 자연현상이 보여 주는 조화와 균형과 대칭성을 강조한다. 증발과 강우 사이의 균형, 담수와 해수가 맞추어 내는 균형, 난류와 한류의 균형이 그런 조화다. 심지어 모든 질서를 무너뜨릴 것처럼 위협하는 태풍조차 특정 법칙에 따른 운동이다. 미슐레가 자연의 원소들 사이에 일어나는 싸움과 사랑을 이야기하고 이런 갈등에서조차 조화를 인정하는 대목에서 우리는 자연스레 헤라클레이토스를 떠올린다. 미슐레는 이런 생각을 문학작품에서 보는 시적인 산문으로 담아내면서도 당시 자연과학의 연구 성과를 꼼꼼하게 반영한다. 미슐레는 심지어 '우주의 음악'이라는 고대 사상을 밀물과 썰물을 더욱 새롭게 관찰함으로써 입증할 수 있다고 보았다. 우리 지구와 다른 별의 관계는 음악처럼 수학적 규칙성을 따르기 때문이다.

바다에 집중하느라 미슐레는 철학 전통은 거의 언급하지 않는다. 그는 자신의 관점이 새롭다고 강조한다. 옛날에 사람들은 바다를 신이 완성한 일종의 기계로 바라보았다. 그러나 근대의 새로운 과학은 바다를 "살아 있는 것, 생명력이 있는 것, 거의 인격체와 같은 것으로, 영혼이 끊임없이 창조 행위를 하는 것"으로 파악했다.[134] 미슐레는 "생명은 통일체"라고 확신한 진화 이론가 라마르크[Jean-Baptiste Lamarck(1744~1829). 프랑스 생물학자로 무척추 동물학의 기초를 세우고 용불용설이라는 진화론을 주장했다.]를 즐겨 인용한다. 라마르크가 보기에 죽은 것은 전혀 없다. 미슐레는 라마르크의 입장에 이렇게 덧붙인다. "과학이 지켜보자 죽음은 달아난다. 도처에서 정신이 승자로 우뚝 서며 죽음을 몰아낸다."[135] 미슐레는 근대 과학이 생명을 보편적인 우주 원칙으로 확인했다고 보았다. 그래서 그는 고대 철학자들과 마찬가지로 "자연의 조화"와 "세계영혼"을 말하면서 자연의 옛 해석과 새 해석을 결합해 낸다.

"세계영혼", "위대한, 조화로운 영혼", "위대한 자아", 이는 모두 미슐레가 "생명"을 부르는 표현이다. 이처럼 미슐레의 근본 개념은 생명이다. 그의 책은 생명의 철학이다. 세계 전체는 생명의 표현과 다르지 않다. 바다는 "위대한 어머니"이자 "생명체의 유모"다. 미슐레가 쓰는 언어는 고대의 어머니 신 데메테르 또는 "마그나 마테르(Magna Mater)", 곧 위대한 어머니라고 불렸던 레아 키벨레를 연상시킨다.[데메테르(Demeter)는 그리스신화에서 곡물과 수확의 여신이다. 레아(Rhea)는 대지의 여신으로 신들을 낳은 어머니이기도 하다. 키벨레(Kybele)는 레아의 라틴어 명칭으로 저자가 '레아 키벨레'라고 쓴 것은 그리스어와 라틴어를 병기한 것으로 보인다.] 미슐레는 바다를 "강렬한 어머니" 또는 "엄한 여주인"이라고 부르며 바다에 신의 특

---

[134] 위의 책, 52쪽.
[135] 위의 책, 121쪽.

징을 부여한다. 한편으로 바다는 가까이 갈 수 없으며 낯설어 정체를 알 수 없는 무한함의 현상, 우리가 눈으로 볼 수 없으며 단지 느끼고 짐작할 뿐인 존재다. 바다는 우리에게 이렇게 말한다. "너는 내일 사라지지만 나는 결코 사라지지 않는다." 그러나 다른 한편으로 바다는 모든 생명을 만들어 주고 떠받들어 주는 근거이기도 하다. 이런 의미에서 우리는 바다를 친근하게 여기며 감히 바다와 대화할 수 있다고 미슐레는 강조한다. 우리가 미슐레의 책에서 만나는 것은 현세의 신학, 곧 생명의 자기 발현인 범신론이다. 이 범신론은 매우 섬세한 감각으로 당대 과학을 공부하고 자신의 바다 경험을 이론으로 다진 관찰자의 관점에서 정리한 결과다.

미슐레의 섬세한 감각은 특히 바다를 생명의 원천으로 묘사할 때 빛난다. "바다는 우리에게 이런 모습을 보여 준다. 바다는 지구의 위대한 여성성이다. 바다는 마르지 않는 욕구로 쉼 없이 생명을 수태하고 끝없이 출산한다." 바다의 "무한한 번식력"은 너무도 엄청나서 파괴와 죽음마저 필요로 한다. 그래야 균형을 맞춰 새로운 생명이 태어날 수 있기 때문이다.

땅 위에서 벌어지는 죽음과 사랑의 보편적 싸움은 바다를 터전으로 이뤄지는 싸움과 비교하면 아무것도 아니다. 바다에서 벌어지는 싸움은 상상할 수 없을 수준의 격렬함으로 충격을 줄 정도다. 물론 이 싸움을 더 가까이서 바라보면 근본적으로 매우 조화로우며 짐작하지도 못한 균형을 자랑하는 것을 우리는 알 수 있다. 싸움의 격렬함은

꼭 필요하다. 생명이 만들어지는 과정은 어지러울 정도로
빠른 요소의 교환을 요구하기 때문이다. 죽음의 낭비벽도 그
자체로는 은총이다. 슬퍼할 까닭은 없다. 오히려 모든 것은
거친 기쁨으로 환호한다. 죽음과 기쁨이라는 서로 파괴하는
힘들이 뒤섞여 빚어내는 바다의 생명에서 기적적인 건강과
무엇과도 비교할 수 없는 순수함이 솟아난다. 충격적일
정도로 고결한 아름다움이다.[136]

미슐레는 바다에서 중요한 생명체가 점차 형성되는 과정
을 두 눈으로 보듯 생생하게 묘사한다. 베누스의 머릿결
인 물살부터 바다표범과 고래에 이르기까지 생명체가 탄
생하는 과정을 이처럼 생생하게 그려 보일 수 있는 것은
미슐레가 "신이 생명에게 허락해 준 최고의 능력"이라고
부른 "감정이입" 덕분이다. 이런 감정이입 능력과 더불어
미슐레는 자연에 보이는 "섬세한 애정"까지도 과시한다.
이런 애정 능력은 그가 본래 여성들만 가진다고 인정했던
것이라 더욱 이채롭다. 물론 그가 모든 자연현상을 의인
화했다는 비난을 들을 소지는 있다. 그러나 미슐레가 예
를 들어 산호가 하는 말을 들어 보라는 식으로 글을 쓴 것
은 그만큼 생동감 있게 자연을 묘사하려는 시도였을 따름
이다. 이런 묘사는 아시시 출신의 성인 프란체스코가 그
의 유명한 「태양의 노래」에서 자연현상, 특히 하늘의 별들
을 두고 형제자매라 불렀던 것과 비슷한 표현 방식일 뿐
이다. 그리고 미슐레는 생명체가 "자유"와 "안전"을 갈구

---

136 위의 책, 90, 146쪽.

하는 근원적인 본능을 아주 단순한 해양 생물에서도 확인할 수 있다고 썼다. 이를테면 해파리만 보아도 자유롭게 독립적으로 헤엄을 치며 성게는 적으로부터 자신을 안전하게 지키기 위해 가시를 세운다. 이런 사례들을 보면 우리 인간의 전형적인 특성의 초기 형태를 자연에서 이미 발견할 수 있다고 미슐레는 강조한다. 20세기 철학자 한스 요나스[Hans Jonas(1903~1993). 독일 태생의 유대인 철학자로 생태 문제를 본격적으로 다루었다. 그의 주저 『책임이라는 원칙(Das Prinzip Verantwortung)』은 인류가 환경과 자연에 책임 있는 태도를 보여야 한다는 논조로 환경 운동에 철학적 바탕을 마련해 준 기념비적인 책이다.]도 미슐레와 아주 비슷한 생각을 했다.

자연과학에도 깊은 소양을 갖춘 역사학자 미슐레는 다윈을 읽고 인용하기는 하지만 그 자신의 발달 이론은 다윈의 진화론과 전혀 다르다. 다윈은 생물 종이 주변 환경에 더 잘 적응하게 해 주는 우연의 작용으로 진화한다고 설명한 반면, 미슐레는 생명에는 원래부터 자신을 보전하고 다양하게 발달하려는 근본적인 성향이 있다고 강조한다. 바다라는 생명의 원천에서 점차 영혼이 발달하고 이와 더불어 개체의 사랑이 커지며 진정으로 이 사랑을 잘할 줄 아는 생명체의 최고봉은 인간이라는 것이 미슐레가 펼치는 논조다. 그러나 인간은 미슐레가 묘사하는 세계라는 무대에서 바다가 낳은 가장 고결한 창조물이 아니라 해양 생물의 "포악한 적대적 형제"다. 인간은 "세계의 잔혹한 왕, 독재를 일삼는 신"처럼 바다의 생명을 파괴하려 든다.[137] 이렇게 해서 미슐레의 바다 사랑은 인간 행태를 겨눈 거친 비판으로 넘어간다.

미슐레는 바다로 나아가 많은 새로운 지식을 얻어 낼 수 있게 해 준 항해자의 모험심을 칭찬하며 심지어 항로 개척에 선구자 역할을 한 포경선의 성과에 주목한다. 그러나 이내 미슐레는 그 과정에서 적대적으로 변모한 인간의 추악한 면모를 꼬집는다. 유럽인은 다니는 곳마다 원주민을 사로잡아 노예로 만들어 버렸으며 아예 씨를 말리는 만행을 서슴지 않았다. 동물에게도 범죄행위를 저질렀다. 이런 식으로 가다가는 머지않아 "의젓한 바다표범"과 "온순한 고래"는 멸종할 거라고 그는 경고한다. 인간이 동물을 상대로 저지르는 야만 행위를 그처럼 맹렬하게 도덕적으로 비난한 경우는 극히 드물다. 인간이 동물에게 벌이는 잔혹한 "전쟁"은 산업과 상업이 촉발한 것이다.

> 백 년이나 이백 년 전만 하더라도 전쟁의 규모가 이 정도로 커질 줄은 상상도 할 수 없었다. 바다에서는 가족으로 무리를 지어 헤엄치던 고래 떼를 볼 수 있었고 해변에서는 양서류들이 평화롭게 살았다. 그러나 인간은 이런 평화로운 동물을 상대로 전대미문의 학살을 저질러 최악의 전투에서도 볼 수 없었던 피바다를 만들었다. 하루에만 열다섯에서 스무 마리의 고래를, 천오백 마리의 코끼리물범을 인간은 도살했다! 인간은 독재자와

---

137 위의 책, 186쪽.

사형집행인처럼 자신의 힘을 과시하고 동물이 당하는
아픔과 죽음을 즐기고자 이런 학살을 자행했다. 흔히
재미로 복수를 하기에는 너무 둔중하거나 온순한 동물을
괴롭히고 절망적인 상태에 빠뜨려 천천히 죽어 가는
모습을 인간은 즐겼다. 인간은 셰틀랜드제도 남쪽에서 사
년 만에 모든 물범을 잡아 죽여 멸종시키고 말았다. 이런
도살 행위는 인간을 치욕스럽게 타락시킨 잔혹하고도
추악한 만행이다. 혐오스럽기 짝이 없는 본능이 이런 미친
정신 나간 행위로 백일하에 드러났다. 오, 이 무슨 자연의
치욕인가!138

마치 지구상에서 신의 뜻을 거역한 인간에게 저주를 퍼붓
는 것처럼 미슐레의 표현은 준엄하기만 하다.

　미슐레는 도덕적 분노에 그치지 않고 인간이 자연을
다루어야 할 올바른 태도를 정리한 윤리학의 근본 토대,
오늘날의 용어로 말하자면 생명윤리학의 토대를 다지려
노력했다. 그가 세운 원칙은 이렇다. 우리는 동물이 인간
과 똑같이 느낀다고 보아야만 한다. 그래서 나올 수 있는
결론은 단 하나다. "인간은 아무 이유 없이 동물을 괴롭히
고 죽임으로써 동물은 물론이고 자기 자신에게도 죄를 짓
는다." 인간이 자신에게 죄를 짓는다는 말은 동물에게 잔
혹한 행위로 상처를 입힘으로써 인간의 도덕적 본성 그
리고 인간의 자존감이 훼손당하고 만다는 뜻이다. 인간은
모든 피조물과 공감을 나눌 수 있는 자신의 능력을 망가

뜨려, 오로지 자신을 방어하기 위해서만 공격을 하는 동물보다도 낮은 도덕적 수준으로 추락하고 만다. 물론 죽이지 않으면 자신의 생명이 위협을 받는 상황에서는 어쩔수 없는 노릇이기는 하지만 인간은 자연 질서를 존중해야만 한다. 이는 무엇보다도 개별 생명체를 죽여야 할지라도 그 종은 보존해 주려 노력해야만 한다는 뜻이다. 그래야만 자연 전체의 조화가 지켜지기 때문이다. "단 하나의 종이 멸종당할 경우 전체 질서의 조화에는 심각한 간섭이 생긴다." 미슐레가 쓴 이 문장은 그가 얼마나 탁월한 예견 능력을 갖추었는지 잘 보여 준다. 그래서 그는 동물을 보호하기 위한 국제적인 규제를 요구한다. 특히 고래라는 종을 보호할 수 있으려면 그 사냥을 금지하는 금어기라는 "신의 평화"가 꼭 필요하다.

앞서 보았듯 미슐레는 고대 철학의 사고방식과 닮은 면모를 거듭 보여 준다. 그렇지만 그의 사고방식이 보여 주는 이런 특성은 자연과의 관계에서 근본적으로 변한다. 인간이 자연을 간섭하면서 전혀 새로운 상황이 벌어졌기 때문이다. 고대에 자연, 특히 바다가 마르지 않을 풍부한 산물을 베푸는 생명의 원천이었다면, 이제 근대에 들어서서 이런 재화는 제한된 것, 심지어 영원히 자취를 감출 수도 있는 것으로 드러났다. 고대 자연철학자가 보는 자연 질서는 인간이 따라야만 하는 확고부동한 것이었다. 그러나 이제 이 질서는 그 자명함을 잃었다. 질서는 현재 유효하며 앞으로도 영원히 유효할 것이 아니라 지켜 주어야만 하는 것, 지켜 주어야만 효력을 잃지 않는 것이다. 이런 새로운 철학은 인간이 자연 질서를 지키도록 거들어야만 함을 깨달았다. 이런 깨달음으로 자연을 관조하던 "테오리아"는 윤리학, 곧 자연 또는 환경 윤리, 생명윤리학으로 변화한다. 고대 그리스의 "테오리아"가 그 자체만으로 만족하는 앎, 자족할 줄 아는 앎에 그쳤다면, 이 새로운 생명윤리의 "테오리아"는 자연의 이치를 헤아려 깨닫는 앎에만 봉사하는 것이 아니라 위협받는 자연을 어떻게 지켜 주어야 할지 그 실천 행동을 고민하는 것이다. 고대의 "테오리아"는 일종의 행복이었던 반면 생명윤리의 "테오리아"는 불행을 막아 주거나 적어도 줄여 주려 노력한다. 바로 그래서 새로운 철학은 이제 자연이 파괴당하는 원인을 찾아야 하며 동시에 자연을, 물론 바다도 책임감 있게 돌볼 근본 규칙을 다듬어 내야만 한다.

1972년 로마 클럽[1968년 이탈리아 사업가 아우렐리오 페체이(Aurelio Peccei)가 제창하여 천연자원의 고갈, 환경오염 등 인류의 위기를 경고하고 극복하기 위해 노력하고자 만든 회의.]은 「성장의 한계(The Limits to Growth)」라는 보고서를 발간했다. 우리 지구에 남은 천연자원이 고갈상태에 임박했다고 경고하는 보고서의 내용은 전 세계적으로 커다란 반향을 불러일으켰다. 1975년 헤르베르트 그룰[Herbert Gruhl(1921~1993). 독일 정치가로 처음에는 보수정당 소속으로 정치를 시작했다가 나중에 녹색당을 창설하는 데 힘을 보탰다.]은 『약탈당하는 별(Ein Planet Wird Geplündert)』이라는 책에서 위기에서 빠져나갈 탈출구를 찾았다. 1979년에는 한스 요나스가 『책임이라는 원칙』을 펴냈다. 이 책은 기술이 권력의 차원에 올라선 시대에 자연을 어떻게 다뤄야 하는지 정리한, 오늘날까지

도 가장 유명한 윤리학 저서다. 국제 해양법 회의가 바다
의 산업적 이용에 따른 후유증을 주제로 열렸을 때 다양
한 분과의 과학자들은 1981년 논문 모음집『바다의 약탈
(Die Plünderung der Meere)』을 발간해 자연보호 운동
을 엄호했다. 과학자들은 이 자료집에서 어류 남획과 석
유 시추를 통한 자원 확보가 바다에 끼치는 위험을 열거
하고 이런 약탈 행위를 제한할 국제 협약을 맺기를 바라
는 희망을 저마다 다른 낙관주의로 표현했다. 이 토론에
참여한 자연철학자 마이어아비히[Klaus Michael Meyer-Abich
(1936~2018). 독일 물리학자이자 자연철학자로 에센 대학교에서 자연철
학을 가르쳤다.]가 쓴 논문 제목은 「우리 앞의 바다와 우리 뒤
의 바다」다. 우리 앞의 바다는 생명을 빚어낸 바다이며 우
리 뒤의 바다는 산업적 이용으로 위협받아 미래가 불확
실한 바다를 각각 뜻한다. 뢰비트와 마찬가지로 마이어아
비히는 바다가 완전히 오염되는 위험을 피할 유일한 방
법은 고대 철학의 정신을 되살리는 것이라고 보았다. 우
주를 "모든 사물과 생명체의 권리 공동체"로 보아야만 한
다는 것이 그가 요약한 고대 철학의 정신이다.[139] 이런 관
점은 인간이 모든 자연현상의 존재 권리를 인정해 주어
야 할 의무를 진다고 주장한다. 다시 말해서 자연을 이용

---

139 Klaus Michael Meyer-Abich, "우리 앞에 있는 바다와 우리 뒤에 있는 바다Das
     Meer vor uns und das Meer hinter uns", 출전:『바다의 약탈. 공동의 유산이
     파괴된다Die Plünderung der Meere. Ein gemeinsames Erbe wird zerstückelt』,
     볼프강 그라프 비츠툼Wolfgang Graf Vitzthum 편집, Frankfurt/M, 1981,
     21~34쪽. 그가 펴낸 다음 논문집도 참조할 것.『자연과의 평화로 나아갈 길.
     환경정치를 위한 실천적 자연철학Wege zum Frieden mit der Natur. Praktische
     Naturphilosophie für die Umweltpolitik』, München, Wien, 1984, 189쪽 이하.

하는 우리는 자연이 우리의 것만이 아니라는 점을 존중해야만 한다. 마이어아비히는 우주를 권리 공동체로 보아야 한다는 생각을 '자연의 정의'(디케)[디케는 그리스신화에 나오는 정의의 여신이다.], 곧 사물들 사이의 균형을 맞추어 주는 것이 정의라고 여긴 '소크라테스 이전 철학자들'로부터 전해 오는 단편들에서 얻어 냈다. 이렇게 볼 때 만물의 척도는 인간이 아니다. 오히려 인간은 자연이라는 전체에 속하는 일부분에 지나지 않는다.

그러나 모든 생명체의 권리 공동체를 말할 때 이 권리를 지켜 줄 변호사는 오로지 인간뿐이지 않을까? 미슐레가 동물의 생명권을 지켜 주고자 싸우기는 했지만 인간만이 이런 권리를 지켜 줄 수 있다고 생각하지는 않았다. 오히려 그는 생명권의 보호라는 윤리적 요구의 근거를 다음과 같은 논리로 찾았다. 인간은 동물 세계를 파괴해 동물뿐만 아니라 자기 자신에게 해를 입힌다. 먹을 것을 공급해 주는 바다가 파괴당하는 것만 두고 하는 이야기가 아니다. 인간은 이런 파괴 행위로 자신의 도덕적 감정에 치명상을 입는다. 이런 논리는 이미 칸트도 펼친 바 있다. 자연의 아름다운 사물을 무의미하게 파괴하는 행위는 인간이 자기 자신에게 지켜야 하는 의무를 위반하는 것이라고 칸트는 썼다. 일절 이득을 고려하지 않고 사랑할 줄 아는 능력이야말로 인간을 인간답게 만드는 최고의 의무다. 자연 파괴 행위는 이런 의무를 짓밟는다. 대단히 의미심장한 논리다. 사랑이라는 감정 자체는 아직 도덕적이지는 않지만 우리를 도덕적 성찰로 이끈다. 칸트는 잔혹한 동물 학대를 훨씬 더 심각하게 여겼다. 이런 학대 행위는 인간이 인간에게 가지는 공감 능력을 둔하게 만들기 때문이다. 바로 그래서 칸트는 동물 실험을 얼마든지 피할 수 있다며 날카롭게 거부한다. 자연을 파괴하면 어떤 경우든 우리 자신이 파괴된다고 칸트는 썼다. 자연 파괴는 우리를 인간으로 만드는 도덕 능력의 기초를 무너뜨리기 때문이다.[140]

뢰비트와 마찬가지로 마이어아비히는 늘어만 가는 자연 파괴와 바다 오염의 뿌리를 유럽 문화에서 찾았다. 그렇지만 근대 자연과학의 탓이 아니라 이미 유대교와 기독교의 전통에 그 뿌리가 숨어 있다고 마이어아비히는 보았다. 불교와 자연종교와는 달리 기독교는 인간이 자연을 지배할 권한을 부여받았다고 본다. 그래서 마이어아비히는 기독교 전통을 뛰어넘어 '소크라테스 이전 철학자들'이라는 인류의 가장 오래된 사상에서 자연과의 조화를 회복할 길을 찾으려 했다. 그러나 앞서도 살펴보았듯 탈레스만 해도 인간이 자연을 지배하는 힘을 기술로 확장하려 시도했다. 그러니까 고대에도 자연과의 조화만 생각한 것은 전혀 아니다. 오히려 성경에는 동물을 다루는 윤리를 언급하는 대목이 나온다. "의인은 자기 가축의 생명을 돌보나 악인의 긍휼은 잔인이니라."[본문은 성경의 이 구절이 정확히 어디인지 밝히지 않았다. 독일어 성경을 검색해 본 결과, 이 구절은 구약 성경 잠언 12장 10절로 보인다. 성경 번역은 개역개정판을 참조했다.] 구약성경에 나오는 말씀이다. 기독교 교부들은 자연을 인간

---

140   I. Kant, 『윤리 형이상학Metaphysik der Sitten』, 제2부, 도덕론의 형이상학적 초기 근거, §17, 학술 전집 판, 제6권, 443쪽.

의 욕구를 해결해 줄 거대한 재료 창고로 해석하지 않았
으며 신이 빚은 기적적인 작품으로 찬양했다. 박식한 훔
볼트는 기독교 문헌을 상세히 인용해 가며 교부들이 자연
과 또한 바다의 아름다움을 어떻게 찬양했는지 보여 준
다.[141] 자연을 기적의 작품으로 바라보는 태도는 17세기 이
후 자연과학이 만개하던 시절에 더욱 강해졌다. 그러니까
자연 파괴를 종교 탓으로 돌리는 것은 받아들이기 힘든
관점이다. 그렇다고 자연 파괴의 잘못이 과학 탓은 아니
다. 오히려 과학은 바다가 얼마나 풍요한 생명을 품고 있
는지 명확히 밝혀 주었다. 오늘날 과학은 자연 파괴의 원
인과 그 정도를 정확히 파악하기 위해서도 반드시 필요하
다. 예를 들어 킬(Kiel) 대학교의 "미래의 대양" 프로젝트,
다양한 분과의 학자들이 공동으로 참여하는 이 프로젝트
는 이 과제를 해결하고자 노력한다.[142] 미슐레는 자연 파
괴의 원인을 경제적 탐욕이라고 짚었다. 실제로 경제와
정치의 이해 계산이 없었다면 바다 위에 석유 굴착 플랫
폼은 생겨나지 않았으리라.

인간이 자연에 간섭하면서 자연을 다루는 철학 이론
의 성격도 결정적으로 바뀌었다. 자연철학은 윤리학, 생명
윤리 또는 환경 윤리가 되었다. 이 철학은 파괴의 원인과
파국을 피할 탈출구를 과거로 돌아가, 곧 고대 철학의 사

---

141 Humboldt, 『코스모스Kosmos』, 2권, 특히 24쪽 이하.
142 다음 논문집을 참조할 것. 『세계 대양 리뷰World Ocean Review』, 미래의 대양
     편집, Hamburg, 2000년부터 이 논문 시리즈는 발간됨. 또 독일 연방정부의
     과학 자문회의 "글로벌 환경 변화"가 펴낸 다음 자료도 참조할 것. 『변화하는
     세계의 종합 감정서. 인류의 유산 바다Hauptgutachten Welt im Wandel,
     Menschheitserbe Meer』, Berlin, 2013.(이 자료는 온라인으로도 볼 수 있다.)

상으로 돌아가 찾는다. 마이어아비히는 이렇게 썼다. "두려움과 경외심이 없다면 바다와의 적절한 관계는 생겨나지 않는다." 그러나 두려움과 경외심이라는 감정을 느끼고자 굳이 가장 오래된 철학자들의 사상으로 돌아가야만 할까? 환경 윤리의 특정 주장이 최근 가이아라는 신화 속 여신을 지구의 어머니로 찬양하는 것을 보면서도 같은 물음이 고개를 든다.[143][영국 과학자 제임스 러브록(James Lovelock)이 가이아 가설(Gaia-hypothesis)을 주장했다. 가이아는 고대 그리스가 대지의 여신을 부른 이름으로 지구를 은유하는 표현이다. 이에 따르면 생물, 대기권, 대양, 토양을 포함한 지구 전체는 하나의 신성하고 지성적인 존재, 곧 능동적으로 살아 있는 지구다. 그러니까 지구는 생물과 무생물이 상호 작용하며 스스로 진화하고 변화해 나가는 하나의 생명체라는 주장이다.] 그런 세계관은 우리 인간도 다른 생명체와 마찬가지로 자연의 부분에 지나지 않으며 그 어떤 특별한 지위를 요구해서는 안 된다는 점을 깨달으라고 경고한다. 그런 주장이 옳다면 굳이 경고할 필요는 없지 않을까? 자연의 부분에 지나지 않는 인간이라면, 누가 누구를 경고한다는 말인가?

그리하여 근대 문화에서 자연 파괴에 대항한 태도, 이를테면 예술과 미학이 바다를 바라보며 지키려고 한 노력에는 어떤 것이 있을까 하는 의문이 든다. 굳이 고대로 되

---

143 생명윤리학의 최신 논의를 조망해볼 수 있는 자료에는 다음의 것이 있다. 『자연윤리학. 현재 이뤄지는 동물과 생태 토론의 기본 텍스트Naturethik. Grundtexte der gegenwärtigen tier- und ökologischen Diskussion』, 앙겔리카 크렙스Angelika Krebs 편집, Frankfurt/M. 2014. 생명윤리학을 비판적으로 고찰한 자료는 다음의 것을 볼 것. 콘라트 오트Konrad Ott, 『생태와 윤리. 실천철학의 시도Ökologie und Ethik. Ein Versuch praktischer Philosophie』, Tübingen, 1994.

돌아가지 않더라도 이런 노력에는 바다를 보는 두려움과 경외심이 생생할 테니까.

5
숭고함의 광경

우주 이론에서 바다의 직관까지

신이 존재한다는 합리적인 증명은 불가능하다고 주장했다는 이유로 모제스 멘델스존은 칸트를 "모든 것을 부순자"라고 불렀다. 하인리히 하이네는 한술 더 떠서 칸트 탓에 신이 증명되지 못하고 자신의 핏속에 둥둥 떠 있다고 일갈했다. 그러나 칸트가 삼십구 년에 걸쳐 신의 존재 증명에 심혈을 기울였음을 우리는 간과해서는 안 된다. 워낙 정교한 논리였던 터라 오늘날까지도 칸트 해석자들은 그의 텍스트를 어찌 풀어야 좋을지 몰라 골머리를 앓는다.[144] 그리고 칸트가 1755년에 발표한 『일반 자연 역사와 천체론(Allgemeine Naturgeschichte und Theorie des Himmels)』은 아리스토텔레스가 말한 "테오리아"와 딱 맞아떨어진다고 볼 수 있다. 물론 칸트의 세계관은 그가 우주를 두고 펼친 생각이 더는 그림으로 정리될 수 없다는 점에서 고대 철학의 직관성, 곧 두 눈으로 보는 생생함을 잃기는 했다. 그러나 우주의 생성을 합리적으로 설명하려는 칸트의 시도는 고대 "테오리아"와 마찬가지로 우주의

---

144   Kant, 『신 존재를 보여줄 유일한 증명 근거Der einzig mögliche Beweisgrund zur Demonstration des Daseins Gottes』(1763), 학술 전집 판, 제2권, 63~164쪽.

기적과도 같은 완전함을 강조한다. "우주는 그 측량할 수 없는 크기와 무한한 다양함과 모든 측면에서 환하게 빛나는 아름다움으로 우리로 하여금 할 말을 잃고 경탄하게 만든다." 상상력뿐만 아니라 지성도 "황홀함"에 사로잡힌다. 우주의 위대한 장관은 오로지 단 하나의 보편 법칙을 보여 주기 때문이다.[145] 이 보편 법칙을 두고 칸트는 물질의 지극히 작은 부분이라 해도 서로 대립하는 힘이 작용하여 성립한다고 뉴턴 물리학을 인용하며 정리한다. 대립하는 두 힘은 곧 잡아당김과 밀어냄, 끌어당김과 반발함이다. 이 힘들 덕분에 물질은 "최고의 밀도"를 보이는 핵심으로부터 점차 질서를 구축하면서 무한한 공간을 채워나간다. 끌어당기는 힘이 없다면 물질은 산산조각이 나고 반발하는 힘이 없다면 뭉쳐져 굳고 만다. 그러나 인력과 반발력이 함께 작용함으로써 비로소 서로 일정 간격을 두고 정해진 궤도운동을 하는 우주라는 체계가 만들어진다.

칸트는 자신의 가설이 에피쿠로스와 루크레티우스의 철학과 흡사하다고 명백히 밝힌다. 그런데도 이 가설은 기독교와 전혀 충돌하지 않으며 오히려 반대로 신의 계획을 설명해 준다. 원자는 고대 원자론자가 믿었듯 영원히 존재하지 않으며 신이 창조했을 따름이다. 신은 지혜롭게 원자를 창조해 이 원자가 스스로 신의 뜻을 실현하

---

145 Kant, 『일반 자연 역사와 천체론 또는 전체 우주의 기계적 근원과 상태를 뉴턴의 근본법칙에 따라 풀어보려는 시도Allgemeine Naturgeschichte und Theorie des Himmels oder Versuch von der Verfassung und dem mechanischen Ursprunge des ganzen Weltgebäudes, nach Newtonischen Grundsätzen abgehandelt』(1755). 학술 전집 판, 제1권, 306쪽.

도록 했기에 원자가 자신을 구현하는 방식이 우주의 놀라운 질서를 만들어 낸다. 그런 면에서 자연의 활동은 창조를 완성하기 위해 계속되는 운동이다. 이 운동은 무한한 공간과 시간 안에서 "무한한 우주 질서"를 빚어낸다. 이런 이유로 칸트는 심지어 다른 별에도 주민이 존재할 수 있다고 보았다. "나는 창조의 연속적인 완성을 보여 주는 전지전능함의 무한한 영역을 살피는 일보다 더 인간 정신을 고결한 놀라움에 빠뜨리는 것을 알지 못한다."[146]

칸트가 보는 우주와 우리 인간의 지구는 결코 영원히 존재하지 않는다. 이런 관점은 아리스토텔레스와는 다르고 루크레티우스와 비슷하며 기독교와 일치한다. 칸트가 보는 바다도 영원한 질서 안에 확고한 자리를 차지하지 않으며 오히려 우리 지구의 불안정성과 소멸성의 영향을 받는다. 당시 칸트는 베를린 아카데미가 상금을 내건 물음에 답하면서 바다가 지구의 자전에 제동을 걸어 "지구가 꾸준히 그 회전의 정지 상태에 가까워질 것"이라는 견해를 피력했다. 물론 이런 정지 상태는 지구 종말을 의미한다. 칸트는 그 근거가 바다에 "끊임없는 조류"를 만들어 내는 달의 인력이라고 보았다. 이 인력은 지구의 자전에 반대하는 작용을 하면서 갈수록 자전 속도가 줄어들게 만든다.[147] 칸트는 「지구의 노화」라는 또 다른 논문에서 당

---

146 위의 책, 312쪽.
147 Kant, 『지구가 낮과 밤이 바뀌는 회전으로 그 태초 이후 어떤 변화를 겪는가에 관한 연구Untersuchung der Frage, ob die Erde in ihrer Umdrehung um die Achse, wodurch sie die Abwechselung des Tages und der Nacht hervorbringt, einige Veränderung seit den ersten Zeiten ihres Ursprungs erlitten habe [⋯]』(1754). 학술 전집 판, 190, 187쪽 이하.

182

시 우세하던 네 가지 이론을 다룬다. 우리가 사는 별, 지구의 가능한 종말을 다룬 네 가지 이론 가운데 칸트는 단 하나만 설득력이 있다고 보았다. 빗물은 끊임없이 땅의 흙을 쓸어내려 강을 통해 바다로 흘려보내기 때문에 바다와 육지의 경계는 갈수록 흐려지고, 결국 육지는 사람이 살 수 없는 곳으로 변하고 만다는 것이 그 단 하나의 이론이다.[148] 물이 우리가 사는 땅을 위협한다는 것은 오늘날 우리도 아는 사실이다. 이를테면 극지방의 빙하가 녹아 해수면이 높아지면서 육지는 물에 잠기고 만다. 그러나 칸트 시대의 사람들은 오히려 바다가 천천히 말라 버리는 게 아닐까 걱정했다. 어느 쪽이든 인류의 종말, 곧 우리가 사는 지구 전체의 종말은 18세기 학계에서도 공개적으로 활발하게 토론된 주제다.

『일반 자연 역사와 천체론』에서 칸트는 지구가 몰락할 것이라는 천체 이론을 펼친다. 언젠가 지구는 태양열에 녹아 종말을 맞이한다는 것이다. 이로써 칸트는 자연의 모든 것이 원칙적으로 유한하다는 특성을 강조하고자 한다. 이런 유한성은 끊임없이 새로운 현상을 빚어내는 자연의 이치와 마찬가지로 신의 계획에 속한다.

> 헤아릴 수 없이 많은 동물과 식물이 매일 파괴당하고 무상함의 제물이 된다. 그러나 그 못지않게 자연은 마를 줄 모르는 산출 능력으로 다른 곳에 다시금 생명을 빚어 빈 곳을

---

148 Kant, 『지구가 늙는가 하는 문제를 물리적으로 고찰하다Die Frage, ob die Erde veralte, physikalisch erwogen』(1754). 학술 전집 판, 제1권, 209쪽 이하.

채운다. 우리가 사는 땅의 적잖은 부분이 다시금 바다로
쓸려 가 버리고 조건이 유리하게 맞을 때 다른 형태로 다시
뭍으로 돌아온다. 이처럼 자연은 스스로 결손을 메꾸어 가며
새로운 풍요함을 다른 지역에 꽃피운다. 동일한 방식으로
작은 세상과 그 질서는 영원의 심연으로 삼켜져 사라진다.
반대로 창조는 늘 바쁘게 이루어져 다른 지역에 새로운
산물을 낳아 사라졌던 것에 새로운 강점을 더해 준다.[149]

물론 아리스토텔레스도 육지와 바다가 끊임없이 변화하
는 것으로 보기는 했지만 지구의 종말은 생각조차 하지
못했다.

그러나 칸트가 보는 생성과 소멸은 우리가 받아들여야
만 하는 신의 질서다. 그렇다, 이 질서를 보며 우리는 감탄
을 금치 못해야만 한다. "이 충격적인 몰락을 섭리의 당연
한 이치로 보도록 우리 눈을 길들여야 한다. 심지어 이 몰
락을 기쁜 마음으로 받아들일 줄 알아야 한다."[150] 이런 관
점은 고대 철학의 자연 관찰과 일치한다. 그러나 아리스토
텔레스와 루크레티우스와는 전혀 다르게 이제 칸트 이론
은 종교 덕에 인간의 영혼이 불멸하며 그래서 미래에 우주
의 섭리를 직관하는 완벽한 행복을 누릴 수 있다고 본다.

그것(영혼)이 산산이 부서진 자연의 폐허를 굽어볼 높은
곳에 올라가 그곳에서 세상의 것들을 무너뜨린 파멸의

---

149 Kant,『일반 자연사Allgemeine Naturgeschichte』, 318쪽.
150 위의 책, 319쪽.

> 회오리가 예컨대 발아래 먼지바람을 일으키는 장면을
> 지켜보는 것은, 오, 얼마나 행복한 일인가! 이성이 감히 꿈꿀
> 수조차 없을 이런 행복은 우리에게 섭리의 계시를 알 수
> 있으리라는 확신에 찬 희망을 품게 해 준다.[151]

젊은 칸트가 시적 표현을 담은 산문으로 그려 보이는 우주, 세계 전체의 그림은 우리로 하여금 뒤섞인 감정을 품게 만든다. 무한한 공간으로 확장하며 무한한 미래로 뻗어 나가는 우주는 만물을 빚어내고 파괴하는 지칠 줄 모르는 힘으로 인간에게 자신도 자연의 다른 모든 피조물과 마찬가지로 허망하게 사라지는 작고 의존적인 존재임을 의식하게 해 준다. 그러나 동시에 인간은 자신의 영혼이 불멸하며 바로 그래서 자신이 소멸로부터 벗어나 있음을 안다. 그래서 인간은 압도당하는 중압감과 우울함, 완전한 의존과 자유 사이를 휘청이며 방황한다. 대립된 감정의 이런 결합을 칸트는 나중에 고결함을 바라보는 숭고함의 감정으로 묘사한다. 그러나 이런 복합적인 감정을 칸트는 우주 현상뿐만 아니라 특정 자연현상, 예를 들어 파도로 들끓는 바다를 바라보는 것만으로도 느낀다.

정밀과학은 18세기 들어 눈부시게 발달했다. 칸트가 『일반 자연 역사와 천체론』를 쓰면서 뉴턴을 거명하는 것만 보아도 당시 과학이 얼마나 승승장구했는지 짐작이 가고도 남는다. 그러나 다른 분야에서 지식의 발달은 지지부

위의 책, 322쪽.

진하기만 했다. 인류가 존재한 이래 예술 작품은 인류와 함께 보조를 맞추어 왔다. 철학은 좋음과 진리의 문제만 고민하지 않고 아름다움이 무엇인가 하는 문제에도 답을 찾으려 노력해 왔다. 그러나 만개한 정밀과학의 시대에조차 사람들은 무엇이 아름다우며 어떤 것은 그렇지 않은지, 아름다움을 확실하게 정하는 기준이 있는지, 아니면 아름답다는 느낌은 그냥 주관적인지 하는 물음을 놓고 논란을 거듭했다. 이런 논란이 그치지 않는 데는 그럴 만한 충분한 이유가 있다. 정밀과학의 작업 방식, 곧 관찰과 측정과 실험은 아름다움이 무엇인지 비슷하게라도 답을 주지 못하며 과학으로 우리는 도대체 아름다움이 무엇인지 전혀 말할 수 없기 때문이다. 그러나 동시에 이 분야, 예술의 아름다움은 물론이고 자연의 아름다움을 보는 일반의 관심은 커져만 갔다. 그래서 철학은 18세기 중반에 접어들어 새로운 하부 분과, 이내 "미학"이라는 이름을 얻은 분과를 세웠다.[152] 과학 때문에 감각 지각을 예민하게 바라보기 시작한 사람들은 미학의 토론에서 오늘날까지도 그 답을 확실하게 알 수 없는 물음을 제기했다. 눈으로 보는 순간 열광하게 만드는 모든 것은 정말 아름다울까? 도대체 "아름다움"이라는 개념은 무엇을 뜻하는가? 어마어마한 크기나 위협적인 힘으로 우리를 사로잡는 것을 두고 사람들은 이내 아름다움 대신 "숭고함"이라고 불렀다.

1757년 아일랜드 출신의 영국 철학자이자 정치가인 에

---

152 '미학'이라는 제목을 붙인 최초의 책은 다음의 것이다. 알렉산더 고틀리프 바움가르텐Alexander Gottlieb Baumgarten, 『Aesthetica』. Frankfurt/Oder, 1750.

드먼드 버크[Edmund Burke(1729~1797). 보수주의의 아버지로 알려져 있다. 독재 체제에 반대하였고 정당 정치를 통해 권력 남용을 견제하고 정의와 자유를 주장하여 정치사에서 높은 평가를 받는다.]는 아름다움과 숭고함이라는 우리의 이념이 어디서 비롯했는가 하는 문제를 다룬 철학 연구[153]를 발표하면서 처음으로 두 가지를 대비시켰다. 우리가 아름답다고 부르는 것은 작고 밝으며 매끈하면서 부드러운 곡선을 가져 사랑의 감정을 자극한다. 반대로 숭고한 것은 크고 어두우며 거칠어서 우리에게 충격과 함께 경외심을 품게 한다. 버크는 이 두 가지가 인간이 가진 근본적으로 다른 두 가지 성향에 뿌리를 둔다고 설명한다. 아름다움을 가려보는 감각은 우리의 사회적 본능, 곧 사랑에서 생겨난다. 그러나 숭고함이라는 감정은 충격을 불러일으키기 때문에 그 뿌리가 자기 보존 본능이다. 버크는 아름다움의 예로 형태가 부드러운 비둘기를, 숭고함을 불러일으키는 가장 두드러진 예로 바다를 꼽는다.

광활한 평야도 물론 가볍게 볼 수 있는 것은 아니다. 툭 트인 평야를 보는 전망은 바다 전망만큼이나 시원한 느낌이기는 하다. 그러나 평야는 바다처럼 거대하다는 압도적인 기분을 전혀 불러일으키지 못한다. 그 원인은 여러 가지일 수 있으나 무엇보다도 결정적인 것은 바다가 강한 충격을 주는 존재라는 점이다. 바다가 주는 충격은

---

153 Edmund Burke, 『숭고함과 아름다움이라는 우리 이념의 기원을 다룬 철학 탐구A Philosophical Enquiry into the Origin of our Ideas af the Sublime and Beautiful』, London, 1757.

어떤 경우에도 예외를 허락하지 않는다. 때로는 분명하게, 때로는 겉으로 드러나지 않는 바다의 위용은 숭고함을 지배하는 원칙이다.[154]

버크가 숭고한 대상의 첫 번째 사례로 바다를 꼽은 것은 우연이 아니다. 더블린에서 태어난 그는 바다를 두려운 눈길로 바라보아야만 했던 경험을 숱하게 했다. 그 밖에도 17세기부터 위험한 바다를 모티브로 한 회화 작품이 속속 등장했다. 격랑 속에서 사투를 벌이는 배를 그린 그림을 도처에서 쉽게 볼 수 있었다.[155] 사람들은 바다라는 모티브를 좋아했으며 버크는 왜 사람들이 그것을 좋아하는지 살펴 이론을 제공했다. 바다는 물론이고 바다 그림도 장엄하면서 숭고하다는 느낌을 일깨워 준다.

버크는 숭고한 대상을 묘사하는 일에는 문학과 음악보다 회화의 효과가 떨어진다고 여겼다. 문학과 음악은 상상력에 더 큰 여지를 주는 반면, 그림은 언제나 명확히 제한된 공간을 채울 뿐이고 특정한 것에 주목하게 만들기 때문이다. 그래도 숭고함이라는 느낌을 불러일으키는 특성을 열거한 버크의 텍스트로 미루어 볼 때 그는 바다를 그린 그림을 가장 인상적으로 여겼다. 하늘은 푸른색으로 그려서는 안 된다. 먹구름이 짙게 깔린 어두운 하늘은 밝은 하늘보다 두려움을 더 잘 자극한다. 번개와 함께 쏟아지는

---

154 위의 책, 92쪽.
155 다음 자료를 참조할 것. 자비네 메르텐스Sabine Mertens, 『폭풍우와 난파. 모티브 역사 연구Seesturm und Schiffbruch. Eine motivgeschichtliche Studie』, Rostock, 1987.

빗줄기를 보는 것만으로도 위험하다는 경각심이 생긴다. 감상자는 그림에서 눈으로 분명하게 보는 것 이상을 짐작한다. 어둡고 혼란스러운 인상이 상상력을 본격적으로 자극하기 때문이다. 사람들은 별로 아는 게 없으며 명확하지 않은 현상을 볼 때 두려움과 함께 기괴하다는 인상을 받는다. "말하자면 인간의 정서는 거대하고 혼란스러운 그림들을 보며 자신이 다스릴 수 없는 감정을 품는다." 그림은 마치 바다가 무한하게 확장하는 것만 같은 인상을 심어 주어야만 한다. 무엇보다도 충격과 함께 죽음의 공포를 불러일으키는 바다의 힘이 강조되어야 한다. 회화는 격랑 속에서 나뭇잎처럼 흔들리는 배를 그려 내 이런 효과를 준다. 그러나 평소 익숙하게 여겨 온 느낌을 없애 버리는 것도 숭고함이라는 감정을 자극한다. 모든 것이 사라져 버린 공허함, 칠흑과도 같은 어두움, 처절한 외로움, 할 말을 잃은 침묵이 그런 경우에 해당한다. 버크는 익숙한 감정의 결여가 공포를 부르는 이런 사정을 두 눈으로 보듯 설명하기 위해 베르길리우스가 지옥의 입구를 묘사한 대목을 인용한다. 그러나 굳이 인용하지 않더라도 바다를 항해해 본 모든 사람은 버크가 무엇을 말하고자 하는지 안다. 특히 무한하게만 보이는 바다, 어딘가 그 끝이 있기는 하지만 눈으로 볼 수는 없는 바다의 "무한함"은 지극한 숭고함을 느끼게 하는 효과를 발휘한다. 정확히 "무한함이야말로 정신에 신선한 충격을 안겨 숭고함을 자각하게 만드는 가장 분명한 특징이기 때문이다." 똑같은 부분이 계속 이어지는 모양도 숭고한 무한함이라는 인상을 불러일으키는 대상이다. 연속성은 무한히 계속될 거라는 인상을 심어

주기 때문이다. 버크는 거대한 기둥들이 떠받든 신전을 언
급하지만 바다의 높은 파도를 이야기하는 것만으로도 충
분한 설명이 되었으리라. 또 그가 말하는 별들로 가득 빛
나는 밤하늘의 장엄함도 바다에서 얼마든지 발견할 수 있
다. 이를테면 깎아지른 듯한 절벽이 있는 해안에서 강풍과
함께 절벽을 때리는 파도가 만들어 내는 무수히 많은 하얀
포말도 밤하늘의 별을 보는 것만 같다. 음향도 마찬가지
다. 버크는 "거대한 폭포가 만들어 내는 굉음 또는 지축을
뒤흔드는 천둥소리, 쏟아붓는 폭우의 요란함 혹은 귀를 먹
먹하게 하는 포성"을 언급한다. 이렇게 본다면 파도가 몰
아치는 바다의 굉음도 장엄하다.

　　버크의 『숭고함과 아름다움이라는 우리 이념의 기원
을 다룬 철학 탐구』는 미학 역사가 자랑하는 고전 가운데
하나다. 이 책이 출간된 이후 사람들은 아름다움과 숭고
함을 구분하면서도 서로 어깨를 나란히 하는 것으로 보면
서 오랫동안 숭고한 현상의 가장 두드러진 사례로 바다를
꼽았다. 그러나 버크의 이론이 모든 면에서 설득력을 자
랑하지는 않는다. 아무런 꾸밈이 없는 살벌한 높은 장벽
이나 독사가 숭고하다는 감정을 언제나 자극할까? 버크
가 세운 아름다움의 기준, 곧 작고 밝으며 매끈하다는 기
준을 그대로 받아들인다면 하얀 암탉이 렘브란트의 작품
「야경(De Nachtwacht)」보다 더 아름다울까? 물론 버크는
대상의 특성과 우리의 감정적 반응 사이에 자연법칙적인
연결을 확인할 수 있다는 정도에서 자신의 의견을 피력했
으리라. 충격적인 것, 비록 우리의 종말이 임박한 것은 아
니라 해도, 신경을 곤두서게 만드는 충격적인 것의 경험은

"일종의 신선한 충격"으로 고결하고 장엄하며 숭고하다는 느낌을 부른다는 의견이 버크의 요지다. 버크가 이런 숭고함의 감정을 우울증 퇴치에 좋다고 추천하자, 낭만주의자 프리드리히 슐레겔은 그러면 곧 약국에서 숭고한 감정을 구입할 수 있겠다고 눙쳤다.

칸트는 아름다움과 숭고함의 명확한 구분을 받아들이기는 했다. 그러나 그는 버크의 크기나 밝기나 매끈함 또는 부드러운 곡선 운운하는 설명은 인정하지 않았으며, 아름다움이 무엇인지 전혀 다르게 본 이론을 선보였다. 버크보다 훨씬 더 날카롭게 칸트는 자연을 바라보는 미적 감각은 무엇보다도 우리 인간의 안정감이라는 바탕 위에 있어야 한다고 요구한다. 한마디로 아름다움을 보며 우리는 두려움을 느끼지 않아야 한다. 그래야 우리는 거대한 또는 강력한 자연현상을 목도하며, 이성적 존재인 우리 인간은 자연으로부터 독립했음을 느낀다. 자연현상의 거대함이 우리 인간의 파악 능력을 압도하며 자연의 힘이 우리 생명을 위협할 때 우리는 동시에 인간이 정신적인 존재임을 깨닫는다. 이런 깨달음은 곧 다음과 같은 확신으로 이어진다. 자연의 힘이 우리 몸에 위해를 가하고 심지어 목숨을 앗아 가도 우리의 이성과 자유는 끄떡도 하지 않는다. 그래서 우리는 자연의 압도적인 힘 앞에서 두 가지 상반된 감정을 느낀다. 한편으로 드는 감정은 우리의 왜소함, 무기력함, 자연적 존재로서의 유한함이며, 다른 한편으로는 근본적으로 우리 인간이 이성적 존재로 자연으로부터 독립했다는 확신이다. 그러니까 숭고함이라는 감정에는 우리의 물리적 무력감과 정신적 우월함이라는 감정이 맞물린다. 이는 곧 불쾌함과 유쾌함이 뒤섞인 감정이다. 바다의 힘을 몸소 겪을 때도 마찬가지다.

> 거대한 모습을 자랑하는, 말하자면 위협적인 암벽, 하늘에 모여들며 번개와 천둥으로 호령하는 먹구름, 파괴적인 힘을 뽐내는 화산, 휩쓸고 가는 곳마다 폐허를 남기는 폭풍, 분노한 것처럼 거대한 굉음과 함께 물을 쏟아붓는 폭포 등은 그 힘과 비교할 때 우리의 저항 능력을 초라할 정도로 왜소하게 만든다. 그러나 안전한 곳에서 지켜볼 때 장면은 압도적일수록 그만큼 더 매력적이다. 우리는 이런 자연현상을 기꺼이 장엄하고 숭고하다고 부른다. 이런 자연현상을 보며 우리 영혼의 힘은 그 평균적인 정도를 넘어서서 우리 안에서 전혀 다른 종류의 저항 능력을 발견하기 때문이다. 이로써 우리는 용기를 가지고 거칠 것 없어 보이는 자연의 힘과 겨뤄 볼 방법을 찾는다.[156]

숭고한 자연, 이런 자연은 오로지 우리 인간의 물리적 본성과 정신적 본성을 바탕으로 해서만 존재한다. 그리고 우리는 숭고함을, 칸트가 강조하듯, 스스로의 이성과 자유를 자각할 수 있을 정도로 정신적 능력이 고양되었을 때에만 체험한다. 우리는 이성과 자유 없이 자연 자체를 숭고하다고 부를 수 없다. 자연은 오로지 인간의 함축적인 표현 또는 상징적인 의미에서만 숭고하다.

---

156 Kant, 『판단력 비판Kritik der Urteilskraft』(1790), § 28. 학술 전집 판, 제5권, 261쪽.

> 그래서 분노의 파도로 들끓는 광활한 바다는 숭고하다고 할 수 없다. 그런 광경을 지켜보는 것은 섬뜩하다. 그리고 이런 직관이 숭고하다는 감정으로 조율될 수 있으려면 우리 인간의 정서가 여러 각도의 다양한 생각으로 채워져야만 한다.[157]

자연을 숭고하게 여기도록 우리에게 강제하는 것은 자연 자체가 아니다. 오히려 우리의 태도, 교양, 문화가 이런 감정을 불러일으킨다. 바로 그래서 숭고한 자연이라는 생각에 모든 사람이 동의하지는 않는다.

> 진정한 숭고함은 판단하는 사람의 정서에서만 찾을 수 있지, 자연 대상 자체에 내재하지는 않는다. 우리는 자연 대상을 보고 판단할 때 숭고함이라는 기분을 느낄 계기를 얻는다. 누가 그저 거칠기만 한 산을, 만년설을 뒤집어쓰고 야생의 무질서만 드러내는 산을, 또는 그저 암울하게 포효하는 바다 따위를 숭고하다고 부를까?[158]

숭고함이라는 느낌이 우리 안에 형성되려면 우리는 올바른 미적 감각을 키워야 한다. 올바른 미적 감각은 도덕적 감정과 매우 비슷한 정서 상태다. 이런 정서에는 목적과 자연의 유용함을 따지는 생각이 섞여서는 안 된다. 우리는 자연을 관조적으로, 오로지 멀리 떨어져서 보는 관객

157　위의 책, § 23, 245쪽 이하.
158　위의 책, § 26, 256쪽.

으로만 만나야 한다. 바다를 두고 숭고하다고 말할 수 있
으려면 머릿속에 온갖 지식과 계산과 고려를 담아 바다
를 바라보아서는 안 된다고 칸트는 강조한다. "이를테면
저 수생생물의 광활한 제국을 어떻게 개발할까, 저 거대
한 수자원을 가뭄이 든 땅을 위해 활용할 방법은 없을까,
또는 세계를 갈라놓는 요소인 저 바다를 어찌해야 국제적
공동 자산으로 만들 수 있을까?" 하는 따위의 고려는 일절
배제되어야 한다. 그 대신 우리는 바다를 작가들이 오로지
"목도한 그대로", 말하자면 "작가가 고요한 가운데 바라보
는 그저 하늘과 맞닿아 있는 맑은 수면, 그러나 광풍이 몰
아칠 때면 모든 것을 집어삼킬 듯 위협하는 심연의 바다"
를 숭고하다고 느껴야 한다.[159]

　　칸트는 버크에게 숭고함의 감정을 불러일으키는 것이
늘 똑같은 자연의 특성과 상황이라고 지적한다. 칠흑 같
은 어두움, 외로움, 힘, 영원함, 무한함 등이 그것이다. 그
가운데 칸트가 중점을 두고 보는 개념은 무한함이다. 이
개념을 칸트는 매우 치밀하게 다듬는다. 버크는 무한해
보이는 바다가 감정을 자극하기 때문에 바다를 바라보는
우리의 생각이 매우 불분명하다는 점을 꼽는다. 딱히 뭐
라 특정하기 힘든 성격 때문에 바다는 무한해 보이며 그
래서 감정을 자극한다는 논리다. 그러나 칸트는 숭고함이
라는 감정을 불러일으키는 것은 오로지 무한함이라는 개
념이라고 설명한다. "자연은 우리가 직관하면서 무한함이

159　위의 책, § 29, 270쪽.

라는 생각을 떠올릴 때에만 숭고하다."[160] 더 간단한 표현
도 나온다. "우리는 '단적으로 위대한 것'을 보고 '숭고'하
다고 부른다." 숭고함이라는 우리의 감정은 무한함과 연
관 짓지 않고는 설명할 수 없다. 그러나 우리는 무한함이
라는 개념을 경험이 아니라 오로지 이성으로만 얻는다.
결국 자연이든 우리가 사고하는 능력이든 그 근본 바탕을
이루는 "초감각적인 실체"에 이를 수 있게 해 주는 것은
이성이다. 그리고 이 실체는 곧 신이다. 우리 인간은 신을
인식하거나 개념으로 파악할 수 없으며 오로지 숭고함이
라는 감정으로 신에게 다가갈 수 있을 뿐이다. 칸트의 숭
고함이라는 감정 분석을 전제로 볼 때 바다는 은근히 우
리를 종교로 이끈다. 바다의 광경에 자극받은 상상력이
세계를 떠받드는 무한함이라는 원칙을 떠올리게 하기 때
문이다. 자연은 이로써 무한함과 맞물린다. 무한함이라는
원칙 덕에 우리는 자연의 광경을 보며 깊은 충격을 받고
숭고하다는 감정을 품는다. 칸트는 "숭고함이란 그것과
비교하면, 다른 모든 것이 왜소해지는 것"이라고 썼다. 이
문장은 캔터베리 대주교 안셀무스가 13세기에 정리한 신
의 개념을 떠올리게 한다. 안셀무스는 신의 개념을 "그를
넘어서는 더 큰 것은 생각할 수 없다(Quo majus cogitari
non potest)"고 정의했다.

　　버크 역시 숭고함이라는 감정은 "위대하고 경외심을
자아내는 존재라는 신의 개념"으로 이끈다고 보았다. 이
렇게 신을 표현하는 것은 구약성경에서 자주 볼 수 있다.

160　위의 책, § 25, 248, 250쪽, § 26, 255쪽.

우리가 신이라는 개념을 지적으로만, 오로지 지성으로만 관찰하는 한, 상상력은 자극을 받지 않는다. 그러나 신의 전능한 힘을 감각적 그림으로 떠올릴 때 "우리는 한 점 티끌만큼도 못 한 것으로 좁아들어 신 앞에서 허망하게 파괴된다."[161] 신보다 더 크고 강력한 것은 있을 수 없으므로 버크에게 신의 개념은 인간이 상상할 수 있는 가장 숭고한 것이다. 미적 감정을 규정하고 설명하기 위해 노력한 영국의 다른 작가는 신의 개념을 바다의 경험과 아주 밀접하게 묶어 낸다. 조지프 애디슨[Joseph Addison(1672~1719). 영국 수필가, 시인, 극작가. 정치적으로도 활발한 활동을 벌였다. 그의 소꿉 친구인 리차드 스틸(Richard Steele)과 함께 《스펙테이터(The Spectator)》를 창간하고 계몽적인 논설과 위트, 유머가 넘치는 수필을 발표했다.]은 해상 여행을 하며 바다의 엄청난 물결을 보는 것보다 더 상상력을 자극하는 것은 없다고 설명한다. 뱃전을 때리는 파도는 한편으로 편안한 느낌을 주면서도 저 망망히 펼쳐진 바다의 위용에 충격을 받게 만든다. 이런 충격은 "위대함(Greatness)", 숭고한 위대함으로 생겨날 수 있는 최고의 기쁨을 선사한다. 바다라는 엄청난 대상은 필연적으로 바다를 창조한 손, "전능한 존재라는 이념"을 떠올리게 한다. 애디슨은 이 전능한 존재를 형이상학의 증명만큼이나 바다를 보는 것만으로도 확인할 수 있다고 썼다. 그는 성경의 시편이 이런 경험을 가장 잘 묘사한다고 보았다. 애디슨은 광풍이 몰아치는 바다에서 신이 사투를 벌이는 뱃사람들을

---

161 Burke, 『철학적 탐구Philosophische Untersuchung』, 103쪽 이하.

구해 내는 시편 107장 23~30절 말씀을 인용한다.[162] 경험
으로 측량할 수 없는 대상인 바다는 피할 수 없이 무한하
고 강력한 창조주라는 이념으로 애디슨을 이끈다. 아리스
토텔레스가 "테오리아"를 통해 세계를 지배하는 신을 확
신하게 만든 것은 "장엄한 우주 질서"였다. 애디슨 같은
근대 작가들은 바다를 보는 것만으로 "최고의 존재"를 직
관적으로 충분히 확신할 수 있었다. 바다와 만나서 종교적
영감을 얻은 사례는 얼마든지 찾아볼 수 있다.[163]

　　앞서 인용했던, 두려움과 경외심 없이 바다를 보는 태
도는 올바르지 않다는 견해를 오늘날 대변하고자 하는 사
람은 두려움과 경외심을 품고 보는 태도를 근대인의 생각
과 느낌에서 얼마든지 찾아볼 수 있다. 예술, 특히 문학과
회화는 그 충분한 사례를 제공한다. 근대는 자연을 결코
과학과 기술이라는 안경으로만 바라보지 않았다. 오히려
근대는 한편으로는 자연을 합리적으로 보는 태도가, 다른
한편으로는 감정으로 보는 태도가 서로 확연히 나뉘었다.
고대의 "테오리아"와는 다르게 이성과 감정은 완전히 분
리되었다.

　　요아힘 리터[Joachim Ritter(1903~1974). 독일 철학자로 전후 시대
독일 교양의 고양에 힘쓴 인물로 유명하다. 그의 이름을 딴 '리터 학파'는 유
명한 철학자를 다수 배출했다.]는 자신의 유명한 에세이에서 근

162　Joseph Addison, 《스펙테이터The Spectator》(애디슨이 발간한 문학잡지),
　　　제489호, 1712년 9월 20일 토요일 자. 『The Spectator』, 제4권, London, Toronto,
　　　1917, 58쪽 이하.

163　알랭 코뱅Alain Corbin, 『주인 없는 영토. 서양과 해안의 욕구 1750~1840. Le
　　　territoire du vide. L'Occident et le désir du rivage 1750-1840.』, Paris, 1988.

대가 바라본 자연은 수학적 자연과학과 기술의 지배를 받
는 대상이었다고 썼다. 과학과 기술이 사회적 압력과 자연
의 해악으로부터 근대인을 해방해 주리라는 믿음이 그 근
거였다. 그러나 같은 시기에 자연을 보는 전혀 다른 태도,
곧 미학적 태도도 생겨났다. 이런 미학적 태도는 모든 예
술에서 나타났지만 당시의 생활 태도, 곧 풍경에 품는 애
정으로도 표현되었다. 풍경을 미학적으로 감상하는 것을
두고 리터는 고대의 "테오리아"와 같다고 진단한다. 수학
이라는 추상적 공식과 지배의 가능성으로만 보던 자연이
아니라, 우주 전체라는 기적을 가늠하는 자연의 개념이 나
란히 존재했다는 점은 흥미롭기만 하다.[164] 이것이 풍경화
라는 회화의 주요 분야가 생겨난 배경이다. 근대 자연관의
이런 해석은 바다를 주제로 보는 우리의 논점과도 맞아떨
어진다. 풍경뿐만 아니라 바다를 미학적으로 보는 태도는
자연을 넘어서서 신적 존재로 향하는 고대 "테오리아"와
분명한 관련이 있다. 앞서 인용한 애디슨이 그 명백한 사
례다. 미학을 형이상학과 종교와 이렇게 결합한 것은 그러
나 앞으로 보겠지만, 어디서나 동의를 얻지는 못한다.

리터는 1336년 프랑스 남부 방투산(Mont Ventoux) 정
상에 처음으로 올라가 탁 트인 전망에 압도당한 페트라
르카의 체험을 인용한다. 세계를 내려다보는 위대한 아름
다움에 감탄을 금하지 못하면서 페트라르카는 평소 흠모
해 온 아우구스티누스의 경건함, 세속의 모든 것에 등을

---

164 Joachim Ritter, "풍경Landschaft", 출전: 동일 저자, 『주관성. 여섯 편의
       논문Subjektivität. Sechs Aufsätze』, Frankfurt/M., 1989, 141~163쪽.

돌리라고 요구하는 경건함과 갈등에 빠진다. 거친 바다를 보며 느끼는 기쁨을 생생하게 증언하는 사례는 울름의 도미니크수도회 펠릭스 파브리[Felix Fabri(1438~1502). 스위스 취리히에서 태어나 울름에서 신부 생활을 하면서 작가로도 활동했다. "15세기가 낳은 가장 걸출한 순례 여행자"라는 평을 듣는다.]의 여행기다. 파브리는 1480년 배를 타고 예루살렘으로 순례 여행을 하던 도중에 태풍을 만났다. 그는 쏟아지는 폭우 속에서 거대한 파도에 시달리며 지샌 밤을 이야기한다. 바다는 번쩍이는 번개와 천둥으로 불탔고, 거친 파도는 마치 높은 산 위에서 굴러떨어지는 바위 같은 힘으로 배를 사정없이 때렸으며, 하늘에 구멍이라도 난 듯 쏟아붓는 빗줄기가 무서운 기세를 자랑했다. 우리는 파브리가 두려움에 질려 무릎을 꿇고 기도를 올렸으리라고 지레짐작한다. 그렇지만 그는 정반대되는 모습을 보여 준다. 선상에 서서 또는 앉은 채 거칠게 끓어오르는 바다와 집어삼킬 것만 같은 파도를 보는 것은 주체할 수 없을 정도로 "커다란 기쁨(Delectationem magnam)"을 주었다고 그는 썼다.[165] 아무래도 그는 순례 여행을 하고 있어서 태풍을 신의 형벌로 느끼지 않아 안전하다고 생각한 모양이다. 그럼 펠릭스 파브리도 두려운 가운데 느끼는 기쁨, 곧 숭고함의 느낌을 즐겼다고 해석할 수 있지 않을까? 페트라르카가 무한히 펼쳐지는 광활한 풍경에 깊이 감격했을 때, 그는 칸

---

165 『형제 펠릭스 파브리의 성지와 이집트와 아라비아 순례Fratris Felix Fabri Evagatorium in terrae sanctae, Arabiae et Egypti peregrinationem』, 콘라트 디트리히 하슬러Konrad Dietrich Hassler 편집, Stuttgart, 1843, 제1권, 51쪽 이하.

트의 개념으로 표현하자면 "수학적인 숭고함", 곧 측량할
수 없는 위대함을 느꼈다. 반대로 파브리의 기쁨은 "역동
적인 숭고함", 곧 막강한 힘의 위대함이다. 어쨌거나 근대
는 위대한 변혁의 시기다. 산의 정상이든 망망대해의 한
복판이든 근대 이전에 사람들은 오랫동안 그곳에 신과 악
마가 산다고 여겨 두려움에 떨었다. 근대에 들어와 이 두
려움은 숭고함을 보는 미학적 감정으로 바뀌었다. 어쨌거
나 자신의 목숨이 직접적인 위협을 받지 않는 한에서.

자연의 미학을 둘러싼 논쟁

칸트는 자신의 철학을 세울 새로운 실마리를 코페르니쿠
스의 업적에서 찾았다. 코페르니쿠스가 세계의 중심을 더
는 지구가 아니라 태양이라고 보았듯, 철학은 연구의 중
심을 더는 사물이 아니라 인간의 인식능력에 두어야만 한
다. 이렇게 해야만 우리는 도대체 안다는 것이 무엇인지,
어떤 것은 알 수 없는 것으로 남을 수밖에 없는지 가려볼
수 있다. 인식능력 분석으로 전환하면서 인간의 한계가
무엇인지 헤아리는 통찰이라는 결과가 이어졌다. 예전 철
학이 중시했던 주제, 이를테면 신, 자유, 불멸성과 관련해
우리 인간은 확실한 인식을 얻어 낼 수 없다. 우리가 지성
으로 알 수 있는 것은, 칸트의 바다 비유를 그대로 끌어오
자면, 망망대해, 곧 겉으로만 진실처럼 보이는 것, 착각,
오류, 터무니없는 주장, 공상 따위로 채워진 바다 위에 외

롭게 떠 있는 하나의 작은 섬일 따름이다.[166]

인식 가능한 것이라는 섬에 새롭게 관심을 집중함으로써 아름다움과 숭고함의 철학도 변한다. 버크는 여전히 아름다움과 숭고함이라는 개념을 빚어 주는 원인이 우리 인간의 생리, 곧 특정 자연 형태에 인간이 생리적으로 보이는 반응에 있다고 보았다. 칸트는 이런 논리가 말이 안 된다고 여긴다. 우리에게 어떤 것을 아름답다거나 숭고하다고 부르게 만드는 능력은 오로지 인간의 정서일 따름이다. 핵심만 아주 과감하게 추리자면 칸트는 두 개념을 이렇게 대비한다. 우리가 아름답다고 보는 것, 예를 들어 꽃은 특정 형태와 모습을 가지는 반면, 숭고한 것은 경계 없이 무한해서, 즉 때때로 바다처럼 혼란스러워서 오로지 우리 이성만이 전체적인 인상을 빚어낸다. 마음에 드는 아름다운 대상을 보며 우리는 이 대상과 인식능력이 절묘하게 맞아떨어짐을 느낀다. 아름다운 것을 보며 우리의 상상력은 자유롭게 나래를 펼쳐 갖가지 연상을 이어 가지만 이런 연상을 매듭짓지는 못한다. 반대로 숭고한 것은 우리의 인식능력과 상상력이 감당할 수 없어서 우리의

---

166 그림이 풍부한 칸트의 비유는 더 자세한 해석을 자극한다. 그러나 이 책에서 이런 자세한 해석은 할 수 없다. 인간의 지성으로 접근할 수 있는 영역을 묘사한 원문을 그대로 인용해 둔다. "이 땅은 그러나 섬, 자연 자체로 변할 수 없는 경계로 둘러싸인 섬이다. 이 섬은 진실의 땅이다(진실은 매력적인 이름이다). 이 섬은 광활한, 태풍이 부는 바다 한가운데 떠 있다. 바다는 본래 진실이 아닌 가상이 자리 잡은 곳이다. 안개로, 때로 녹아내리는 빙하로 그 참모습이 가려지거나 삼켜지는 섬을 향해 발견을 꿈꾸는 항해자는 가까이 가려 부단히 노력하지만, 이런 희망은 채워지지 않는다. 멈출 수 없으며 또 결코 끝까지 완수할 수 없는 모험에 항해자는 실망의 한숨을 쉰다." Kant, 『순수이성비판Kritik der reinen Vernunft』, B294 이하.

자유를 의식하게 만든다. 아름다운 것은 멈추어 서서 지
켜보도록 우리를 초대한다. 심지어 우리에게 신선한 기분
과 함께 미소 짓게 만들며 삶의 활력을 북돋우기도 한다.
우리는 아름다운 것을 소유하거나 쓰거나 변화하려 하지
않고 있는 그대로 두고 싶어 한다. 그러나 숭고함과의 만
남은 이런 침착한 관조와는 조금도 비슷하지 않으며 온
갖 극적인 요소를 제공한다. 우리는 끌림을 느끼는 동시
에 거부당하는 경험을 한다. 이런 경험은 이성을 써서 생
각하도록 우리를 자극한다. 숭고함을 지켜보는 일은 상상
력의 놀이를 허락하지 않는다. 숭고함을 지켜보는 순간은
심각하며, 위협을 받는다는 느낌을 주면서 삶의 활력을
위축시키기도 하지만, 동시에 존중하고 경탄하도록 우리
를 자극한다. 그러나 이런 존중과 경탄은 지각된 대상이
아니라 무한함과 자유라는 이념에 주목한다. 칸트에게 아
름다움과 숭고함이라는 감정은 도덕 감정은 아니지만 도
덕과 매우 가깝다. 아름다움은 그 자체를 사랑하도록 우
리를 부추기며 윤리적으로 좋은 것의 상징이 될 수 있다.
숭고한 것은 윤리적 행동의 근본 토대인 자유라는 이념으
로 우리를 이끈다. 자연의 아름다움은 우리의 자연 개념
을 풍요롭게 해 주지만, 숭고한 것은 오로지 우리 이성의
이념을 가리킬 뿐이다.[167]

칸트는 확실한 통찰에만 논의를 국한해 철학적 담론
에 평화가 깃들기를 기대했다. 그런데도 칸트의 미학은

---

[167] 특히 다음 텍스트를 볼 것. Kant, 『판단력 비판Kritik der Urteilskraft』, § 23. 학술
전집 판, 제5권, 244~246쪽.

오히려 논란에 본격적으로 불을 지폈다. 특히 칸트 미학이 제기한 두 가지 물음이 논란의 중심에 섰다. 아름다움과 숭고함은 사물 자체의 특성이 아니라 오로지 우리 인간의 지각으로만 생겨날까? 플라톤은 무수한 사례와 그림으로 아름다움의 힘을 묘사했다. 그리고 아름다움은 우리에게 커다란 영향을 주기 때문에 철학이 아름다움의 실재를 부정하는 일은 드물었다. 또 아름다움과 숭고함의 구분도 문제다. 버크와 칸트가 묘사했듯 이런 구분이 모든 경험에서 분명할까? 숭고한 것이 동시에 아름다우며 아름다운 것이 숭고하지 않을까? 바로 이 물음은 바다의 경험으로 매우 다양한 의견 차이를 빚어낸다.

혜겔은 칸트와 의견을 같이한다. "측량할 수 없는, 거센 파도가 몰아치는 바다나 별들이 가득한 밤하늘의 할 말을 잊게 만드는 장엄함" 같은 자연현상의 숭고함은 오로지 우리 정서가 자극받음으로써 생겨난다. 자연현상의 숭고함은 대상 자체에 있지 않다.[168] 물론 아름다움과 숭고함은 자연이 우리 안에 생겨나도록 촉발하는 것이기에 칸트와 다르게 혜겔은 여전히 불완전한 이념이라고 본다. 자연으로부터 촉발되었을 뿐인 아름다움과 숭고함에는 통일성과 정신이 부족하기 때문이다. 이런 통일성과 정신은 예술의 영역에서 비로소 생겨난다. 다시 말해서 바다 풍경을 그린 그림은 특정 화가의 미학적 시각과 예술적 의지로 비로소 통일적인 아름다움과 숭고함을 빚

---

168 Hegel, 『미학 강의 I Vorlesungen über die Ästhetik I』, 이론 전집 판, 제13권, 177쪽.

어낸다. 그러나 끊임없이 변화하는 무한한 자연은 그 자체로 아름답지도 숭고하지도 않다. 오로지 예술에서만 우리, 정신적 존재인 우리 인간은 정신의 산물을 만난다. 헤겔의 미학은 바로 그래서 예술철학이며, 헤겔은 진정한 숭고함을 특히 유대교, 예를 들어 찬란한 언어로 전지전능한 신을 찬양하는 시편에서 읽어 낸다. 그의 제자들, 곧 헤겔학파에게 숭고한 자연은 정신이 자신 안에서 발견하는 무한함의 비유로만 여겨진다. 아르놀트 루게[Arnold Ruge(1802~1880). 독일 작가로 청년 헤겔학파를 대표한다. 독일 민주공화국 건국 회의에서 좌파를 대표했다.]는 이렇게 썼다. "칸트가 옳다, 진정으로 숭고한 것은 바다의 태풍과 맞서 싸우는 자유의지뿐이다. 자유의지가 정신을 가지지 않는 자연과의 이 유한한 싸움에 나서지 않고 죽어 가며 자신의 영혼을 신에게 맡기면, 태풍은 그저 그 도달할 수 없는 무한함으로 되돌아갈 뿐이다."[169]

그러나 인간의 감각에 아름다움과 숭고함을 가져다 놓는 이런 주관화는 일반적인 동의를 결코 이끌어 내지 못했다. 칸트의 가장 중요한 제자인 철학자이자 신학자 헤르더는 아주 일찍부터 스승을 날카롭게 비판하고 상반된 의견을 선보였다. 이후 시대의 전체 철학에 큰 영향을 준 두뇌의 소유자 헤르더는 청년 시절 스스로 바다 여행을 계획하고 범선을 타고 리가에서 스칸디나비아를 거쳐 프랑스까지 항해했으며 심지어 나중에는 해상 조난에

169   Arnold Ruge, 『미학의 새로운 예비학교Neue Vorschule der Aesthetik』, Halle, 1837, 77쪽.

204

서 구사일생으로 살아남기도 했다. 새로운 발상과 계획으로 가득한 여행기에서 헤르더는 자신을 "선상의 철학자"라 불렀다.[170] 더 나중에 칸트를 겨눈 비판에서 헤르더는 인류가 역사에서 감명을 받은 모든 형태의 숭고함을 스케치하며 자신이 바다와 처음으로 만났던 순간을 회상한다. 이 글을 읽으면 자신이 몸소 겪은 경험이 중요하다고 여기는 철학자가 쓴 것임을 우리는 이내 알아차릴 수 있다.

> 내가 처음으로 바다를 보았던 순간, 눈길이 하늘처럼 무한히 펼쳐진 수평선을 따라가다가 구름도 사라지고 하늘이 바다로 내려와 앉은 곳에서 측량할 수 없는 높이와 깊이 속에 갈 길을 잃고 말았네. 갑판 위에서 흔들리는 이 유한한 존재인 나의 위와 아래로 물살과 바람이 미지의 심연을 가늠하게 해 주는구나, 이 무슨 엄청난 느낌인가![171]

헤르더는 배에서 처음으로 체험한 태풍을 묘사한 부분에 이미 칸트 비판을 담았다. 칸트가 아름다움과 숭고함을 구분한 반면, 헤르더는 파도가 들끓는 숭고한 바다에서도 질서와 아름다움을 보았기 때문이다. 파도는 강력한 리듬으로 춤을 추며 배는 파도에 보조를 맞춘다. 숭고한 것이 아름다우며 아름다운 것이 숭고할 수 있다. 헤르더의 이런 관점은 나중에 칸트보다 더 큰 동의를 이끌어 냈다. 헤르더의 생동하는 구체적 묘사는 관찰과 생각을 잘 하는

170 J. G. Herder, 『1769년의 내 여행 일지Journal meiner Reise im Jahre 1769』, 전집, Bernhard Suphan 편집, 제4권, 350쪽.
171 Herder, 『칼리고네Kalligone』, 제3부(1800), 전집, 제22권, 233쪽 이하.

사람이 글도 훌륭하게 쓴다는 것을 여실히 보여 준다. 그
표현 양식은 인습적 언어를 돌파하며 아름다움과 숭고함
을 포착한다.

> 태풍이 깨어나자 심연이 입을 연다. 바람이 울부짖는다.
> 높이와 깊이, 구름과 심연, 천상과 지옥이 하나가 된다.
> 우리는 위로 아래로 곤두박질친다. "돛대로 가서 꽉
> 잡아요." 선원이 경험 없는 여행객에게 외친다. "위험하지
> 않아요!" 나는 감각을 추슬러 자연의 격동 속에서 더 높은
> 질서의 숭고함을 보았다! 자연의 모든 힘이 작용한 대단한
> 운동이 침착한 눈길에 포착된다. 수천의 파도가 단번에
> 하늘로 올라 고개를 들고 포말을 주름처럼 뿌리고 그대로
> 떨어지며 다채로운 화음과 박자로 모든 곡선과 직선의
> 아름다운 조화를 보여 준다. 마지막 파도가 검은 수평선으로
> 몰려 올라갈 때 배의 운동은 바다라는 거대한 존재에 운을
> 맞추어 구름으로 떠올랐다가 심연으로 곤두박질친다.[172]

헤르더는 헤겔이 자연의 아름다움과 숭고함에 통일성이
결여되었다고 아쉬워할 것을 이미 알기라도 한 것처럼,
모든 것은 "하나의 선", 곧 수평선과 "하나의 점", 곧 침착
하게 바라보는 눈을 붙들어 매는 전망의 소실점에 맞춘
질서를 갖추었다고 힘주어 강조한다.

무한함은 오직 우리의 머릿속에서만 찾아볼 수 있다
고 본 칸트의 견해를 헤르더는 가소롭게 여겼다. 무한함

---

172 위의 책, 234쪽.

206

이 상상의 결과물이라고 믿는 것은 마치 어린아이가 앙증맞은 손으로 바닷물을 다 퍼 올리려 하는 것처럼 말이 안 되는 이야기다. 헤르더는 인간 이성이 현실의 무한함을 생각조차 할 수 없어 포착할 수 없다고 규정한다. 칸트가 말하는 무한함의 이념은 오로지 상상으로 지어낸 것이라고도 했다. 숭고함이라는 감정의 조건을 충격이 아니라고 본 칸트의 입장은 헤르더도 받아들인다. "아름다움의 감정은 벌을 받는다는 고통스러움 없이 느낄 수 있어야만 한다. 바다에 빠진 사람이나 상어에 잡아먹히는 사람에게 바다는 아름답지 않고 잔혹할 뿐이다." 그러나 헤르더는 두 눈으로 보는 감각적 경험이 우리의 언어에 결정적인 영향을 준다는 점은 인정한다. 헤르더는 우리가 생각을 담아내는 언어적 표현 형태와 어휘를 정확히 주목해야 한다고 가르친 최초의 철학자 가운데 하나다. "숭고하다(erhaben)"라는 단어는 "일어서다(erheben)"와 "높이(Höhe)"를 연상시킨다는 유사점이 있다. 바로 그래서 "숭고하다"라는 단어가 바다의 특징을 표현하기에 항상 적절하지는 않다고 헤르더는 지적한다.

또한 확실한 점은 잔잔한 바다를 지켜볼 때 인간의 정서는 "확장될 뿐", "일어서지"는 않는다는 것이다.(단어를 정확히 썼다는 전제 아래서.) 그러나 분노한 파도는 그 강렬한 힘으로 눈길이 닿는 수평선마다 고개를 들고 일어서서 구름을 향해 달려들 듯 행동한다. 그래서 자연의 바다에서든, 심지어 사투를 벌이는 배나 난파선을 그린 그림에서든 분노한 파도는 숭고하다. (……) 자연의 이런

장관 앞에서 모든 것이 안전해 누구도 겁에 질린 얼굴을
하지 않는다거나 여인의 비명이 들리지 않는다고 하자.
누가 분노한 바다의 장관이 "위대하다"는 것을, 또는 흔히
말하듯 무서울 정도로 아름답다는 것을 부정할까?[173]

헤르더는 숭고함이 감정의 문제라는 점을 의심하지 않았
다. 다만 그는 칸트의 순수이성이라는 이념에 자연 자체가
아름답고 숭고하다는 미학적 특징을 덧붙여 보완해 주고
싶었다. 아마도 오늘날 대다수 사람들은 헤르더가 칸트보
다 옳다고 인정하리라. 우리가 숭고하다고 부르는 것은 실
제로 우리가 체험하는, 거친 파도로 우리를 압도하는 바다
이기 때문이다. 헤르더의 관점은 19세기에 칸트와 헤겔 못
지않은 반향을 불러일으켰다. 그리고 오늘날 우리는 미학
의 많은 이론들에서 바다가 그 다양한 현상으로 우리의 감
정을 불러일으킨다는 매우 정확한 묘사를 발견한다.

　　1864년에 철학자 프리드리히 테오도어 폰 피셔[Fried-
rich Theodor von Vischer(1807~1887). 독일 철학자, 작가, 정치가. 청년 헤
겔학파에 적극적으로 가담해 활발하게 좌파 운동을 벌였다. 튀빙겐 대학
교에서 최초로 미학 석좌교수로 초빙되었으나 교수 취임 연설에서 범신론
을 믿는다고 했다가 이 년 동안 정직당하기도 했다.]가 미학의 가장 포
괄적인 체계를 여섯 권의 책으로 담아 발표했다. 시집을
펴내기도 했던 피셔는 대학교에서 처음으로 미학 석좌교
수직을 맡기도 했다. 그는 처음에 헤겔의 영향을 받았지
만 이내 자신의 독자적인 길을 걸어 자연의 미학도 다듬

173　위의 책, 244쪽.

어 냈다. 근대 자연과학이 파악할 수 없는 자연의 아름다움을 피셔는 미학의 연구 대상으로 삼았다. 피셔가 이해하는 미학은 곧 과학이기도 하다. 말하자면 미학은 정밀과학과 기술이 무시하고 다루지 않는 현실의 모든 측면을 구출하는 과학이다. 피셔는 대단히 신중하게 자연의 미학적 특징을 묘사하고 특정 분야들로 정리했다. 고대 자연철학이 물리적 요소로 보았던 흙, 물, 공기, 불은 이제 미학의 경험 분야가 되었다. 바로 그래서 피셔의 미학은 물의 아름다움을 분석하는 작업도 포함한다.[174]

피셔는 아름다움의 자극은 특히 선(線)이 주는 자극이라고 정리한다. 물에 나타나는 물결의 선은 물론이고 수평선을 이루는 직선도 물의 아름다움과 숭고함을 만든다고 설명한다. 선은 어떤 물체의 경계를 나타내며, 일부러 꾸민 것처럼 보이지 않고 우연의 특징을 보여야 비로소 아름다워진다. 선은 자연현상 자체가 빚어낸다는 인상을 일깨워 주어야만 한다. 가장 단순한 선의 형태를 우리는 잔잔한 바다에서 본다. 위협적인 파도로 들끓는 바다뿐만 아니라 잔잔한 바다도 숭고하다. 피셔의 이런 묘사는 마치 회화 창작법 강의 같다. 그가 선을 어떻게 그려야 가장 아름답게 보이는지 언급하기 때문이다. 실제로 피셔의 미학은 대학교 동료들보다는 창작하는 예술가들에게 더 크게 인정을 받았다. 바다의 장관에 나타나는 미학적 특징을 그처럼 자세하고 정확하게 묘사한 철학자는 따로 찾아

---

174 Friedrich Theodor Vischer, 『미학 또는 아름다움의 과학Aesthetik oder Wissenschaft des Schönen』. 제2부, 제1장: "자연의 아름다움에 대하여Die Lehre vom Naturschönen". Reutlingen, Leipzig, 1847, 59~64쪽.

보기 힘들기 때문에 피셔의 몇몇 구절은 음미해 볼 가치
가 있다. 피셔는 우리가 무아지경에 빠져 바다를 바라보
는 즐거움을 일깨워 주는 글을 썼다. 선의 아름다움을 언
급한 문장은 아래와 같다.

> 바닷물의 무한한 반짝임이라는 기계적 법칙에 따라
> 선의 모양이 달라진다. 그래서 각도와 구부러짐의
> 확고한 조화는 생겨날 수 없다. 잔잔한 수면이 보여 주는
> 수평선이라는 직선은 이제 숭고함이라는 효과를 자아낸다.
> (……) 확장된 수평선은 그 끝을 보여 주지 않는다. 이것이
> 바로 바다의 무한함이라는 미학적 의미를 빚어 주는
> 근거다. 그렇지만 어느 한쪽에서 수평선을 가로지르는
> 선이 나타날 때, 이를테면 제방 같은 것으로 수면이
> 끊기는 형태가 생겨나는 곳에서 우리의 눈은 숭고함과는
> 반대되는 것을 본다. 무한함이라는 느낌은 한적한 황량함,
> 단조로움의 황량함으로 바뀌고 만다. 그래도 그 끊긴 곳
> 뒤에서 수평선이 무한히 지속되리라고 믿는 것은 두 눈으로
> 보는 사람이 만들어 내는 의미다.[175]

바다의 관찰은 우리의 두 눈으로만 이뤄지지 않는다. 상
상력이 두 눈으로 본 것을 보충하며 선이 무한하게 나아
간다고 믿게 만든다. 이처럼 수면이 보여 주는 선이 숭고
함을 표현하듯 동시에 아름다움도 보여 준다. 피셔는 헤
르더와 마찬가지로 숭고함과 아름다움이 밀접하게 맞물

---

[175] 위의 책, 61쪽.

렸다고 본다. 가장 아름다운 선은 출발점으로 돌아오며 그려지는 원의 선이다. 그러나 이런 둥근 모양도 자연적일 때에만 아름답다. 원형은 규칙적이어서는 안 되며 우연하게 생겨났을 때 아름답다.

바다라는 엄청나게 큰물에서 이뤄지는 원형의 자유롭고 불규칙적인 놀이만이 우리 논의의 주제다. 그처럼 자유롭게 구부러진 선이 아름다운 장관을 연출하는 광경은 제방에서 파도가 일으키는 물결 외에는 따로 찾아보기 힘들다. 날렵하게 구부러지는 모습은 마치 우아한 백조의 등 모양을 보는 것처럼 아름다운 인상을 자아낸다. 물살이 잦아들면 그 반원의 곡선은 저마다 흩어지며 다시금 두 번째 물결을 만들기 위해 숨을 고른다. 아주 다양한 물결 모양이 만들어지며 뱃사람들은 그 모양마다 이름을 붙여 부르곤 한다. 강한 파도가 칠 때 그 포말이 부챗살처럼 퍼지며 기둥과 같은 바위들 사이를 지나가 해안가 덤불로 스며드는 모습은 마치 뱀의 무리를 보는 것 같다. 이런 물무늬는 아무튼 다양한 동물을 떠올리게 한다.[176]

물살로 생겨나는 선 모양의 아름다움은 빛과 색으로, 또 물의 운동으로 보충된다.

물살이 만드는 선은 끊임없이 이어지며 어떤 고정된 모양도 만들지 않는 반면, 전체 운동은 기계적 효과를 잊어버리게

만들 정도로 매력적이며 파도 소리와 더불어 항상 신선한
생동감을 선물해 준다. 동시에 빛과 색이 어우러져
아름다움은 더욱 고양된다. 샘에서 솟아오르는 물은 저
깊은 곳이 선사하는 신선한 은총이라는 신비하고도 감사한
느낌을 불러일으킨다. 시냇물로 강으로 폭포수로 계속 흐르는
물은 단조로운 움직임으로 시간의 무한함을 경고한다.
때로는 먼 곳을 갈망하게 만들고, 때로는 친절하게도
민족들 사이의 교류를 매개해 주는가 하면, 때로는 장엄한
힘으로 모든 것을 뒤덮어 초토화할 정도로 무서운 파괴를
일삼는 것이 물이다. 거대한 통처럼 물을 모은 "바다"는 이
요소의 모든 효과를 가장 완전하게 통일한다.[177]

피셔는 우리가 경험 세계의 미학적 특징에 주목하도록 현
상의 형식에 집중한다. 그러나 그의 미학은 이른바 형식미
학이 아니다. 피셔가 자연을 미학적으로 존중해 주는 것은
물이 우리 인간에게 가지는 의미를 강조하고 싶기 때문이
다. 그래서 피셔는 인간의 인생에 물이 가지는 의미를 강
조한다. 모든 생명체는 물을 필요로 하기 때문에 우리는
물을 선물이자 축복으로 여긴다. 물에 몸을 담그는 수영은
그 자체로 향락이다. "시적 감각이 물을 신선한 힘의 원천
으로 칭송해서 그런 것만은 아니다. 물에 몸을 담그는 일
은 인간이 갈망해 온 자연과의 통일, 우리와는 다르지만
유혹적인 요소와의 통일로 여겨지기 때문이다."[178] 피셔는

---

177 위의 책, 63쪽.
178 위의 책, 63쪽.

휴양을 위해 해변을 찾아 자연을 체험하는 일이 대중적으로 매우 높은 인기를 누리기 시작한 시점에서 자신의 미학을 썼다.[179]

피셔는 자연 도처에서 작용하는 신들의 이야기를 들려준 고대 신화를 자신의 미학적 관찰 방식으로 새롭게 이해할 수 있게 해 주었으며 그 함의를 올바로 풀어 주었다. 자연은 물질이자 우리 인간의 목적에 쓰이는 재료에 그치지 않는다. 자연은 그 자체로 아름답고 심오하다. 그러나 철학은 신의 자리에 인간을 가져다 놓았다. "우리 인간"은 자연을 해석할 뿐만 아니라 "우리 인간"이 자연에 우리의 영혼을 불어넣게 한다. 그러나 피셔는 자연의 모든 아름다움이 우리가 만들어 낸 산물로만 보이는 것을 막고자 덧붙이기를 자연이 우리 인간의 해석적 감정이입에 마중을 나와야 한다고 했다. 결국 피셔는 인간의 정신적 능력과 자연의 결합을 중시한다. 숭고함을 설명하는 맥락에는 이런 대목이 나온다.

정신은 자신의 무한함이라는 감정을 자연현상 안에 가져다 놓는다. 그러나 우리는 정신이 이런 감정을 자연 안에 가져다 놓는지, 아니면 자연 안에서 그것을 발견하는지 하는 차이를 분명히 해야만 한다. 자연과 합치하는 형식으로 무한함을 자연 안에 가져다 놓고 싶어 하는 것은 정신의 본능이다. 그러나 정신보다 더 깊은 곳에 있는 본능은

Corbin, 『텅 빈 영역Le territoire du vide』, 83쪽 이하.

정신에게 너 자신의 뿌리는 자연 그 자체라고 속삭인다.[180]

물의 미학을 상술하면서 피셔는 "바다 회화"에도 비옥한
토양을 마련해 주었다. 피셔는 풍경화의 한 갈래로 바다
회화를 내세운다. 이 예술에서도 인간은 자신의 목적에
부합하는 적당한 자연에 인간의 정신을 가져다 놓는다.
피셔는 우리가 자연에 "부여하는", 곧 자연 안에 가져다 놓
는 영혼의 정서가 바다를 그린 그림의 내용이라고 설명한
다. "풍경화는 무기물과 식물의 자연현상에 영혼의 정서
를 표현해 하나의 통일체로 그려 낸다."[181] 이런 그림을 그
린 화가도, 그림을 보는 감상객도 자연 속에서 인간 영혼
의 기분이 드러나기를 기대한다. 이로써 풍경화는 의미를
얻으며 우리를 매혹한다. 우리가 이처럼 매혹되는 이유는
간단하다. 우리는 마음속에 어둡게 감춰져 있던 자신의
기분을 그림에서 명확히 알아차리기 때문이다. 말하자면
그림은 우리 안의 감정을 일깨운다.

고요함은 영혼의 고요함이 된다. 자기 성찰의 평화랄까.
잔뜩 긴장한 원한은 짐작을 가능케 하는 그림으로 걱정을
터뜨릴 계기를 찾는다. 그칠 줄 모르는 폭우, 태풍이
부는 바다 그림은 정신의 분노와 혼란을 일깨워 비극적

---

180   Vischer, 『미학 또는 아름다움의 과학Aesthetik oder Wissenschaft des
      Schönen』, 제1부: "아름다움의 형이상학Die Metaphysik des Schönen",
      Reutlingen, Leipzig, 1846, 232쪽.
181   Vischer, 『미학Aesthetik』, 제3부, 제1장: "예술과 그 분류Die Kunst und ihre
      Theilung in Künste", Reutlingen, Leipzig, 1851, 648쪽.

214

파국을 부른다. 태풍이 지나간 뒤의 평온은 비극의 결말인 화해라는 감정이다.[182]

미학이 심리학과 얼마나 밀접하게 맞물리는지는 좀 더 뒤에서 자세히 살펴보자.

　피셔는 헤겔의 입장과 거리를 두고 자연 자체의 아름다움을 방어하려고 했다. 그러나 피셔가 언제나 거의 무의식적으로 인간 정신이 아름다움이라는 이념을 자연에 투사하고 있다고 강조하는 탓에 사람들은 그가 칸트나 헤겔과 입장이 크게 다르지 않다고 평가했다. 철학자이자 문학자인 모리츠 카리에레[Moriz Carrière(1817~1895). 독일 작가이자 철학자로 유신론에 심취했다.]도 피셔와 비슷한 곤란을 겪었다. 마찬가지로 헤겔과 거리를 두고자 했던 모리츠 카리에레는 1859년 자신의 미학에서 다음과 같이 썼다. "관찰하는 인간이 숭고함을 바다나 산맥에 투사한다는 것은 맞지 않는 이야기다. 자연은 그 압도적인 크기로 문명을 알지 못하는 미개한 사람도 사로잡아 지극한 사랑의 마음을 품게 만든다."[183] 카리에레가 보는 숭고함은 압도적인 크기로 유한한 인간에게 무한함을 직접적으로 계시해 주는 자연이다. 자연이 우리의 감정에 통일성을 보여 준다. 다시 말해서 모든 개별적인 것을 포괄하는 자연의 통일성은 우리 인간이 아니라 자연 자체가 그 무한한 힘으로 빚어 준다. "별들로 가득한 밤

182　위의 책, 655쪽 이하.
183　Moritz Carrière, 『미학. 아름다움의 이념 그리고 인생과 예술에서 실현되는 아름다움Aesthetik. Die Idee des Schönen und ihre Verwirklichung im Leben und in der Kunst』. 제1부, Leipzig, 1873, 128쪽.

하늘이나 파도 치는 바다를 보라."[184] 물론 무한함이 경험
적으로 확인할 수 있는 데이터가 아니라 우리 인간이 싹 틔
우는 이념이라는 점은 카리어레도 인정해야만 했다.[185]

　　카리어레는 아름다움과 숭고함을 구분하고 대립하는
것도 피셔보다 더 강력하게 부정한다. 숭고한 것이 아름
답지 않다면 우리 마음에 들지 않을 것이고, 그래서 아무
런 미학적 가치를 지니지 못한다. 바다의 장관만 보더라
도 아름다움과 숭고함은 서로 밀접하게 맞물린다며 카리
어레는 나폴리만의 전망을 회고한다.

> 바닷가 절벽에 서서 우리 앞에 활처럼 펼쳐진 바다를
> 바라보았다. 바다는 굳어 있는 죽은 것이 아니라 그 물살의
> 놀이가 보여 주듯 생기와 활기로 가득하다. 흥미로운 선
> 모양을 만들며 바다는 일렁이다가 해안과 만나며 진주와도
> 같은 하얀 포말로 자신을 장식하는가 하면, 바다의 푸름은
> 하늘빛을 그대로 담아내며, 햇살을 수없이 많은 반짝임으로
> 바꾸어 마치 별들이 바다에 내려앉은 것만 같은 장관을
> 연출한다. 새로운 파도가 끊임없이 몰아치는 바다는 말
> 그대로 무궁무진하다. 바다의 다채로운 운동이 우리 인간이
> 파악하는 능력 또는 직관할 수 있는 범위를 넘어서는 덕분에
> 우리 정신은 무한함이라는 이념을 품게 된다. 바다의
> 파도만 보아도 무한함은 겉으로 나타난다. 마음에 드는
> 다양한 형태와 특수한 색채가 조화를 이루는 장면을 보며

184　위의 책, 129쪽.
185　위의 책, 125쪽.

> 우리는 아름다움과 숭고함이라는 느낌을 받는다. 이런
> 크기의 아름다움과 숭고함 안에서 무한함과 유한함은 서로
> 계시하며 화해한다.[186]

칸트의 숭고함 이론은 주의 깊게 읽어야만 종교와 근접해 있음이 드러나는 반면, 피셔와 카리어레는 숭고함이라는 감정의 종교적 특징을 직접 거론한다. "모든 숭고한 것은 측량할 수 없으며 이런 의미에서 신적이다."[187] 피셔가 쓴 글이다. 카리어레는 더욱 분명하다. "자연의 장엄함을 보며, 순수한 정서는 이런 장엄함이 신을 숨기는 것이 아니라 신이 이 자연을 지배하며 영혼으로 장악한다는 계시를 직접 깨닫는다." 카리어레의 관점에서 숭고한 자연의 직관은 종교적 체험이다.[188] 아리스토텔레스의 전통이 코스모스를 대립으로 이뤄진 조화로운 통일체를 이룬다고 보았던 것과 마찬가지로 바다와 육지는 서로 대비를 이루며 기적적인 질서를 보여 준다.

> 물은 샘과 시내와 강과 호수와 바다로 그 특별한 매력을 자랑하면서 아름다운 풍경의 근본 요소를 이룬다. 자연이 많은 다양한 형태와 굳은 고체를 가졌음에도 물과 푸른 하늘은 자연의 동일성을 그대로 드러낸다. 평평한 수면은 가파르게 솟은 산과, 그 투명한 액체성은 굳은 검은 암벽과

---

186 위의 책, 126쪽.
187 Vischer, 『Aesthetik』, 제1부, 234쪽.
188 Carriere, 『Aesthetik』, 128쪽, 133쪽 이하.

각각 선명한 대비를 이룬다.[189]

카리어레의 미학이 전체로 파악할 때 풍경을 바라보는 시
각이 드러난다고 말하는 신적 자연은 고대 철학이 말하
는 코스모스와 매우 흡사하다. 이름이 거의 알려지지 않
은 철학자 크리스티안 헤르만 바이세[Christian Herrmann
Weisse(1801~1866). 독일의 개신교 신학자이자 후기 관념론 철학자.]는
1830년 자신의 포괄적인 미학에서 심지어 숭고한 개별 자
연현상과 전체 코스모스의 아름다움 사이의 관계를 명확
하게 논의의 핵심 주제로 삼았다. 그는 우리 인간의 정신
이 자연의 개별적인 아름다움과 숭고함에 자극받아 "우주
의 아름다움"으로 올라가려는 경향을 보인다고 썼다.[190]
"모든 현상의 전체 맥락"으로 볼 때 비로소 우주는 "진정
한 아름다움인 동시에 진정한 숭고함"이다. 바로 그래서
"모든 개별 대상의 '숭고함'은 몸과 정신의 아름다움, 우주
전체의 아름다움을 연상시키며, 이 우주 전체를 이루는
부분이라는 거시적 우주론으로만 성립한다."[191] 오직 신적
인 정신만이 우주를 전체 면모에서 파악할 수 있다. 자연
현상의 미적 경험은 비록 제한적이기는 하지만 전체라는
감각으로 경험할 수 없는 아름다움이라는 생각을 키워 준
다. 바이세는 고대 철학과 신학의 사상적 유산을 이처럼

---

189 위의 책, 297쪽.
190 Christian Herrmann Weisse, 『아름다움이라는 이념의 학문으로서의 미학
     체계System der Ästhetik als Wissenschaft von der Idee der Schönheit』(1830).
     2권, Hildesheim, 1966, 제1권, 159쪽 이하
191 위의 책, 161쪽.

새롭게 조명하려 노력한다.

그러나 이런 세계관이 모든 자연현상을 그저 하나의 맹목적인 기계적 맥락으로 설명하는 기계주의라는 자연관과 무엇이 다를까? 오켄과 헤겔과 훔볼트가 그토록 감탄한 바다의 농밀한 생명력이 그저 강자가 약자를 없애는 잔혹한 생존 투쟁에 지나지 않을까? 쇼펜하우어는 이미 19세기 초에 염세적인 형이상학으로 하나의 전체라는 우주관이 그저 맹목적인 기계론으로 전락할 위험과 철저히 대결했다. 쇼펜하우어는 숭고함이라는 감정을 설명하며 일단 칸트의 관점이 맞다고 인정한다. 숭고함은 오로지 감정의 문제일 뿐 자연이나 예술의 특성은 아니라고 강조한다. 그러나 쇼펜하우어는 이런 관점의 근거를 칸트와는 전혀 다르게 찾는다. 칸트에 따르면 우리 인간은 자연 그자체를 알 수 없다. 자연은 항상 인간의 관점에 따라 다르게 보이기 때문에 이런 관점을 모두 제거한 자연 그 자체는 인간의 인식능력을 벗어나는 것이다. 그러나 쇼펜하우어가 이해하는 자연은 곧 우리 인간의 핵심이기도 하다. 오로지 살아남고자 하는 맹목적인 삶의 의지가 곧 자연이다. 이런 의지는 자기 보존 본능, 특히 성욕으로 표현된다. 모든 사물을 만들어 내는 자연의 이런 핵심은 동시에 모든 것이 서로 갈등하게 하며 싸우다가 소멸하게 만든다. 자연의 이런 핵심 원리를 쇼펜하우어는 "세계 의지"라 부른다. 세계 의지는 신적인 원리가 아니라 오히려 이루 말할 수 없는 고통을 빚는 악마의 원리에 가깝다. 인간은 미적 영역을 경험해야만 이런 고통에서 해방된다. 아름다움과 숭고함이라는 감정 때문에 우리는 맹목적이고 공허한 의지로부터 벗어나 영원한 "이념", 곧 만물의 공통된 형식을 깨닫는 표상의 영역으로 넘어간다고 쇼펜하우어는 설명한다. 아름다움의 체험에는 본능의 압력과 생존 투쟁으로부터 우리를 해방해 주는 심리적인 효과가 있다. 생명 의지가 위협받는다고 느낄수록, 이 의지는 이념을 깨닫는 데 힘쓰기를 요구한다. 본능을 이겨 내려는 이런 자기 극복을 통해 숭고함이라는 감정이 생겨난다. 생명 본능, 우리 안의 검은 세계 의지를 누르고 떨쳐 일어나 우리의 표상이 선물하는 단순한 가상의 세계로 침잠해 들어갈 때 우리 인간은 상반된 감정을 맛본다. 한편으로 우리는 삶의 의지로 힘들어하면서도 동시에 깨달음을 통한 해방의 유혹에 끌린다.

쇼펜하우어도 숭고함을 보는 자신의 생각을 폭풍으로 들끓는 바다를 제방에서 바라보는 광경으로 상세히 설명한다.

집채만 한 파도가 몰아치며 비스듬한 제방 벽을 강력하게 때린다. 하얀 거품이 허공에 흩뿌려지고 태풍이 울부짖으며 바다가 포효한다. 검은 구름 사이로 번개가 치고 천둥소리가 태풍과 바다를 제압한다. 이럴 때 흔들림 없이 광경을 구경하는 우리 인간은 자신의 의식이 가지는 이중성을 더할 수 없이 명확하게 깨닫는다. 한편으로 인간은 저 무서운 힘이 살짝만 때려도 산산이 부서질 수밖에 없는 개인이다. 강력한 자연에 대항할 수 없는 무기력하고 의존적인 존재로 그저 우연에 목숨을 맡기는

인간은 저 무서운 힘 앞에서 허망하게 사라질 수밖에
없는 아무것도 아닌 존재다. 그러나 동시에 인간은 차분한
인식의 주체다. 인식을 통해 모든 대상을 파악하는 주체인
인간은 이 전체 세계를 떠받드는 최후의 근거를 생각하면서
동시에 자연의 무서운 싸움도 냉정하고 침착하게
표상한다. 이렇게 차분히 이념을 파악하여 인간은 모든
의지와 어려움으로부터 자유로워진다. 이것이 곧 숭고함의
완전한 모습이다.[192]

쇼펜하우어의 숭고함은 칸트와 마찬가지로 인간 영혼의 다양한 경향을 통일해 낸다. 그러나 쇼펜하우어는 숭고함의 바탕이 되는 무한함이라는 이성 개념은 묘사하지 않는다. 쇼펜하우어는 인간의 왜소함과 충동적 본능의 위협을 깨달음과 대비해 참혹한 현실을 그저 "표상된 세계"로만 설명해도 충분히 숭고함을 설명할 수 있다고 보았다. 물론 깨달음을 얻는 것만으로 숭고함이라는 감정이 완전히 설명될 수 있을까, 또 깨달음이 오히려 실제 위험을 노출하지는 않을까 하는 의문이 절로 고개를 든다. 그러나 쇼펜하우어 철학은 그 높은 평가를 받는 언어가 짐작하게 해 주는 것 이상으로 어렵다. 저 악마적인 세계 의지가 무의미한 충동질과 파괴적 행동에도 육신과 이념의 아름다운 질서를 빚어낸다는 쇼펜하우어의 논리는 여전히 해석의 여지를 남기기 때문이다. 어쨌거나 그 아름다운 질서

---

192 Arthur Schopenhauer, 『의지와 표상으로서의 세계Die Welt als Wille und Vorstellung』, III, §39. 전집, 아르투르 휘브쉐르Arthur Hübscher 편집, 제1권. Leipzig, 1938, 241쪽 이하.

의 정상에 있는 존재는 인간이며, 인간은 거칠 것 없는 힘
을 자랑하는 의지를 다스려 통합할 수 있다. 이런 어려움
에도 쇼펜하우어의 염세적 철학은 19세기 후반에 크게 주
목받았다. 그 덕에 쇼펜하우어는 세기를 통틀어 가장 큰
인기를 누린 철학자 가운데 한 명으로 꼽힐 수 있었다. 이
시기의 다른 철학 조류에서도 숭고함이라는 감정이 무한
함과 가지는 관계를 부정하는 목소리가 힘을 얻었으며,
이로써 숭고함이라는 감정의 종교적 특징, 분명히 드러나
든 숨겨져 있든, 종교적 특징 역시 부정되었다.[193]

　　바다를 보는 종교적 색채를 띤 감각에 등을 돌리는 태
도는 1923년 친구 사이인 로맹 롤랑과 지그문트 프로이트
의 유명한 서신 교환에서도 고스란히 드러난다.[194] 음악을
좋아해서 인도 음악을 다룬 책을 쓰던 프랑스 작가 롤랑
은 프로이트에게 보낸 편지에서 당신의 종교 비판을 읽어
보니 뭔가 중요한 점, 곧 종교성의 뿌리는 인간의 영혼에
있다는 점을 다루지 않았다고 지적한다. 프로이트는 롤
랑이 이 뿌리를 "'영원함'이라고 부르고 싶은 감정, 곧 제
한이 없는 것, 무한한 것, 말하자면 '바다와 같은 것'의 감
정"이라고 썼다고 밝힌다.[195] 롤랑은 종교적인 영원함 감

193　요하네스 폴켈트Johannes Volkelt, 『미학의 체계System der Ästhetik』, 제2권,
　　　"미학의 근본 형태Die ästhetischen Grundgestalten", München, 1925, 111쪽.
　　　니콜라이 하르트만Nicolai Hartmann, 『미학Ästhetik』, Berlin, 1953, 365쪽 이하.
　　　더 많은 비판적 철학자들은 폴켈트의 책을 볼 것, 112쪽의 각주.
194　앙리 베르모렐Henri Vermorel, 마들렌 베르모렐Madeleine Vermorel, 『지그문트
　　　프로이트와 로맹 롤랑. 서신 교환 1923~1936. 바다의 감각과 아크로폴리스의
　　　기억 문제까지Sigmund Freud et Romain Rolland. Corespondance 1923-1936.
　　　De la sensation océanique au Trouble du souvenir sur l'Acropole』, Paris, 1993.
195　Sigmund Freud, 『문화 속의 불만Das Unbehagen in der Kultur』(1930).

정을 바다와 관련해 풀어 주면서 바다를 무한함과 숭고함이라는 개념과 맞물려 보는 태도가 당연하다고 전제한다. 그러나 이런 숭고함이라는 감정은 이미 그 자명함을 잃었다. 프로이트는 롤랑에게 자신은 그런 감정을 느끼지 못한다는 답장을 썼다. 바다의 광경도 프로이트에게는 어떤 심오한 감정을 불러일으키지 못했음이 분명하다.

20세기 들어 철학은 자연 미학에 거의 관심을 보이지 않았으며, 플라톤이 좋음과 참됨과 더불어 성찰의 중심에 두었던 아름다움이라는 범주는 한때 누렸던 중요한 의미를 잃고 말았다. 심지어 아름다움을 독립적인 항목으로 다루는 철학 사전조차 찾아볼 수 없는 것이 오늘날의 상황이다. 포스트모던 철학은 숭고함에 새로운 관심을 보이기는 했지만 자연이 아니라 예술 작품에서 숭고함을 보았을 따름이다. 바다의 숭고함이 더 이상 철학적 주제가 아닌 것처럼 보이는 데에는 그럴 만한 충분한 근거가 있다. 18세기와 19세기의 철학은 바다의 미학을 두고 이야기할 모든 중요한 것을 이미 상술하지 않았는가? 또는 대중의 의식이 바다를 컨테이너선의 값싼 항로와 편리한 쓰레기 처리장으로 보는 나머지 더는 숭고하다고 여길 만한 여지가 사라져 버리고 만 게 아닐까? 아마도 관광이나 그림엽서 또는 달력의 사진이 바다를 그저 낯간지러운 상품으로 상업화에 활용한 나머지 우리에게는 진짜 자연을 순수하게 바라볼 여유가 없어져 버린 게 아닐까? 바다의 철

전집, 제2권, "정신분석의 응용Anwendungen der Psychoanalyse", 안나 프로이트Anna Freud, 일제 그루브리히지미티스Ilse Grubrich-Simitis 편집, Frankfurt/M., 1978, 367쪽 이하.

저한 오용은 물론이고 바다를 보는 다분히 감상적인 태도
역시 오늘날 우리가 자연을 보는 관점을 뒤틀어 버린 것
은 의심의 여지가 없는 사실이다. 이로써 철학의 미학이
그 주제로 삼았던 경탄의 대상인 자연이 우리의 관심 지
평에서 사라지고 말았다는 점은 역설적으로 칸트와 헤겔
의 생각이 옳았다는 증명이다. 자연의 숭고함은 본질적으
로 정신적 산물이다. 바꿔 말해서 우리 인간은 자연을 숭
고한 것으로 해석하기는 하지만 얼마든지 다르게 해석하
기도 한다. 자연의 아름다움과 숭고함을 자신의 미학 체
계에서 상세히 다루었던 피셔조차 나중에 견해를 수정했
다. 그는 자연이 미학 체계에 속하지 않는다고 인정했다.
자연을 미학적으로 바라보는 태도는 오로지 우리의 시선
을 사로잡는 예술 작품과 관계할 뿐이기 때문이다.[196] 하
지만 그렇다고 해서 자연의 미학적 특징을 부정하는 것은
결코 아니라고 피셔는 강조한다. 오늘날에도 많은 사람들
이 바다를 경탄하는 눈길로 바라보는 것이 자연을 아름다
움의 주체로 보았던 자신의 관점을 입증해 준다고 피셔는
썼다. 그리고 시와 회화 역시 계속해서 바다로부터 새로
운 영감을 얻는다.

　　바다의 숭고함이라는 특징은 논란에서 완전히 벗어
난 적이 전혀 없다. 앞서 언급했듯 칸트는 파도로 들끓는
바다의 모습이 "잔혹하다"고 썼다. 그래서 칸트는 숭고함
이라는 감정이 초감각적인 능력에 뿌리를 둔다고 보았다.

196　Vischer, "내 미학의 비판Kritik meiner Ästhetik", 출전: 동일 저자, 『비판적
행보Kritische Gänge』, 로베르트 피셔Robert Vischer 편집, München, 1922,
227쪽 이하.

바다는 이 초감각적 능력, 곧 정신을 촉발할 따름이다. 그리고 우주 전체의 아름다움을 칭송했던 철학자 바이세는 1830년 자연의 추한 면을 보여 주는 예로 "단조로움에서 육지의 사막을 능가하는 세계 바다"를 꼽았다. 사방을 둘러보아도 오로지 물뿐인 바다는 "언제나 반감을 불러일으키는 현상"이다. 황폐한 사막이 특징인 "추한 자연"은 "아름다운 자연"과 마찬가지로 자연 그 자체가 보여 주는 모습이다.[197] 카를 로젠크란츠[Karl Rosenkranz(1805~1879). 독일 철학자로 헤겔의 제자다. 그는 특히 헤겔 전기를 써서 이름을 알렸다.]는 1853년 『추함의 미학(Ästhetik des Häßlichen)』이라는 책을 발표했다. 그는 이 책에서 바다를 분명하게 거론하지는 않지만 그가 말하는 추함의 특징, 곧 형식 없음, 무정형은 대개 바다를 염두에 둔 표현이다. 바다가 예를 들어 니체 같은 철학자에게 매우 모순된 인상을 불러일으키는 것은, 곧 보게 될 테지만, 전혀 놀랍지 않다.

197 Weisse, 『System der Ästhetik』, 제2권, 439쪽 이하.

6

영혼과 존재의 거울

바다를 향한 세 가지 고백

바다가 숭고함의 상징 또는 숭고함을 육화한 대상으로 끝없음의 경험과 밀접하게 맞물린 것으로 해석된다면, 인간에게 늘 생각을 곱씹게 만든 근본적인 물음이 다시금 고개를 든다. 끝없이 펼쳐진 것처럼 보이는 바다 앞에서 우리 인간은 도대체 어떤 존재일까? 이 무한한 세계에서 우리를 확실하게 떠받들어 줄 버팀목은 무엇일까? 아니, 도대체 무한함이라는 게 무엇이며 과연 세계는 무한한가? 이런 물음들은 우리의 상상력을 녹초로 만든다. 무한함이라는 문제와 관련해서 볼 때 바다에 특히 주목한 철학자들, 일찍부터 바다와 가깝게 살았던 덕에 무한함을 생각의 중심에 두었던 철학자들이 적지 않았다는 점은 놀라운 일이 아니다.

그중에서도 대표적인 인물이 카를 야스퍼스다. 19세기에서 20세기로 바뀌던 전환기에 숭고함을 다룬 논구가 무한함이라는 개념을 되도록 회피한 반면, 야스퍼스는 무한함이라는 개념을 놓지 않고 파고들었다. 그는 그만큼 바다의 철학적 의미를 중시했다. 야스퍼스는 실존철학의 중요한 대변자로 인정받는 철학자다. 실존철학은 국가나 사회 같은 공적 영역에는 거의 관심을 두지 않고 전적으로 개인에게 집중했다. 실존철학이 보는 개인은 물론 타인과 소통하기는 하지만 결국 다른 누구도 그를 대변해 줄 수 없는, 홀로 자신의 인생을 결정해야만 하는 존재다. 개인은 자유롭기는 하지만 불안에 떨며 항상 자신의 한계를 의식하고 언제 찾아올지 모르는 죽음을 두려워한다. 야스퍼스는 물론 원자폭탄 같은 시대의 중요한 문제에 자신의 입장을 밝혔으며 심지어 역사철학 책을 쓸 정도로 공적인 문제에 관심을 두었다. 1967년 그는 자전적 책을 펴내며 「자화상」이라는 서문을 썼다.[198] 이 서문에서 야스퍼스는 시작부터 바다를 이야기한다. 이 대목은 숭고함의 미학적 이론과 관련이 있다. 그래서 짤막하게나마 지금 살펴보도록 하자. 다만 야스퍼스는 미학이 아니라 자신의 생각 전체에 바다가 준 영향에 초점을 맞춘다. 자신이 어느 지역 출신인지 이야기하면서 곧바로 자신의 철학적 생각이 가지는 근본 특징을 언급하기 때문에 이 대목은 읽어 볼 만하다. 여든넷의 야스퍼스는 어린 시절을 되돌아보며 부모가 북해 해안 지역 출신이라고 밝힌다.

> 어린 시절 우리 가족은 매년 프리슬란트의 섬들[네덜란드와 독일의 북해 연안 지방.]을 찾았다. 나는 바다와 함께 성장했다. 나는 바다를 노르더나이[독일 니더작센주에 있는

---

198 Karl Jaspers, "자화상Ein Selbstportrait", 출전: 동일 저자,『운명과 의지. 자전적 기록Schicksal und Wille. Autobiographische Schriften』, Hans Saner 편집. München, 1967, 15~38쪽. 이 책의 저작권은 다음 출판사가 가지고 있음. © 1967 Piper Verlag GmbH, München. 다음 글도 참조할 것. "서문을 대신하여anstelle eines Vorworts", 출전: K. Jaspers,『철학은 무엇인가? 독본.Was ist Philosophie? Ein Lesebuch』, München, 1976.

도시.]에서 처음 보았다. 어느 날 저녁 아버지는 어린 아들의 손을 잡고 드넓은 해안으로 내려갔다. 마침 썰물이어서 바다까지 가는 긴 길에 신선하고 고운 모래가 깔려 있었다. 그곳에는 해파리와 불가사리, 곧 깊은 바다의 비밀을 알려 주는 표시가 가득했다. 나는 마법에라도 홀린 것처럼 그저 아무 생각 없이 바라보기만 했다. 당시 나는 무한함을 별로 깊게 생각하지 않고 경험했다. 이후 바다는 나에게 인생의 당연한 배경 그 자체가 되었다. 바다는 우리가 직관할 수 있는 무한함의 현현이다. 무한히 치는 파도. 항상 모든 게 움직이며 느낄 수 있는 무한함의 질서에 굳은 것은 없다. 바다를 보는 것은 나에게 자연이 베푸는 가장 장엄한 경험이다. 안전한 주거는 없어서는 안 되는 쾌적한 것이기는 하다. 그러나 이것만으로는 충분하지 않다. 다른 것이 있다. 바다는 이 다른 것의 구체적인 현재다. 안전함을 넘어서서 고정된 모든 것이 멈추는 그곳으로 나아갈 때 해방의 기쁨을 맛본다. 그러나 우리는 바다없는 심연에 빠지지 않는다. 우리는 무한함의 비밀을, 가늠할 수 없는 카오스와 질서를 믿어야 한다.

헤겔은 바다가 우리를 옭아매는 습관으로부터 해방해 준다고 비슷한 표현을 했다. 그러나 헤겔의 바다는 교양에 이르는 길이었던 반면, 야스퍼스의 바다는 우리의 실존 전체를 떠받드는 것, 곧 형이상학으로 넘어가는 생각의 물길이다.

바다를 주제로 생각하는 것은 애초부터 철학함의 분위기를 지닌다. 나는 어려서부터 무의식적으로 그랬다. 바다는 자유와 초월성의 비유다. 바다는 만물의 근원이 구체적으로 자신을 드러내는 게시다. 철학함은 그 어디에도 발 디딜 땅이 없어도 견딜 수 있어야 한다는 요구다. 이런 어려운 요구를 이겨 낼 때 비로소 만물의 근원은 자신의 이야기를 시작한다. 바다는 우리에게 이런 요구를 한다. 바다에는 묶어 매는 속박이 없다. 이것이야말로 바다의 유일한 신비함이다.

바다가 야스퍼스에게 주는 결정적인 인상은 환상적인 이중성이다. 그는 바로 이 이중성을 바다의 철학적인 면모라고 본다. 바다는 우리에게 그 어떤 든든함도, 디디고 설 바닥도 제공하지 않는다. 그렇지만 바다는 우리를 끝없는 심연으로 빠지게 하지도 않는다. 오히려 바다는 만물의 근원을 알려 준다. 이로써 바다와의 만남은 철학함이 된다. 우리는 익숙한 실존 방식, 모든 편안함과 안전함으로부터 빠져나와 어떤 확실한 발판도 없이 무한함과 만난다. 이 만남은 곧 초월성과의 만남이기도 하다. 초월성은 야스퍼스 철학의 핵심 키워드다. 초월성은 철학이 예전에 신 또는 절대자라 불렸던 것이다. 야스퍼스에게 초월성과 자유는 하나다. 초월성과 자유는 서로가 없이는 가능하지 않다. 자유 덕분에 우리는 감각으로 경험하는 세계를 초월한다. 역으로 초월성이 자유를 가능하게 만들어 준다. 이런 초월적 자유로 우리는 자연법칙의 지배로부터 벗어난다. 야스퍼스의 사상은 무신론적 실존철학과 종교적인 실존철학, 곧 장폴 사르트르와 페터 부스트[Peter Wust(1884~1940). 독일 철학자로 기독교적 실존철학을 대표하는 인물이다.] 사이의 중간 지점에 위치한다. 야스퍼스 철학을 떠받드는 궁극적 확신은 인간이 그 불안한 실존에서 이 실존을 넘어서게, 초월하게 해 주는, 그러면서도 실존을 받쳐 주는 어떤 것에 의존한다는 점이다. 이 어떤 것을 야스퍼스는 눈에 보이는 카오스, 모든 흔들림과 변화에도 확실하게 느껴지는 질서, 곧 만물의 궁극적 근원이라고 풀어 준다.

야스퍼스의 이런 확신을 예나 지금이나 사람들이 자명한 것으로 받아들이지 않았다는 점을 잘 보여 주는 인물은 프랑스 실존철학을 대표하는 알베르 카뮈다. 카뮈 역시 바다와 자신이 매우 가깝다고 여겼다. 실존철학을 하며 해양 경험을 살핀다는 것은 인간의 실존이 항상 불안하고 위협받는다는 점을 분명히 조명하고 그 어떤 환상에도 사로잡히지 않으려 노력한다는 뜻이다.

　카뮈는 야스퍼스와 마찬가지로 당대 핵심적인 정치 문제들, 특히 프랑스의 알제리 전쟁에 비판적인 입장을 취했으며 독일이 프랑스를 점령했을 때는 레지스탕스에 가담해 싸웠다. 그가 좌파나 우파 그 어느 쪽에도 우호적인 입장을 보이지 않은 점 역시 야스퍼스와 비슷하다. 물론 이런 입장으로 카뮈는 많은 갈등, 특히 공산당의 편에 선 사르트르와 갈등을 겪었다. 카뮈는 1953년 「가장 가까운 바다(선상 일기)」라는 짧은 에세이를 썼다.[199] 이 에세

199　Albert Camus, "가장 가까운 바다La mer au plus près (Journal de bord)", 출전: 동일 저자, 『여름L' été』, Paris, 1954. 독일어 판본: "Das Meer (Bordtagebuch)"[모니크 랑Monique Lang 번역], 출전: A. Camus, 『문학

이는 처음 읽으면 배를 타고 세계 일주 여행을 하며 쓴 일기를 읽는 것 같다. 서로 어울리는 관찰과 상념과 인상은 소소한 문학작품 한 편을 구성하기에 손색이 없다. 그러나 단 몇 줄 만에 바다 전체를, 부분적으로는 범선을 타고 가로지르는 장면을 묘사한 대목에서 어딘가 이상하다는 느낌이 든다. 더 주의 깊게 정독해 보면 텍스트의 이중적 의미가 드러난다. 이 에세이는 바다를 찬미하는 송가인 동시에 자신의 선상 여행 경험을 바탕으로 인생의 밝은 면을 그린 우화다. 카뮈는 아카데미의 철학자가 아니었으며 그렇게 되고 싶어 하지도 않았다. 카뮈는 자신을 예술가로 이해했으며 문학을 위해 어쩔 수 없이 철학함이 필요하다고 보았을 따름이다. 「가장 가까운 바다」가 그 좋은 예다. 이 글은 언어예술 형태로 포장된 생각, 자신의 인생을 반추하는 저자의 시적인 산문이다.

　　이미 첫 문장들부터 기묘하기만 하다. "나는 바닷속에서 자랐으며 나에게 가난은 소중했다. 그러다가 나는 바다를 잃어버렸고, 모든 사치는 지루하기만 했으며, 불행을 참을 수 없었다. 이후 나는 기다렸다. 나는 돌아갈 배를, 물의 집을, 밝은 날을 기다렸다." 물론 카뮈는 바닷속에서 자라지 않았다. 그가 성장한 곳은 바다 가까운 곳, 북아프리카 지중해 해안과 가까운 곳이었다. 가족은 알제리 빈민가에 살았다. "나는 바닷속에서 자랐다"고 한 문장은 공간적인 가까움만으로는 자신의 내면에 새겨진 바다

에세이Literarische Essays』. Hamburg, 1973, 192~203쪽. 판권: © 1957 by Arche Literatur Verlag AG, Zürich-Hamburg.

를 충분히 표현할 수 없다는 점을 말하고 싶어 쓴 것이다. 또 지중해권 전역을 하나의 전체로 강조하고 싶었던 의도도 읽힌다. 이 글에서 바다는 그의 고향 알제리다. 카뮈에게는 알제리의 모든 것이, 심지어 빈곤마저 소중했다. 그리고 알제리가 없다면 파리에서 누린 풍요도 아무런 가치가 없다. 에세이는 카뮈가 어려서 체험한 지중해의 밝은 햇살이 빛나는 해안을 갈망하는 눈길로 시작한다. 카뮈는 이 에세이를 자신의 글 모음집 『여름(L'été)』에 수록했다. 이 책에 담긴 글들은 모두 햇살이 밝게 빛나는 지중해를 바라본다. 이 글들을 썼던 시점은 이미 카뮈가 파리에 살 때였다. 그는 소설 『페스트』로 유명 작가가 되었고 몇 년 뒤 노벨 문학상을 받았지만 파리 생활을 불행하게 여겼다. 카뮈에게 바다는 허덕이며 바삐 쫓기는 대도시 생활이 주는 강제에 대비되는 것으로 해방의 상징이다. 도시의 압박하는 일상이 카뮈로 하여금 햇살이 비치는 자유로운 바다를 생생하게 그리게 만들었다.

카뮈가 모든 어려움과 화해시키고 너그러운 마음을 품게 하는 신의 손처럼 바다를 찬양한다는 점은 에세이 말미에서 분명하게 드러난다. 지중해 해변에서 보낸 어느 저녁 시간을 회상하며 카뮈는 이렇게 썼다.

달콤함이 지속되는 밤! 그렇다, 이 밤이 우리가 죽은 뒤에도 땅과 바다를 굽어볼 것이라는 점을 헤아리면 우리는 한결 편안한 마음으로 죽음을 맞이할 수 있다. 영원히 몸을 뒤척거리며 영원히 순결함을 간직할 거대한 바다여, 너는 내 밤의 종교! 바다는 우리를 깨끗이 씻어 주고, 그 쉬지

않는 물살로 우리의 생기를 북돋우며, 우리를 해방하고
올곧게 서도록 잡아 준다. 모든 파도는 약속, 영원히
같은 약속이다. 무엇을 약속할까? 나는 죽을 것이라고,
차가운 산들에 둘러싸여, 누구도 알지 못하는 가운데, 나
자신으로부터 쫓겨나 죽을 것이라고 약속한다. 바다는
마지막 순간에 내 세포들을 채우며, 나를 나 자신으로부터
높이 들어 올려 원망 없이 죽어 가도록 도우리라.[200]

카뮈는 여기서 "숭고함"이라는 단어는 피하지만, 인용된
구절로 숭고함이라는 생각의 짙은 여운을 남긴다. 거대하
고 지속적이며 불변하는 바다는 나를 나 자신으로부터 들
어 올려 모든 싸움, 모든 외로움, 모든 미움을 잊게 만들
며 심지어 자신의 죽음마저 감당할 수 있게 해 준다고 하
지 않는가. 위대하고 영원한 자연은 갈등으로 얼룩진 유
한한 인간 세계를 무의미한 것으로 망각 속에 침몰시킨
다. 심지어 저 멀리 산에서 또는 감방에서 바라보는 바다
는 상상력으로 생동해 해방감을 선물한다. 바다를 이보다
더 힘주어 찬양할 수 있을까? 카뮈에게 바다는 종교다. 곧
"밤의 종교"가 바다다. 이 표현은 분명 인간의 어두운 실
존을 견딜 수 있게 해 주는 유일한 종교가 바다라는 뜻이
리라.

　　에세이의 마지막 문장들은 이런 찬양이 바다에만 한
정되지 않음을 알려 준다.

200　위의 책, 202쪽.

자정이다. 해안에 홀로 있다. (……) 광활함과 적막함이
심장을 짓누른다. 격한 사랑, 위대한 작품, 결정적인 행동,
순간적으로 번쩍이는 깨달음, 이 모든 것은 거부하기 힘든
자극과 함께 참기 어려운 두려움을 불러일으킨다. 존재의
달콤한 불안, 위험의 달콤하고 자극적인 친밀함, 우리는
이런 것을 어떤 이름으로 불러야 하는지 알지 못한다.
인생은 그저 타락으로 추락하는 것일까? 때로는 새롭게
유예되며, 때로는 유예 없이 우리는 타락으로 추락한다.[201]

길게 숨을 고르듯이 빈칸을 둔 다음 카뮈는 마지막 문장
을 덧붙인다. "나는 언제나 망망대해에 사는 것 같은 느낌
이었다. 위험 속에서 행복한 왕의 심장을 가지고." 이 표현
은 글 전체에 놀라운 반전을 가져온다. 해상 여행을 스케
치한 묘사에서 위험은 전혀 언급되지 않았던 반면, 이제
바다는 위협적인, 심연을 가린 아름다운 가상이라는 새로
운 의미를 얻는다. 그렇다, 바다는 매우 모순된 경험을 제
공한다. 환상적인 동시에 죽음을 가져다주는 것이 바다라
는 느낌이다. 이로써 바다는 정확히 인생의 복사판이 된
다. 이 에세이에서는 거듭 죽음의 상념이 고개를 내민다.
이미 도입부에 공동묘지에 묻힌 죽은 친구들을 언급하는
대목이 나왔다. 바람 한 점 없는 적막이 이어지다가 "바다
의 바닥"에는 "왕의 창고"가 있으며 결국 바다는 "밤의 종
교"로 죽음을 쉽게 받아들일 수 있게 해 준다는 표현이 나
온다. "인생"이 바다처럼 모순된 것이라는 말은 우리가 사

는 세계 전체가 모순된다는 뜻이다. 카뮈는 선원들의 사랑과 싸움을 이야기하고는 이렇게 썼다.

> 그날 나는 있는 그대로의 세계를 알았네.
> 그리고 세계의 선함이 동시에 악함이라는 것을,
> 악행이 은혜롭다는 것을 받아들이기로 결심했네.
> 그날 나는 두 개의 진실이 존재하며,
> 그 가운데 하나는 절대 말해져서는 안 된다는 것을
> 깨달았네.

이 문장은 1942년, 곧 2차 세계대전이 한창일 때『시시포스의 신화(Le mythe de Sisyphe)』에서 인간 실존의 근본 특징이 부조리함이라고 했던 카뮈가 쓴 것이다. 이 부조리함은 인간이 품는 의미를 향한 기대와 아무런 의미라고는 없는 세계 사이의 불협화음이다. 바로 그래서 카뮈는 당시 유일하게 진지한 철학 문제를 자살이라고 보았다. 에세이「가장 가까운 바다」는 그동안 카뮈의 철학적 관점이 확장되었음을 보여 준다. 이제 그의 눈에 인생은 언제나 환멸만 안기는 경험이 결코 아니며 행복을 선물하기도 한다. "바다의 고독"을 사랑한 카뮈는 심지어 "나는 바다와 결혼하겠다"고 썼다. 오로지 "행복한 왕"만이 몰락할 뿐이다. 이런 통찰의 결론은 포기 또는 후퇴일 수 있지만 포기 또는 후퇴는 전혀 가능하지 않다. 인생의 위험한 행복은 받아들이고 긍정해야만 한다. "함께 타락으로 추락하세." 이것은 이미 니체도 요구했던 삶의 긍정이다. 카뮈는 니체의 초상화를 자신의 작업실에 걸어 두었다.

니체도 바다를 지극히 모순된 것으로 보았다. 니체의 눈에 바다는 유혹적일 정도로 아름답지만 동시에 정말 두려운 것이었다. 결과적으로 니체의 바다 표현은 모순으로 가득하다. 우리는 한편으로 그의 글에서 바다를 향한 사랑 고백을 읽는다. 니체는 자라투스트라의 입을 빌려 이렇게 말한다. "일어나라! 여기는 나의 곳이며 저기는 바다로다. 바다는 몸을 일으켜 나에게 달려온다. 충직한 늙은 개 천 마리쯤이 털을 휘날리며 꼬리를 흔들며 달려오는 형상이다. 내가 사랑하는 이 거대한 괴물이여."[202] 바다를 사랑했기에 니체는 바다 가까운 곳을 즐겨 찾았다. 『즐거운 학문(Fröhliche Wissenschaft)』을 보면 이런 경구가 나온다.

> 나는 집을 짓지는 않으리라.(내 행복 가운데 하나는 내가 집주인이 아니라는 점이다!) 그러나 지어야만 한다면 나는 많은 로마인처럼 바다로 들어간 집을 지으리라. 나는 바다라는 이 아름다운 괴물과 함께 몇몇 은밀한 비밀을 나누고 싶다.[203]

니체는 바다 가까이 있는 것을 사랑하고 원하기는 했지만, 한편으로 인간이 "움직이는 뱀의 피부를 보는 듯한 표면과 그 야수와 같은 아름다움을 자랑하는 바다를 예나

202 Nietzsche, 『짜라투스투라는 이렇게 말했다Also sprach Zarathustra』, 전집 3권, 카를 슐레히타Karl Schlechta 편집, 제2권, 436쪽.
203 Nietzsche, 『즐거운 학문Die fröhliche Wissenschaft』, 제2권, 154쪽 이하.

지금이나 낯설고 두려워한다는 것"을 잘 알았다.[204] 계몽주의자 니체는 자연을 보는 인간의 이런 감정이 아무런 근거가 없는 우리의 해석, 곧 우리가 품은 두려움을 고스란히 바다에 투사한 것이라고 풀어 준다. 우리 인간은 영혼이 없는 것이 존재한다고 믿지 않으려 하는 탓에 항상 영혼 없는 사물에 생명과 자신의 의도를 집어넣고 심지어 생명이 없는 사물에 감정이입을 하기도 한다. 그 배후에는 자연을 보는 해묵은 두려움이 있다. 인간은 언제나 막강한 자연의 힘 앞에서 두려워 떨 수밖에 없다. 그래서 자연이 우리를 해치지 않을 때 인간은 기쁜 나머지 자연을 무의식적으로 의인화한다. 자연은 그러나 인간을 필요로 하지 않는다. 자연은 인간에게 차갑게 등을 보이며 중립적으로만 남는다.

> 인간은 거대한 자연의 중립성(산, 바다, 숲, 사막)을 마음에 들어 하기는 한다. 그러나 그저 잠깐뿐이다. 얼마 가지 않아 우리는 초조해한다. "도대체 이 물건은 우리에게 할 말이 전혀 없다는 거야? 우리가 그렇게 아무것도 아니라는 거야?" 이렇게 해서 '인간의 위엄에 상처를 주는 범죄(crimen laesae majestatis humanae)'가 저질러졌다는 감정이 생겨난다.[205]

자연과 우리가 이처럼 다르다는 것을 안다고 해서 자연과

---

204 Nietzsche, 『인간적인, 너무나도 인간적인Menschliches, Allzumenschliches』, 제1권, 761쪽.

205 위의 책, 957쪽.

의 대화, 특히 바다와의 대화를 나누고 싶다는 간절한 바람이 위축되지는 않는다. "잠에 취해 그의 눈은 나를 낯선 사람 보듯 한다." 짜라투스트라가 바다를 보며 하는 말이다. 그는 바다를 감정이 있는 존재로, 서로 감정을 헤아릴 수 있는 상대로 해석한다. 그는 바다가 호흡하며 꿈을 꾸는 것을 느끼며 기분을 공유하기도 한다. "아, 너 어두운 괴물아, 네가 얼마나 슬픈지 알겠구나. 네 슬픔을 생각하니 내 가슴이 미어지는구나." 심지어 짜라투스트라는 아름다움을 뽐내는 바다의 허영심까지 읽어 낸다. 그는 시인을 비판하며 이렇게 말한다. "저들은 바다로부터 허영도 배운 거야. 바다는 공작새 중의 공작새가 아닌가?"[206]

우리를 바다로 잡아 이끄는 것이 그 위험한 아름다움만은 아니라고 니체는 말한다. 무의미하게 바쁘기만 한 도시 생활, 더는 믿을 수 없게 된 종교가 남긴 잔재가 지긋지긋할 정도로 싫은 나머지 인간은 바다에서 위로를 구한다. 더욱이 모든 것을 다 안다고 믿으면서 절대 자신의 좁은 관점을 버릴 줄 모르는 인간 작태를 보면서 느끼는 권태가 툭 트인 바다를 찾게 만든다. 이성과 언어, 곧 고대 철학이 '로고스'라 찬양해 온 이성과 언어는 오로지 현실을 왜곡하고 가리며 인간의 필요에 맞게 해석할 뿐이다. "바다로 가세!" 인간적인, 오로지 인간적인 인식이 내린 결론이다.[207]

---

206 Nietzsche, 『짜라투스투라는 이렇게 말했다Also sprach Zarathustra』, 384,
      405쪽.
207 Nietzsche, 『아침놀. 인간의 선입견에 관한 생각Morgenröte. Gedanken über die
      menschlichen Vorurteile』, 제1권, 1242쪽.

그러나 바다는 말이 없다. 바다에 쏟는 우리의 관심도, 기분을 헤아려 주는 공감의 자세도 아무런 답을 얻지 못한다. 이 경험은 인간을 불안하게 만들며 자존심에 상처를 입힌다. 니체에게 이런 경험은 너무도 극적이어서 인간이 바다 탓에 겪는 실망은 니체가 반드시 풀어 주어야 할 도전 과제가 된다. 「위대한 침묵 속에서」라는 제목의 아포리즘은 바다의 침묵과 대결하고자 하는 니체의 절박한 속내를 표현한다.

이곳은 바다다, 이곳에서 우리는 도시를 잊을 수 있다. 물론 여전히 도시의 시끄러운 종소리가 아베마리아를 울리는구나. 십자로에서 낮과 밤마다 울리는 저 삭막한, 단조롭고 한심한, 그러나 귀에 익어 달콤한 아베마리아도 순간일 뿐이로구나! 이제는 모든 것이 침묵한다! 창백하게 누운 바다는 반짝이기만 할 뿐 아무 말도 하지 않는다. 하늘은 저 빨갛고 노랗고 푸른 색채들로 저녁마다 노을을 만드는 놀이만 벌일 뿐, 늘 그렇듯 아무 말도 하지 않는다. 바다로 달려 나아간 작은 낭떠러지와 암벽의 띠는 그 외롭기만 한 장소에 우두커니 서서 모두 아무 말도 하지 않는다. 우리를 돌연 엄습하는 이 무서운 침묵은 아름다울 정도로 잔혹하구나. 심장이 터질 것처럼 부풀어 오른다. 오, 이 말 없는 아름다움의 번쩍임이여! 원한다면 얼마든지 말을 할 수 있을 텐데도 이 무슨 사악한 침묵인가! 붙들어 맨 혀와 낮빛에 드러난 말하고 싶은 걸 애써 참는 행복감은 너에게 품는 공감을 비웃으려는 술책인가! 그러면 그렇게 하려무나! 나는 자연이라는 힘의 비웃음을 사는 일이 부끄럽지 않다.

그러나 침묵해야만 하는 네 처지가, 자연의 처지가 불쌍할
따름이다. 비록 혀를 붙들어 매는 것이 오로지 너의 악의일
뿐이라 해도 너의 그런 악의가 안타까울 따름이다! 아,
갈수록 더 적막해지고 내 심장은 다시금 부풀어 오르는구나.
심장은 '자신도 아무 말을 할 수 없다'는 새로운 진실에
충격을 받아 자신을 비웃는구나. 입이 뭔가 이 아름다움을
향해 외칠 수도 있으련만, 이제는 심장조차 침묵이라는
달콤한 악의를 즐기는구나. 나는 이제 말하는 것, 심지어
생각하는 것조차 싫다. 모든 말마다 그 뒤에 숨은 억측과
착각과 공상과 망상의 웃음소리가 들리지 않는가? 나는
함께 미치지 못하는 나를 비웃어야 할까? 나의 비웃음을
비웃어야 할까? 오, 바다여! 오, 저녁 시간이여! 너희는 참
못된 선생이로다! 너희는 인간에게 인간이기를 그만두라고
가르치는구나! 인간이 오로지 너희에게만 몰두하랴? 인간이
지금 너희처럼, 창백하고 반짝이며 아무 말 없이 기괴한
모습으로, 오로지 자기 자신만 달래며 쉬어야 할까? 오로지
자신만 넘어서는 숭고함을 보여야 할까?[208]

이것은 문학이란 옷을 차려입은 철학이다. 의식적으로 자
신의 느낌을 이야기함으로써 상상을 자극하는 묘사다. 니
체는 자연을 의인화하는 우리 인간의 성향을 끝까지 밀어
붙여 결국 이런 의인화가 실패할 수밖에 없음을 보여 준
다. 이로써 바다가 인간과는 다르다는 사실이 더없이 선
명하게 인간의 의식에 아로새겨진다. 바다와 인간 사이

---

208 위의 책, 1219쪽.

의 이런 거리감을 지워 버리고자 심지어 인간이 저 묵묵한 바다와 같아져야만 한다는 생각, 아예 인간 자신이 바다가 되어야 한다는 생각까지 등장한다. 인간 사회에서도 자연에서도 편치가 않은 철학자, 인간이 떠드는 말이 자연의 침묵만큼이나 참기 힘든 철학자가 이런 생각을 한다. 자연의 아름다움은 그저 환상, 인간이 빚어 놓은 환상일 뿐이다. 그러나 우리는 이 환상을 포기할 수도, 포기해서도 안 된다. 오히려 우리는 이런 환상을 계속 다지며 철학적 사색의 깊이를 키워야 한다. 이로써 물론 19세기의 자연 미학은 묻혀 버린다. 니체가 보는 자연은 인간 사회 못지않게 불확실하기 때문이다.

니체에게 바다의 아름다움은 사회보다 매력적이기는 하지만, 불확실하고 변덕스럽기는 마찬가지다. 변덕과 심술을 일삼는다는 점에서 바다와 인생은 서로 매우 닮았다. 니체는 짜라투스트라의 입을 빌려 이렇게 말한다. "진실로 나는 태양과 똑같이 인생과 더불어 모든 깊은 바다를 사랑하노라." 다른 대목에서는 이렇게 외치기도 한다. "진실로, 도처에서 바다와 인생은 음험한 아름다움으로 나를 바라보는구나!"[209] 인생 자체는 아름다운 동시에 음험하며, 매혹적인 동시에 위험할 정도로 모순적이다. 바다를 거울삼아 인생을 비추어 보면 이런 모순이 특히 분명하게 드러난다. 바로 그래서 니체의 바다 이야기는 인간 인생을 다룬 철학이다.

---

209 Nietzsche, 『짜라투스투라는 이렇게 말했다Also sprach Zarathustra』, 380, 414쪽.

이미 니체보다 몇 년 전에 샤를 보들레르는 인간과 바다의 관계, 니체가 주목한 모순된 관계를 주제로 다룬 시를 써서 『악의 꽃』이라는 시집에 발표했다. 보들레르는 인간과 바다가 서로 사랑하면서도 싸우는 이유를 둘이 닮았기 때문이라고 노래한다. 인간도 바다도 모순을 품고 있어서 그 속내가 불투명하다. 결국 인간도 바다도 어두울 수밖에 없다.

「인간과 바다」

자유로운 인간이여, 너에게 바다는 항상 사랑스러우리라!
바다는 너의 거울, 너는 끝없이 이어지는
파도의 물살에 비친 네 영혼을 본다,
그리고 네 정신도 못지않게 씁쓸한 심연이라.

기꺼이 너는 깊은 곳에 비친 네 모습을 찾아 잠수해
눈과 팔로 네 모습을 끌어안아,
네 심장이 다스릴 수 없이 거칠게 울부짖는 내면의 소란을
잊을 때까지 다독이리니.

너희는 둘 다 어둡게 침묵하는구나. 인간이여, 너의 심연은
그 누구도 전혀 가늠하지 못했으며,
오, 바다여, 누구도 너의 감춰진 풍요로움을 알지 못하나니,
그래서 너희는 서로 그토록 질투하며 서로의 비밀을 지키려
   하는구나!

242

그래서 그 헤아릴 수 없는 세월 동안

너희는 서로 무자비하게 싸우며, 후회하지 않더니,

그처럼 너희는 격렬하게 살육과 죽음을 사랑하는구나,

오, 영원한 싸움꾼이여, 오, 화해할 길 없는 형제여![210]

영혼과 운명의 파도

거울처럼 매끈한 표면을 자랑했다가 한순간 거친 파도가
몰아치는 바다의 이중성을 인류는 예로부터 익히 알았다.
또 이미 앞서 보았듯 바다의 숭고함을 다룬 미학 역시 바
다를 두고 아름다우면서도 추하다고 했다. 바로 그래서 바
다는 인간 영혼의 거울상과 흡사하다는 말을 들어야만 했
다. 이미 고대의 철학과 문학은 바다와 항해를 영혼의 상
태를 표현하는 비유로 즐겨 다루었다. 데모크리토스만 하
더라도 이미 평온한 영혼과 격노한 영혼을 바다에 빗댔
다.[211] 참으로 놀라운 일이 아닐 수 없다. 인간이 자기 자신
을, 영혼을, 두 눈으로 볼 수 없는 내면을 스스로 해석하고
자신의 직접적인 생활공간에 속하지 않는 저 바깥의 측량
할 수 없는 광활함으로 확장되는 영역과 견주다니, 도대체
인간의 이런 정신적 요구를 어떻게 받아들여야 할까? 분
명 인간은 자신을 너무 소중히 여겨 충분한 거리를 두고

210 Charles Baudelaire, 『악의 꽃Les Fleurs du Mal』(Die Blumen des Bösen),
  프랑스어와 독일어 대역 판, 프리트헬름 켐프Friedhelm Kemp 번역, München,
  1975, 38~39쪽. © 1975 Carl Hanser Verlag München.
211 다음 자료를 참조할 것. 미하엘 두르스트Michael Durst, "바다(A) Meer (A)",
  출전:『고대와 기독교의 현실 사전Reallexikon für Antike und Christentum』,
  제24권. Stuttgart, 2012, 단 529 이하.

볼 수 없는 나머지 어떤 매개체를 가져야만 자신을 반성하는 능력을 가질 수 있는 모양이다. 인간은 바다라는 커다란 에움길을 빙 둘러가야만 자신의 모순된 모습을 직시하는 것일까? 거꾸로 인간은 자신의 특성에 비추어 바다를 해석하기도 한다. 이미 고대문학에서 바다는 친절하면서도 화를 냈으며, 손님을 맞이하는 주인처럼 너그럽다가도 광포한 폭군처럼 위협을 일삼았다. 심지어 바다는 정의의 심판을 내리는가 하면 탐욕으로 모든 것을 집어삼키기도 했다. 니체가 바다를 인간처럼 그린 것은, 그러니까 전에 볼 수 없던 독창적인 시도는 아니다. 르네상스 철학자 조르다노 브루노 역시 재미있는 이야기 한 편을 들려준다. 어떤 대화편에서 브루노는 대화 상대 한 사람의 입을 빌려 여성들에게 욕설을 퍼붓는다. 이 장광설은 이런 내용이다.

> 저 비스케이만 지방 사람은 바다의 분노로 빚어진 참혹한
> 운명에 분통을 터뜨리며 파도를 향해 이렇게 외치더군.
> 오, 바다여, 바다여, 내가 너와 결혼할 수만 있다면!
> 이 말로 그가 일깨워 주고 싶은 것은 여성이야말로
> 폭풍 중의 폭풍이라는 거야.[212]

문학에서 흔히 보는 이런 언어의 묘사는 인간의 자기 해석과 바다 해석이 얼마나 밀접하게 맞물리는지 여실히 보여 준다. 바로 그래서 1900년을 전후한 미학 이론들이 자

---

212 Giordano Bruno, 『원인에 관하여/태초의 근거/그리고 일자Von der Ursache/
     dem Anfangsgrund/und dem Einen』, 루트비히 쿨렌벡Ludwig Kuhlenbeck
     번역, Jena, 1906, 99쪽.

연을 보고 아름답다거나 숭고하다는 인간의 지각은 "감정이입"을 통해 생겨났다고 한 말이 무슨 뜻인지 분명해진다.[213] 비록 우리가 좁은 의미에서 오로지 다른 사람에게 감정이입을 할 수 있다 하더라도, 언어가 보여 주듯 우리는 이런 감정이입 능력을 외적 자연에도 적용한다. 바다는 이런 적용에 특히 잘 맞는 대상이다.

이미 고대 철학은 인간의 격정을 흔히 바다의 폭풍과 파도와 비교하곤 했다. 특히 스토아학파의 글에 그런 대목이 많이 나온다. 격정은 파도가 들끓는 바다와 같다고 키케로는 썼다.[214] 세네카는 한술 더 떠서 "격정과 육욕의 노예가 된 사람은 행복과 평안을 절대 찾을 수 없으며 모래톱이나 소용돌이에 좌초하는 뱃사람처럼 채워지지 않는 욕망에 구슬피 울리라"고 했다.[215] 육욕에 시달리는 사람은 어쩌다 마음의 평안을 찾는다 해도 여전히 욕구에 얽매인 나머지 자아의 소중함을 결코 깨닫지 못하며 "폭풍이 지나간 다음에도 여전히 이리저리 뒤척이는 바다처럼 흔들릴 뿐이다. 요컨대 욕구는 그 주인을 결코 평안하게 내버려 두지 않는다."[216] 심지어 사려 깊게 행동하고 생

마르틴 폰티우스Martin Fontius, "감정이입/공감/동일시Einfühlung/Empathie/Identifikation", 출전:『미학의 기본 개념들Ästhetische Grundbegriffe』, 제2권. Stuttgart, Weimar, 2001, 130쪽 이하.

Cicero,『투스쿨룸의 대화Gespräche in Tusculum』, 4.57 & 4.47. 라틴어와 독일어 대역 판, 편집 올로프 기곤Olof Gigon. München, 1970, 283, 293쪽.

Seneca, "행복한 인생에 관하여Vom glücklichen Leben", c.14,『철학 저술집Philosophische Schriften』, 오토 아펠트Otto Apelt 번역, Hamburg, 1993, 제2권, 22쪽 이하.

Seneca, "인생의 짧음에 관하여Von der Kürze des Lebens", c.2,『Philosophische Schriften』, 제2권, 115쪽.

활하기로 굳게 결심해도 아예 몸에 배어 버린 불안은 좀
처럼 떨칠 수 없다. 불안으로부터 풀려나는 해방을 간절
히 원하지만 이런 희망은 절대 직접 채워지지 않는다. 불
안이 지속되는 이유는 몸이 여전히 건강에 익숙해지지 않
았기 때문이다. "태풍이 가라앉아 잠잠해진 바다도 여전
히 계속 떠는 것을 보라."[217] 감정의 폭발적인 힘과 운동이
강조되어야 할 때에도 항상 사람들은 태풍과 격랑에 빗대
어 격정을 이야기한다. 그러나 또한 바다는 영혼의 평안
과 여유로움을 위한 적절한 비유이기도 하다.

    괴테의 시 「고요한 바다」[218]는 바람 한 점 없는 바다를
외려 심상찮은 상황으로 본다. 심지어 돛단배는 바람을
받지 못해 항구를 찾을 수 없어 죽음의 공포에 사로잡히
기도 한다고 괴테는 노래한다. 그러나 고대 철학은 '고요
한 바다'에 상응하는 그리스어 '갈레네(galēnē)'와 라틴어
'트란퀼리타스(tranquillitas)'로 주로 마음의 평정, 영혼의
균형 감각을 표현했다.[219] '트란퀼리타스 아니미(tranquil-
litas animi)', 곧 '고요한 바다 같은 영혼'이라는 말로 사람
들은 자족할 줄 아는 여유, 진정한 철학함을 통해 실현할
수 있는 윤리적 이상을 나타냈다. 다양하기 짝이 없는 철
학 학파들은 각자 자기네 원칙이 맞다고 논쟁을 일삼을지
라도 이런 평정과 여유가 윤리적 이상이라는 점에서만큼

---

217   Seneca, "마음의 평정에 관하여Von der Gemütsruhe", c.2, 70쪽.
218   괴테 전집, 제1권, 242쪽.
219   P. 프로프스트P. Probst, "영혼의 평안Seelenruhe", 출전:『역사 철학
      사전Historisches Wörterbuch der Philosophie』, 제9권. Basel, 1995, 단 94
      이하.

246

은 의견 일치를 보았다. '선함'을 중시한 플라톤은 정욕으로부터의 자유를 추구했던 에피쿠로스와 마찬가지로 고요한 바다 같은 영혼을 찬미했다. 냉소를 일삼았던 견유학파 철학자들도 스토아학파와 똑같이 고요한 바다에 빗댄 영혼을 철학이 실현해야 할 이상으로 삼았다.

특히 스토아학파는 인생 상담과 조언을 아끼지 않았다는 점에서 진정한 인생 철학자였다. 스토아학파의 철학에서 최우선 순위를 자랑하는 이론은 바로 영혼의 평안을 다룬 것이다. 키케로가 쓴 아래의 글은 모든 헛된 열정, 모든 오락 욕구, 모든 무의미한 허튼수작을 극복한 윤리적으로 사려 깊은 정신의 모범으로 고요한 바다를 꼽았다.

> 무슨 일이든 경솔하게 열광하며 공허한 분방함으로 인생을 낭비하는 사람은 요행을 누린다 해도 그만큼 더 불행해지지 않을까? 이런 사람이 비참함에 시달린다는 것은 역으로 만사를 경외하는 마음으로 조신하게 행동하며 공연한 마음의 병에 시달리지 않고 향락의 꽁무니를 쫓지 않는 사람이 행복해진다는 뜻이다. 지극히 작은 숨결 하나가 그 어떤 물살도 일으키지 않는 것에서 바다의 고요함을 알아보듯, 평화롭고 침착한 영혼은 방해하려는 어떤 열정에도 휘둘리지 않는다네.[220]

이 글이 염두에 두는 것은 무관심이나 무감각, 공감을 일절 거부하는 냉혹한 감정이 아니다. 오히려 스토아학파는

Cicero, 『투스쿨룸 대화Gespräche in Tusculum』, 331쪽.

사람들을 서로 묶어 주는 공감 능력이 꼭 필요하다고 확신했다. 마르쿠스 아우렐리우스는 이웃을 사랑하라고 가르쳤다. 스토아학파는 우리를 중독시키며 병들게 만드는 지나친 열정을 경계하고 좀체 흔들리지 않고 평온함을 유지할 수 있는 '아타락시아(ataraxia)'를 강조한다. 중요한 것은 자연과 조화를 이루는 삶이다. 물론 병들지 않고 건강한 자연과의 조화가 필요하다. 스토아학파는 절제와 자족을 아는 이성적 자연과의 조화를 일종의 행복으로, 동시에 우리가 키워야 할 덕성으로 찬양한다. 이런 덕성으로 이르는 길은 잘못된 확신으로 자행되는 위험한 충동을 깨달음의 자세로 예방하고 의지로 다스리는 통찰이다. 고요한 바다와도 같은 영혼이라는 이런 이상은 오랫동안 강력한 영향력을 발휘했다.[221]

그러나 병적인 욕구만 잔잔한 영혼의 평안을 위협하는 것은 아니다. 더욱 심각한 위협은 전혀 예상할 수 없는 운명의 타격으로 빚어진다. 운명의 이런 시련은 우리를 끊임없이 불안과 두려움에 빠뜨린다. 그리고 유리하든 불리하든 이런 운명의 장난은 위험한 바다의 비유로 가장 잘 표현될 수 있다. 세네카는 사고로 죽은 형제 때문에 슬퍼하는 친구에게 운명의 시련이 가혹하기는 하지만 우리 모두가 그런 일을 당할 수 있으며 형제가 죽음으로 운명의 손아귀에서 놓여난 것을 차분한 마음으로 받아들이자고 위로한다.

---

221 U. 디어제U. Dierse, "Seelenruhe II", 출전:『역사 철학 사전Historisches Wörterbuch der Philosophie』, 제9권, 단 95~105.

때로는 희망을 품게 만들며, 때로는 우리를 짓누르고
끊임없이 방황하게 만드는 운명, 밀물과 썰물이 부단히
바뀌는 이 깊고 쉴 줄 모르는 바다에 집착해서 우리는 결코
든든한 곳을 찾아낼 수 없다네. 바다의 흐름에 몸을 맡기고
이리저리 쓸려 다닐 수밖에 없는 우리에게 난파는 운명이야.
우리는 항상 난파를 두려워해야만 해. 폭풍과 악천후에
시달리는 바다를 여행하는 우리에게 항구는 단 한 곳, 곧
죽음뿐이라네.[222]

세네카는 또 다른 글에서도 아무런 환상을 품지 말고 피할 수 없이 직면해야만 하는 운명을 냉철하게 보아야 한다고 강조한다. 이는 세네카가 도덕적으로 올바른 태도를 가르치고자 쓴 글이다. 우리는 운명의 타격에 맞서 되도록 냉철하고 사려 깊게 대처해야만 한다. 모든 불평과 비탄에도 운명은 바뀌지 않기에 우리는 과감하게 슬픔을 떨쳐 버리고 다시금 인생의 주도권을 확실하게 쥐고 모든 감상을 이겨 내야 한다.

이성의 안내를 따르며, 운명의 격한 힘에 휘둘려 올바른
길에서 벗어나는 일이 없어야 한다! 물살에 조종간을
빼앗기고 바람과 날씨가 이끄는 대로 배를 내버려 두는

---

222 Seneca, "폴리비우스에게 보내는 위로의 글Trostschrift an Polybius", c.9(28.).
『Philosophische Schriften』, 제2권, 167쪽. 다음 자료도 참조할 것. 크리스토프
회니히Christoph Hönig, 『세계 바다의 인생 항해. 토포스. 텍스트와 해석Die
Lebensfahrt auf dem Meer der Welt. Der Topos. Texte und Interpretationen』.
Würzburg, 2000.

> 선장은 치욕을 맛볼지라. 난파를 목전에 두고 파도에
> 휩쓸릴 것만 같은데도 조종간을 굳건히 쥐고 파도에 맞서
> 싸우는 선장에게는 상이 주어질지라.[223]

세네카는 이런 태도가 예상치 못한 운명에 맞서도록 도움을 줄 뿐만 아니라 자연적으로 인간이 나이를 먹어 약해질 때에도 필요하다고 강조한다. 늙어 병약해진 사람의 몸은 고장 난 배와 같아서 선장의 강한 정신력이 더 절박하게 요구된다.

> 여기저기 구멍이 숭숭 뚫려 자신이든 남이든 그 구멍을 막아
> 주어야만 하는 고장 난 배가 한꺼번에 흔들리기 시작하면
> 더는 어쩔 수 없듯, 늙어 병약해진 몸은 그저 한동안만
> 자신을 지키고 버틸 따름이다.

특히 이런 인생 상황에서 적어도 정신적으로 신선함을 유지하며 자기 자신의 주인으로 남도록 도와주는 것이 철학이다.

> 철학은 그 문하생들이 죽음에 직면해서도 늠름한 자세를
> 잃지 않게 하며, 쇠약해진 몸에도 신선한 용기와 힘을
> 불어넣어 아픔을 견딜 수 있게 해 준다. 진정한 선장은 찢긴
> 돛으로도 항해를 계속하며, 도구를 잃었다 해도 항상 배를

---

223 Seneca, "마르시아에게 보내는 위로의 글Trostschrift an Marcia", c.6.
『Philosophische Schriften』, 제1권, 214쪽.

운항할 수 있게 지킬 줄 아는 자세를 잃지 않는다.[224]

운명에 굴하지 않는 정신적 평정은 스토아학파가 인생을 살며 지켜야 할 원리로 강조하는 것이다. 우리는 세계와 인생을 바꿀 수 없지만 세계와 인생을 보는 태도만큼은 바꿀 수 있다. 그리고 이 올바른 태도는 평안, 곧 운명의 시련이 폭풍처럼 몰아치는 바다 한가운데서 지켜 내는 고요한 바다 같은 영혼이다. 이런 영혼을 위해 무엇보다도 요구되는 것은 어떤 상황에서도 굴하지 않는 침착함이다. 주변 사람들의 시샘과 미움을 받으면서도 세네카는 흔들림 없는 침착함을 자랑한다.

나는 얕은 바다 바닥에서 솟아오른 고독한 암벽과 같다네. 사방에서 밀려오며 채찍을 내리치듯 때리는 파도에도 나는 끄떡없다네. 오랜 세월에 걸쳐 운명이 때린다 한들 나는 전혀 흔들리지 않을 거라네.[225]

이로써 또한 평온한 영혼이라는 이상이라고 해서 체념이나 현실 도피주의 또는 모든 공적 과제로부터 물러서는 회피를 요구하지 않는다는 사실이 분명해진다. 다만 사익을 위해 음모를 꾸미는 일이나 권력 추구만큼은 피해야만

224 Seneca, "루실리우스에게 보내는 편지, 30번째 편지: 죽음의 두려움에 맞서Briefe an Lucilius, 30. Brief: Gegen die Todesfurcht", 『Philosophische Schriften』, 제3권, 110쪽.
225 Seneca, "행복한 인생에 관하여Vom glücklichen Leben", c.27, 『Philosophische Schriften』, 제2권, 44쪽 이하.

한다. 물론 국가라는 조직이 의미 있는 참여를 더는 허락
하지 않는다면 인간은 사적 영역이라는 항구로 되돌아와
학문이나 교육에 힘써야만 한다.

　인간을 높이 들었다가 그대로 추락하게 만드는 운명
을 위험한 바다라고 불렀다고 해서 세네카가 운명이나 바
다에 모든 것을 떠넘기고 불평만 일삼는 것은 전혀 아니
다. 스토아학파가 보는 운명은 동시에 모든 것을 인간에
게 보탬이 되도록 하는 하늘의 뜻, 곧 섭리이기도 하다. 겉
보기의 고통은 덕성을 키우기 위한 시련이며, 올바른 길
을 가는 사람에게는 결국 좋은 결실을 안겨 준다. 그래서
덕성은 행복을 의미한다. 바다야말로 우리에게 섭리가 이
끄는 세계 질서, 더는 맹목적 우연일 수 없는 세계 질서를
보여 준다.

> 해변에서 파도치는 모습, 일제히 뭍을 향해 몰려왔다가
> 잠시 뒤 다시 바다가 부르기라도 한 것처럼 돌아가는
> 파도의 모습을 관찰하노라면, 그저 맹목적으로 움직이는
> 조류라 믿을 수 있을까? 해변으로 강력하게 쇄도했다가
> 못지않은 힘으로 되돌아가는 파도의 움직임이 정확히
> 정해진 시간과 날짜에 따른 움직임, 곧 바다의 흐름에 그
> 법칙을 정해 주는 달의 힘에 결정적 영향을 받는다는 점을
> 감안하면, 우연이라는 것은 없다고 해야 하지 않을까?[226]

226　Seneca, "신의 섭리에 관하여Von der göttlichen Vorsehung", c.1,
　　『Philosophische Schriften』, 제1권, 4쪽.

자연의 기적적인 현상, 예를 들어 뜨거운 물이 콸콸 솟는 온천이나 바다에서 새롭게 솟아오른 섬도 세네카는 맹목적 우연이 아니라 정해진 법칙에 따른다고 확신했다. 심지어 바다는 때때로 모든 오물과 인간이 버린 쓰레기를 다시금 해변에 토해 냄으로써 스스로 청소도 한다.[227] 이런 법칙성은 우리가 세계 질서를 신뢰하게 만든다. 잊을 만하면 생겨나는 대화재나 홍수도 인류를 새롭게 만들기 위해 작용하는 세계 질서의 일부일 따름이다. 세네카는 홍수 같은 자연재해가 어떻게 해서 섭리의 작품으로 세계 질서에 속하게 되는지 매우 구체적인 설명을 시도하기도 한다.[228] 서기 1세기경에 활동한 이 철학자가 인간이 운명이라는 이름의 위험한 바다에 피할 수 없이 노출되었다고 이야기하는 결정적인 이유는 자신이 직접 겪은 인생 경험 때문이다. 그는 한때 로마의 카이사르들과 밀접하게 얽혀 위험한 인생을 살아야만 했다. 카이사르 클라우디우스는 세네카를 팔 년 동안 유배 보냈으며, 그 후에도 카이사르 네로는 그에게 자살을 강요했다.

세네카 못지않게 고통스러운 운명으로 신음했던 철학자는 6세기 초에 활동한 높은 교양을 갖춘 보이티우스다. 그는 로마제국 말기에 해당하는 일종의 과도기를 몸소 겪어야만 했다. 카이사르는 오로지 비잔틴제국, 곧 동로마제국만 장악했을 뿐, 서로마제국은 동고트족의 지배를 받았

---

227 Seneca, 『자연과학의 연구Naturales quaestiones』 III, 26. M. F. A. 브로크M. F. A. Brok 번역 및 편집, Darmstadt, 1995, 220~222쪽.

228 위의 책, 223~241쪽.

다. 그 자신이 로마의 명문 출신인 보이티우스는 동고트 왕 테오도리크의 신임을 받아 집정관이 되어 최고위직 관리에 오르기도 했으나 동로마와 서로마의 갈등에 휘말려 반역을 꾀했다는 엉뚱한 무고를 당해 사형을 선고받고 처형당했다. 보이티우스는 파비아의 감옥에서 죽음을 기다리며 심오하면서도 예술성이 뛰어난 소책자 『철학의 위안(Consolatio Philosophiae)』을 썼다. 이 책은 플라톤의 대화 형태를 더욱 다채롭게 꾸민 것이다. 보이티우스는 행복과 불행이 교차하는 삶의 고단함과 위험을 바다에 비유하며 그림처럼 선명하게 묘사한다. 자신의 운명과 절망적인 싸움을 벌이고 여성으로 의인화한 철학과 대화를 나누며 자신이 처한 상황을 새롭게 이해하려 안간힘을 쓴다.

철학은 먼저 보이티우스에게 걸출한 정신이 어떻게 어리석은 세상사와 싸우며 성장했는지 상기시킨다. 아낙사고라스는 유배를 당했고, 소크라테스는 독배를 마셔야만 했으며, 제논은 고문에 시달렸다. "그러므로 너는 안타까워할 필요가 없다. 우리가 인생이라는 망망대해에서 폭풍에 휩쓸려 헤맬지라도 우리가 섬기는 최고 원칙은 악의 무리에 맞서는 것이다!"[229] 그런 다음 철학은 보이티우스에게 양면성을 가진 눈먼 행운의 여신 포르투나를 믿고 따르는 것은 전적으로 잘못임을 명확히 깨우쳐 준다. 여신 포르투나는 원칙을 따지기는 하지만 항상 예측을 불허하는 행보를 보인다는 점에서 양면적이다. 그렇지 않다면

---

229 Boethius, 『철학의 위안Consolatio philosophiae/Trost der Philosophie』, 라틴어와 독일어 대역 판, 에른스트 게겐샤츠Ernst Gegenschatz & 올로프 기곤Olof Gigon 번역 및 편집. Düsseldorf, Zürich, 2002, 13쪽.

포르투나가 운명의 여신이겠는가. 이런 양면성을 강조하기 위해 철학은 이 불안정한 여신에게 직접 발언권을 준다. 그리고 운명의 여신은 보이티우스에게 인간은 절대 만족할 줄 모르며 좋은 것을 얻어도 자족할 줄 모른다고 가르친다. "바다는 때로 거울 같은 잔잔한 수면으로 인간의 비위를 맞춰 주다가도, 때로 폭풍과 파도로 사람을 굳게 만든다. 그렇다고 우리가 인간의 만족할 줄 모르는 욕구, 우리의 본성이 알지 못하는 이 지속적인 욕구에 부응해야만 할까?"[230] 철학은 한 편의 시(詩)만으로 이런 사정을 확인해 준다. 이 세상의 사물은 결코 꾸준한 일관성을 보이지 않으며, 그래서 세계 전체는 바다처럼 모순되고 변화무쌍하다. 그러므로 우리는 이 세상 안에서 지속적인 행복을 기대해서는 안 된다.

> 때로는 대낮의 환한 햇살을 받아
> 바다는 어떤 움직임도 없이 조용하네.
> 때로는 분노로 끓어올라 거센 북풍을 받아
> 바다 표면은 거대한 그림으로 빠르게 바뀌는구나.
> 세상의 형상은 확고한 일이 드물며
> 늘 변화로 뒤척이는데,
> 인간의 행복은 심지어 변덕스러움을 너희는 알지라.
> 재물도 덧없이 사라짐을 너희는 알지라.[231]

운명이 불안정한 바다와 같다는 이런 이론은 이미 스토아
학파가 보였던 입장과 거의 같다. 그러나 플라톤 철학에
깊은 영향을 받았으며 이미 기독교 신학도 접했던 보이
티우스는 이런 이론에 새로운 전환점을 마련해 준다. 최
고의 선과 추구해야 마땅한 행복은 덕성이 아니라 우리
가 닮기 위해 노력해야만 하는 신이다. 신은 우리가 생겨
난 근원적인 고향이며 인생이라는 거친 항해를 통해 귀환
해야만 하는 "조용한 항구"다. 우리가 운명이라고 부르는
것은 신의 섭리와 다르지 않다. 신은 "선함이라는 키"로 인
생이라는 배를 운항하며 모든 것을 조종하기에 결코 악이
승리하도록 내버려 두지 않는다. 신은 곧 "일자(一者)"로,
하나의 전체라는 맥락으로 모든 것을 포섭하는 통일자다.
사랑이 인간과 만물을 하나의 평화로운 질서로 묶어 주는
것은 신 덕분이다. 사랑은, 이미 플라톤의 대화편「향연」
이 다루었듯, 심지어 거친 바다를 다스리는 우주의 원리
이기도 하다.

> 집어삼킬 것만 같은 바다도 거친 파도를
> 안전한 경계 안으로만 국한하며,
> 땅이 바다로 향해 그 해변을 감히 밀어붙이려 하지 않듯,
> 만물의 이런 질서를 맺어 주는 것은,
> 육지와 바다를 이끄는 것은
> 하늘을 다스리는 여신, 사랑이라![232]

---

232 위의 책, 89쪽.

스토아학파와는 다르게 보이티우스는 모든 동요와 변화의 저편에 있는 확실한 기준점, 곧 신을 인정했다. 마찬가지로 그는 영혼의 불멸성도 확실하다고 보았다. 영혼은 다만 신으로 돌아갈 뿐이다. 그래서 기독교를 중시했던 중세 전체는 보이티우스의 책을 대단히 높이 평가했다. 보이티우스는 또 새로운 난제들도 다루었다. 곧 세계 안에서 악은 과연 존재하는가 하는 문제와 인간에게 진정 자유가 있는가 하는 문제다. 이 두 문제를 스토아학파는 거의 주목하지 않았다. 그러나 오늘날까지도 철학은 이 두 문제와 씨름한다. 이 두 가지 새로운 조건에 비추어 인간이 처한 위험과 그로 말미암아 받는 고통이 덜해지지는 않는다. 그러나 운명이라는 거친 바다를 선한 신이 내리는 벌 또는 교육 수단으로 본다면, 신은 우리에게 돌아갈 안전한 항구라는 인생 목표를 제시해 준다. 이로써 우리는 한결 더 쉽게 고통을 참아 낼 수 있다. 인생이라는 항해는 천국이라는 항구로 돌아가는 여행이기 때문이다.

아우구스티누스의 관점도 비슷하다. 물론 보이티우스가 아우구스티누스의 견해를 상세히 알았다는 점에서 이런 비슷함이 놀랍지는 않다. 초기 저작에서 아우구스티누스는 철학함을 매혹적인, 그러나 위험한 바다를 지나는 항해에 비유한 그림을 그려 낸다. 그리고 아우구스티누스는 항해자를 세 가지 유형으로 구분한다. 겁이 많은 사람은 항구를 출발할 엄두를 내지 못하고 다른 사람들에게 바다는 위험하다고 경고한다. 두 번째 유형은 탐욕과 명예욕으로 멀리 나아가 조국을 잊었다가 역풍을 만나 좌초하는 시련을 겪는다. 이들은 오로지 우연한 태풍이 불어야만 목적지에 도착할 수 있다. 마지막으로 세 번째 유형, 아우구스티누스 자신이 이에 속한다고 본 유형은 목표와 조국을 절대 잊지 않지만, 숱한 위험과 난국에 빠져 고초를 겪다가 마찬가지로 운명적 사건이 일어나면서 비로소 갈망했던 조국으로 돌아온다. 이 조국은 신이 진리의 근거임을 깨닫는 인식의 땅이다. 이처럼 아우구스티누스에게 철학과 인생은 밀접하게 맞물려, 바다의 위험은 곧 가짜 철학이자 인생의 유혹을 뜻한다. 그러므로 "축복받는 인생"은 신을, 신의 섭리를 깨닫는 인생이다. 인생이라는 바다에서 겪는 어려움과 불행은 스토아학파와 마찬가지로 신의 교육 수단이지만, 이제 더 나아가 아우구스티누스에게는 착각에 빠져 방황하는 인간을 진리로 이끄는 신의 간섭이기도 하다.[233]

　　나중에 아우구스티누스는 세계 전체를 위험하고 잔혹하며 추악한 바다라고 불렀다.[234] 당시 사람들은 바다에 끔찍한 괴물이 산다고 믿었다.[235] 이를테면 카오스의 용(龍)인 '레비아단(Leviathan)'[흡스가 1651년에 발표한 책의 제목 'Leviathan'은 영어 발음으로 '리바이어던'이라고 읽지만 성경과 신화에 등장하는 'Leviathan'은 히브리어가 원어이기 때문에 '레비아단'이라고 읽는다.]은 당시 사람들이 악마와 동일시한 존재이기에, 아우구스티누스의 이런 표현은 곧 세계가 악마의 간섭을 받는

233　Augustinus, 『축복받은 인생De beata vita』, I, 1-4. 독일어 제목: "Vom seligen Leben", 요하네스 혜센Johannes Hessen 번역 및 해제. Leipzig, 1923, 1~5쪽.

234　Michael Durst, 주 14와 같은 책, 단 591.

235　다음 자료를 참조할 것. Alain Corbin, 『텅 빈 영역, 서양 세계와 해안에 대한 욕구Le territoire du vide. L'Occident et le désir du rivage 1750-1840』, 13~35쪽.

곳, 그래서 악함과 추악함으로 점철된 곳이기도 하다는 해석을 담아낸 것이다. 말하자면 플라톤의 비판적 관점을 아우구스티누스가 더욱 날카롭게 다듬은 셈이다. 그렇다고 세계를 선의로 이끄는 신이라는 생각을 아우구스티누스가 포기한 것은 아니다. 오히려 아우구스티누스는 악에 물든 세계가 구세주를 필요로 한다는 점을 강조하고 싶었을 따름이다. 이렇게 볼 때에만 사람들을 괴롭히는 모든 악의 저편에 구원의 보장이 있다는 논리가 성립한다.

항구를 모르는 항해

계몽주의 철학은 17세기와 18세기에 인간 이성의 힘을 확신하고 마침내 악마가 없다고 선포했으며 저 상상의 괴물로부터 바다를 해방시켰다. 성경의 「욥기」에 등장하는 바다의 용 레비아단은 토머스 홉스의 정치철학에서 국가 주권의 상징으로 변모했다. 홉스는 주권이 각국 민족들 사이에 평화를 보장해 주는 힘이라고 이해했다. 앞서 이미 살펴보았듯 근대 철학은 바다를 통해 국제적 구속력이 있는 교역의 기회를 발견했다. 또 근대 철학에서 바다는 유토피아를 품은 곳이자 미학적 성찰의 대상이었다. 그러나 이렇게 관점이 바뀌었다고 해서 바다와 관련한 고통과 악이 사라진 것은 아니다. 더욱이 상상으로 그린 유토피아의 행복을 혁명으로 실현하고자 한 시도는 새롭게 피바람을 부르고 말았다. 이런 분위기 속에서는 사회적 곤궁에 시달리지 않는 사람도 결코 행복할 수 없었다. 또 바다는 휴식과 자연 향유를 보장해 주는 낭만적인 곳만이 아니라 예나 지금이나 죽음을 요구한다. 바로 그래서 바다는 인간의 생명이 늘 위협받고 있음을 경고하는 상징으로 새롭게 해석되기도 했다. 이렇게 해서 심지어 악마까지 부활했다. 물론 악마는 예전과는 다른 모습이기는 했다. 샤를 보들레르의 시와 아르투르 쇼펜하우어의 철학이 그런 사례를 보여 준다.

　인간의 인생 항로를 보는 쇼펜하우어의 관점은 얼핏 보기에 스토아학파의 세네카가 그렸던 묘사와 별반 차이가 없어 보인다.

> 대다수 사람들의 인생은 오로지 살아남기 위한 끝없는 투쟁으로, 확실히 말할 수 있는 것은 결국 모두가 패자가 되고 만다는 사실이다. 그러나 이 힘겨운 싸움을 벌이면서 버틸 수 있게 해 주는 것은 인생을 향한 사랑이 아니라 죽음을 보는 두려움이다. 그런데도 죽음은 피할 수 없는 존재로 배경에 잠복해 있다가 언제라도 그 모습을 드러내 인간을 엄습한다. 인생 자체는 무수한 암초와 소용돌이를 자랑하는 바다이다. 인간은 이런 위험을 극도의 주의력과 신중함으로 피하려 하지만, 갖은 수고와 기술로 이겨 낸다 해도 걸음걸음 가장 큰, 총체적인, 피할 수 없는 치명적인 난파에 더 가까이 다가갈 따름이다. 아니, 바로 이 난파로 갈 수밖에 없는 존재가 인간이다. 이 난파는 곧 죽음이다. 죽음은 수고롭기 짝이 없는 항해의 최종 목적지이며 그동안 피하려 애써 온 모든 암초를 가소롭게 만드는 끝장이다.[236]

236　Schopenhauer, 『의지와 표상으로서의 세계Die Welt als Wille und Vorstellung』,

인생을 보는 쇼펜하우어의 관점은 고대 스토아학파가 품었던 확신을 연상시키기는 하지만, 그 바탕에 깔린 생각은 성격이 전혀 다르다. 이런 차이는 그에 따른 결과를 낳는다. 스토아학파는 자연을 모든 운명적 사건의 배경으로 보았다. 그리고 자연은 그 자체로 이성적인 질서와 아름다움을 자랑한다. 그래서 스토아학파는 자연에 맞춰 사는 법을 배우는 자세가 중요하다고 강조한다. 그러나 쇼펜하우어가 보는 우주의 질서는 인간과 상관없이 그 자체로 존립하는 것으로, 인간이 경탄하며 섬겨야 하는 것이 아니다. 그리고 스토아학파가 우주 전체의 핵심이라고 본 신적인 세계 영혼은 쇼펜하우어가 보기에 아무 의미 없이 생산과 파괴만 거듭하는 세계 의지일 따름이다. 그러므로 인간은 이 세계 의지를 극복해 내야만 의미 있는 삶을 살 수 있다. 세계 의지는 옛날 사람들이 악마로 여겼던 것으로 모든 악과 고통을 빚어낸다. 우리는 모두 이 세계 의지를 알거나 짐작한다. 우리는 이 세계 의지를 바로 우리 자신 안에 담고 있기 때문이다. 세계 의지 때문에 우리는 욕구를 품고 이를 충족하려 안간힘을 쓴다. 이런 이유로 세계 의지는 우리 인생을 목적지와 행복한 항구가 없는 해상 여행으로 만들기도 한다.

표상의 세계, 곧 단순한 가상의 세계를 만들어 내는 우리의 합리적인 인식능력은 세계 의지가 발휘하는, 숨 막힐 정도로 서슴없이 잔혹한 검은 힘의 실체를 알아보고 인정하는 것을 방해한다. 쇼펜하우어는 가상 세계만 알아

IV, § 57, 5장 주 49번과 같은 판본, 368쪽 이하.

보는 이런 인식을 불교에 빗대 "마야의 베일"[마야(Maya)는
부처의 어머니. "마야의 베일"은 어머니의 모성애로 잔혹한 세상을 가려
준다는 뜻이다. 쇼펜하우어는 현상으로서의 세계를 이렇게 불렀다.]이라
부른다. 이 베일에 가린 눈으로 우리는 본래 불합리할 뿐
인 세계에 합리적인 맥락을 덧씌운다. 그래서 저 보편성
을 가진 세계 의지가 권력을 휘두르는 세계인데도 우리는
결국 개체만, 우리 자신인 개인만 알아볼 뿐이다. 이렇게
해서 모든 삶이 쾌락과 고통과 지루함 사이를 방황할 뿐
이고 결국 언제나 고통을 뜻할 뿐이라는 충격적인 진실이
우리에게 숨겨진 채로 남는다. 그러나 베일이 얇아서 우
리는 이 숨겨진 진실을 어느 정도 가늠하며 우리를 둘러
싼 가짜 안정에 가슴 졸인다. 이런 사정을 쇼펜하우어는
다시금 거친 바다를 항해하는 모습으로 그린다.

> 사방이 무한하며 집채와도 같은 파도가 고개를 들었다
> 내렸다 하는 바다에서 잎사귀만도 못 한 허약한 배에
> 올라탄 것처럼, 고통으로 가득한 세계에서 개인은
> "프린시피움 인디비두아치오니스"[principium individuationis,
> 예로부터 철학이 오랫동안 씨름해 온 문제 가운데 하나다. 보편자
> 논리에 맞서 신과 같은 보편자는 존재하지 않으며 세계에는
> 오로지 개체 또는 개인이라는 구체적 존재자만 있다는 주장이다.
> 쇼펜하우어는 이 원리를 받아들여 더 이상 배경을 캐물어 들어갈
> 수 없는 궁극적 개체만을 존재자로 인정했다.]에만 의지한 채
> 오로지 눈에 보이는 현상에만 매달린다. 고통으로 가득한
> 무한한 세계, 무한한 과거와 무한한 미래를 가지는
> 세계를 개인은 알지 못하며 그런 세계의 이야기를 동화로

받아들인다. 개인에게는 사라지는 자신의 존재, 확장되지
않는 현재, 순간의 편안함만이 현실일 뿐이다. 개인은
이 현실을 유지하려 모든 노력을 아끼지 않는다. 더 나은
인식이 개인의 눈을 뜨게 해 주기 전까지는.[237]

스토아 철학자들은 출렁이는 바다라는 그림으로 인생이
기쁨과 비탄이라는 굴곡을 거칠 수밖에 없고, 인간은 이
를 다스릴 수 없지만 이성의 도움으로 이런 굴곡진 인생
을 지혜롭게 사는 법을 배울 수 있으며 또 배워야만 한다
고 가르쳤다. 반대로 쇼펜하우어는 오로지 잔혹한 바다라
는 현실만 있다고 강조한다. 다만 우리는 눈을 가리고 이
런 현실을 인정하려 하지 않을 뿐이다. 그러나 우리는 두
눈을 뜨고 정확히 이런 현실을 직시하고 잔혹한 바다라는
현실에서 벗어나야만 한다.[238] 쇼펜하우어의 이런 입장으
로 세계와 이성에 거는 모든 신뢰는 무너져 버린다. 생각
의 구조로 볼 때 쇼펜하우어의 입장은 스토아철학보다는
아우구스티누스의 종교적 세계관과 더 가깝다. 종교와 매
우 비슷하게 쇼펜하우어 철학 역시 구원을 갈망하기 때문
이다. 구원을 받을 방법은 예술과 공감과 금욕이다. 이런
방법으로 우리는 삶을 지배하는 의지를 무너뜨리고 극복

---

237 위의 책, § 63, 416쪽 이하.

238 한스 블루멘베르크는 이 인용문으로 쇼펜하우어가 스토아철학의 입장으로
돌아갔다고 해석한다.(Hans Blumenberg, 『구경꾼이 보는 난파. 존재 비유의
패러다임Schiffbruch mit Zuschauer. Paradigmen einer Daseinsmetapher』,
Frankfurt/M. 2014, 70쪽.) 그러나 스토아철학의 이상은 자신의 존재를
확신하는 자아로의 귀환인 반면, 쇼펜하우어에게 자아는 마야의 베일을 쓰고
있는 환상에 지나지 않는다. ─ 옮긴이

해야만 한다.

어쨌거나 니체는 쇼펜하우어의 생각이 여전히 유대교와 기독교의 정신을 담고 있음을 간파했다. 니체는 쇼펜하우어의 염세주의에 적지 않은 난점이 있다고 보고 이 사상과 거리를 두었다. 니체가 본 난점은 바로 이런 것이다. 실제로 진짜 현실이 저 검은, 전지전능한 세계 의지라고 한다면, 그래서 이 세계 의지가 기만적인 가상만 빚어낸다면, 도대체 우리는 어떻게 이 세계 의지에서 벗어날 수 있는가? 무의미한 인생, 그저 살기 위해 사는 인생의 피안에 세계 의지에서 자유로운 공간이 따로 있기라도 한가? 니체는 철저한 반전을 통해 이런 난제들을 제거한다. 인생을 살면서 검은 세계 의지가 지배하는 삶에서 벗어날 수 없다면 우리는 삶의 의지를 긍정해야만 한다. 세계 의지가 유일한 현실이라면 이를 부정하는 모든 시도는 잘못된 선택일 뿐이다. 이런 반전은 쇼펜하우어가 세계의 근간이 불합리함이라고 본 생각을 옳다고 인정한다. 그러나 인생을 살고자 하는 의지를 가진 사람은 이 불합리한 세계를 버틸 수 있게 해 주는 아름다운 가상도 원하지 않을 수 없다. 검은 세계 의지와 아름다운 가상은 우리 인간에게 동전의 양면일 따름이다. 두 가지를 모두 부정하고 놓아 버릴 수 없다면 우리는 두 가지를 모두 인정하고 수용해야 한다. 그래야만 우리는 계속 인생을 살 수 있다.

검은 현실과 아름다운 가상을 이렇게 맞물리는 태도는 바다를 보는 니체의 관점에 고스란히 반영된다. 니체가 보는 바다는 인생과 마찬가지로 이중의 면모를 지닌다. 바다는 예나 지금이나 낯설고 위험한 동시에 친숙하

264

고 아름답기도 하다. 심지어 짜라투스트라는 바다와 이야기를 나누려 시도한다. 바다는 그 무한해 보이는 광활함으로 자유와 열린 미래의 가능성을 나타내면서도 이런 상반된 양면을 보여 준다. 구속력을 가진 모든 전통을 두고 비판적으로 "배경을 캐묻고", 이는 니체가 다듬은 표현인데, 근대과학이 어떻게 문화 체계를 무너뜨려 왔는지도 날카롭게 관찰하면서, 니체는 모험가와도 같은 열정으로 종교적 확신이라는 케케묵은 육지를 벗어나 인식의 바다로 탐험을 떠나는 자세를 환영한다. 「우리 두려움을 모르는 사람들이여(Wir Furchtlosen)」라는 아포리즘에서 니체는 이렇게 이야기한다.

> 실제로 철학자이자 "자유로운 정신"인 우리는 "옛 신이 죽었다"는 소식에 새로운 여명의 빛이 밝아 오는 느낌을 받는다. 우리의 심장은 감사함과 놀라움과 예상과 기대로 부풀어 오른다. 마침내 우리의 눈에 수평선이 다시 자유롭게 열리고, 아직 밝지는 않지만 우리의 배들이 다시금 출항할 수 있다. 인식을 위한 과감한 모험은 모든 위험을 무릅쓰고 펼쳐져야 한다. 바다, 우리의 바다가 다시 열렸다. 아마도 다시는 이런 "열린 바다"가 없으리라.239

그러나 획득한 자유와 인식을 위한 미래의 모험으로 얻은 기쁨에는 근심과 두려움도 묻어난다.

239　Nietzsche, 『즐거운 학문·Die fröhliche Wissenschaft』, V, 343. 전집, 제2권, 206쪽. 다음 자료도 볼 것. 『Also sprach Zarathustra』, III, 28, 위의 책, 459쪽 이하.

우리는 육지를 떠나 배를 타고 출발했다! 항구의 다리는
이미 우리 뒤에 있다. 더욱이 우리는 육지를 뒤로하고
출발했다! 이제 우리의 작은 배여! 앞을 살피며
조심하려무나! 이곳은 대양이다, 바다가 항상 포효하지
않으며 때로는 비단결처럼 잔잔하고 황금빛을 반짝이는
꿈결처럼 선하다는 것도 사실이다. 그러나 바다는 무한하며
무한함보다 더 무서운 것은 없음을 네가 깨달을 때가
오리라. 오, 자유로운 줄 알았으나 새장의 벽에 부딪히는
가엾은 새여! 마치 그곳에 더 많은 자유가 있는 것처럼
육지를 돌이키는 그리움이 너를 사로잡으면 아프구나. 이제
"육지"는 더는 없거늘![240]

이것은 해방의 이면이다. 예부터 전해 오는 확신, 오랫동
안 당연하게 여겨져 온 확신과의 단절이 주는 결과는 자
유뿐만 아니라 근심과 두려움이기도 하다. 완전히 끈을
놓치고 방향을 잃어버리는 게 아닐까 하는 두려움은 새장
처럼 우리를 마비시키지만, 종교처럼 익숙한 문화 형식으
로 되돌아가는 것은 그런 형식이 마침내 파괴되었기에 더
는 가능하지 않다.

　앞서 살펴본 카를 야스퍼스는 물론이고 프리드리히
니체 역시 바다가 무한함이라는 생각과 맞물려 있다고 보
았다. 그러나 무한함을 보는 관점이 서로 달라 철학자들의
생각이 엇갈리며 날카롭게 대립한다. 야스퍼스는 무한함
을 이성의 이념 또는 심지어 신적인 것이거나 아예 신 자

240　Nietzsche, 『즐거운 학문Die fröhliche Wissenschaft』, III, 124, 같은 책, 126쪽.

체와 동일시한 전통을 중시했다. 이렇게 이해된 무한함이라는 개념은 우리의 이성과 상상력의 한계를 넘어서는 엄청나게 큰 것이다. 앞서 언급했던 바다의 숭고함이 그 좋은 예다. 그래서 야스퍼스가 보는 바다, 무한함을 대표하는 바다는 우리를 익숙한 일상에서 떼어 놓기는 하지만 두려움에 사로잡히게 하지는 않는다. 그러나 니체의 무한함은 두렵고 위협적인 것이며 바다도 마찬가지다. 니체의 시 「새로운 바다를 향해(Nach neuen Meeren)」는 콜럼버스의 관점으로 바다의 이런 위협적인 면모를 분명히 밝힌다.[241]

> 그곳으로 ― 나는 가고 싶네. 그리고 나는 계속해서
> 나 자신과 나의 파악력을 믿으려네.
> 활짝 열린 바다로, 저 푸름으로
> 나의 제노바 배는 나아가네.
>
> 모든 것이 내 눈에 새롭게 더욱 새롭게 반짝이네,
> 대낮은 시간과 공간을 잊고 잠을 자건만 ―:
> 오로지 네 눈은 ― 무시무시하게
> 나를 노려보는구나, 무한함이여!

니체의 책 『아침놀』은 그 어떤 목적지도 없는 "정신이라는 비행선"을 타는 우리는 무한함에 좌절하지 않으려 "바다 위로, 바다 위로, 바다 위로" 날아야만 하는 게 아닐까 하

---

241 Nietzsche, 『즐거운 학문Die fröhliche Wissenschaft』 부록, 같은 책, 271쪽.

는 물음으로 끝난다.[242] 인생에 추구해야 할 목적이 없다
는 말은 인생이 항구에 정박할 일 없는 항해와 같다는 뜻
이다. 그러므로 우리의 끝은 무한한 바다다. "무한함보다
더 무서운 것은 없다"는 말의 뜻이 이로써 분명해진다. 이
런 논리에 충실하게 니체는 바다를 죽음의 생각과도 밀접
하게 결합한다. 「죽음에 관한 생각(Der Gedanke über den
Tod)」이라는 아포리즘은 도시의 좁은 골목에서 서로 밀쳐
대는 시끄러운 인생을 떠올리게 한다. 그런 다음 이런 대
목이 나온다.

> 그런데 그래도 이런 모든 시끄러운 자들, 살아 있는
> 자들, 삶에 목마른 자들은 이내 조용해지리라! 누구나
> 자신의 뒤에 그림자가, 어두운 길동무가 있음을 보라!
> 그것은 언제나 탐험선이 출발을 앞둔 순간이다. 우리는
> 그 어느 때보다도 서로 할 말이 많지만 시간이 촉박하다.
> 바다와 그의 황량한 침묵이 모든 소음의 뒤에서 조바심을
> 내며 탐욕스럽게 기다린다. 바다의 약탈품은 그만큼
> 확실하다![243]

니체는 삶을 위해 이 서글픈 진실을 단적으로 무시하라고
정말 기쁜 마음으로 추천한다.

이처럼 단순하게 야스퍼스와 니체를 대비하면, 야스
퍼스에게 무한함은 인간에게 버팀목을 주는 초월자이자

---

242 Nietzsche, 『여명Morgenröte』, V, 575, 같은 책, 제1권, 1279쪽.
243 Nietzsche, 『즐거운 학문Die fröhliche Wissenschaft』, IV, 278, 같은 책, 제2권,
     162쪽 이하.

신비인 반면 니체의 무한함은 신과의 관련성을 잃고 그래서 공허하며 어둡게 남아 두려움을 안겨 주는 것일 따름이다. 모든 확실함과 궁극적 목표는 의심의 여지가 있는 것으로 무너진다. 이것이 우리를 묶어 주는 동시에 받쳐 주는 전통이라는 육지를 버리고 툭 트인 자유의 바다로 출발하는 모험이 치러야 하는 대가다.

전통에 집착하지 않고 자유롭게 인식의 바다를 항해하자는 생각은 니체에게서만 볼 수 있는 것이 아니다. 다른 철학자 역시 낡은 사고방식과 행동으로부터 근대정신이 풀려나는 해방의 양면성을 적시했다. 니체와 동시대인인 이 철학자의 이름은 빌헬름 딜타이다. 학문, 특히 모든 것을 상대화하는 역사 연구는 "인간 정신을 해방"해 주는 역할을 하기는 하지만 의문의 여지를 남긴다고 딜타이는 말한다. "그렇지만 이런 상대화 때문에 서로 다른 확신들이 난무하는 무정부 상태를 극복할 수단은 무엇인가?" 학문, 특히 과학 발달이 빚어내는 불안한 상태는 인생을 굳건하게 살아가려는 태도를 사라지게 만들었다고 딜타이는 지적한다. "우리 인간은 그 어느 때보다도 더 힘들게 인생이라는, 속내를 알 수 없는 얼굴을 읽어 내려 안간힘을 쓴다. 웃는 입과 우울한 빛을 띤 눈매의 인생을 대체 어떻게 해석해야 좋으랴."[244] 보이티우스에게 양면적 면모를 보여 준 것은 운명의 여신 포르투나였지만 세계의 조종자는 분명히 신, 지고하고 지선한 존재인 신이었다. 그리고

244 Wilhelm Dilthey, 『70세 생일 기념 강연Rede zum 70. Geburtstag』, 전집 제5권, 9쪽. 『꿈Traum』, 전집 제8권, 226쪽.

보이티우스가 본 인간의 영혼 역시 양면성에서 해방되었
다. 그러나 니체와 딜타이에게 "인생"은 불투명하며 다의
적인 것일 따름이다. 그래서 이들의 철학은 인생의 배경이
무엇인지 캐물어 들어갈 수 없다. 결국 인생, 곧 생명이 이
들 철학의 새로운 근본 원칙이다. 인간은 이 인생 자체이
기 때문에 배경을 알 수 없는 불가사의함을 자신 안에 담
고 있다. 그래서 인간은 이 불가사의함으로 바다와 가깝
다. 니체의 바다는 인생과 똑같이 이중적이며 불가사의하
다. 우리는 인생이든 바다든 확실한 토대를 찾을 수 없다.

　　철학자 한스 블루멘베르크[Hans Blumenberg(1920~1996).
독일 철학자로 철학사에 정통했던 인물이다.]는 어디에도 기댈 곳이
없는 인생을 근대의 근본 특징으로 꼽았다. 그의 책 『구경
꾼이 보는 난파』는 루크레티우스가 철학적 세계관의 대표
적인 예, 곧 안전한 제방에서 침몰하는 배를 구경하는 태
도를 언급한다.[245] 헤르더는 숭고한 바다의 광경을 철학
적 세계관의 예로 꼽았다.[246] 이와는 반대로 블루멘베르크
는 정신의 역사에서 바다라는 모티브가 어떻게 인간이 세
계와 자신의 존재를 바라보는 그림을 다양하게 변화해왔
는지 보여 준다. 이로써 블루멘베르크는 철학이 그림이라
는 표현 방식, 곧 은유법을 포기할 수 없다는 자신의 논제
를 입증하는 사례를 제시한다. 철학의 모든 개념은 결국
그림을 그려 내는 언어에서 비롯했기 때문이다. 그림처
럼 선명한 표현 방식 없이 철학은 우리 인간의 경험을 충

245　제4장, 118쪽 참조.(번역문 68쪽)
246　J. G. Herder, 『칼리고네Kalligone』, 전집 제22권, 244쪽. 제5장, 164쪽
　　　참조.(번역문 97쪽)

분하게 담아낼 수 없다. 블루멘베르크의 작은 책은 은유법을 이론적으로 상세히 풀어 주는 것으로 끝맺는다. 그러나 동시에 블루멘베르크는 언어적 표현과 별도로 인간의 세계관이 어떻게 변해 왔는지도 분명하게 보여 준다. 자신의 유한함을 아는 상처 받기 쉬운 연약한 인간은 확실히 디디고 설 토대를 간절히 찾는다. 그러나 근대에 들어와 인간은 더는 안전하게 떨어져서 역사적 사건의 흐름을 관찰할 수 없다. 그래서 관찰자 역시 역사의 흐름을 이루는 물결 가운데 하나일 뿐이라는 통찰이 생겨날 수밖에 없다.[247] 블루멘베르크의 에세이는 이런 식으로 근대 의식의 발생을 묘사한다. 근대 의식은 우리의 세계와 존재 해석이 가진 상대성과 지울 수 없는 "역사성"을 강조하는 새로운 조류의 철학을 낳았다.

　　모든 것이 영원한 흐름이라고 주장한 헤라클레이토스의 사상이 여전히 시의적절하다는 점을 상기할 때, 모든 것이 흐른다는 통찰 역시 영원한 변화의 흐름 속에서 풀려 버리지는 않을지, 아니면 그대로 남을지 하는 의문이 고개를 든다. 인간과 그 문화적 세계의 역사성을 두고도 같은 물음이 성립한다. 인간과 그 문화적 세계가 오로지 역사적인 것일 뿐이라면, 다시 말해서 오로지 시간 제약을 받는 상대적인 것일 뿐이라면, 이런 가정이 상대적이지 않다는 것은 무엇이 보증하는가? 모든 것이 역사의 흐름에 따라 상대적이라고 확신한다는 주장은 역사를 살피지 않아도 된다는 말인가? 아니, 역사 자체를 아예 몰라도

247　H. Blumenberg, 『Schiffbruch mit Zuschauer』, 같은 책, 74쪽 이하.

되지 않을까? 이런 물음은 철학의 독자적인 영역, 곧 역사 철학이라는 영역으로 우리를 이끈다. 역사철학은 오늘날 주로 역사학으로서의 역사를 다루며 역사적 진실의 가능 성과 그 의미를 묻는다. 그러나 예전의 역사철학은 주로 인간 세계에서 일어나는 모든 사건의 총체, 곧 세계사로 서의 역사에 관심을 두었다. 오로지 역사철학의 이 근본 적인 형태에서만 바다도 큰 의미를 얻는다.

7

바다와 세계 역사

발달의 토대

모든 것이 변한다면 인간은 이런 변화의 형식을 살피며 어떤 법칙에 따르는 변화인지, 최소한 어떤 경향이 이 변화에 숨어 있는지 살피고자 한다. 앞서도 언급했듯 고대 철학은 자연과 역사에서 원과 같은 순환 운동을 알아볼 수 있다고 여겼다. 행성의 궤도, 하루와 사계절의 일정한 변화 그리고 활짝 꽃을 피웠다가 시드는 식물 등은 순환 운동이라는 관점이 맞다는 것을 보여 준다. 또 정치와 역사도 비슷하게 운동하는 것처럼 보인다. 국가의 흥망성쇠 역시 순환의 모습을 보여 주기 때문이다. 그러나 근대 철학은 과학과 기술로 완전히 새로운 것이 생겨나는 경험, 곧 예전에 법칙이라고 믿었던 것이 무너지는 경험을 어떻게 풀어야 좋을지 고민했다. 더욱이 과학과 기술 때문에 문명은 전반에 걸쳐 근본적으로 변화했다. 18세기에 새롭게 생겨난 철학의 분과인 역사철학은 이런 변화 전체를 개념으로 파악하고 판단 내리는 일을 과제로 삼았다.

가장 중요하고 큰 영향력을 가진 역사철학 저작 가운데 한 권은 철학자이자 신학자 헤르더의 펜으로 쓰였다. 헤르더는 역사 연구와 성찰에 결정적 자극을 준 인물로 앞으로도 계속 기억될 것이다. 대다수 역사학자와 역사철학자와는 다르게 헤르더는 역사의 발달이라는 문제를 다룰 때 자연도 함께 살펴야만 한다고 생각했다. 그렇다, 헤르더는 자연과 인간 세계에 동일한 힘이 작용하는 것으로 보아야 한다고 강조했다. 헤르더의 완성되지 못한 역사철학 주저는 그래서 자연 발달을 상세히 묘사하는 것으로 시작한다. 헤르더는 당시 과학 지식의 수준을 토대로 우주 전체라는 맥락에서 지구가 점차 형성되는 과정을, 그 다음에는 식물과 동물 그리고 인간이 발생한 과정을 추적한다. 헤르더의 이런 초기 진화론은 자연은 물론이고 인간의 역사에서도 신의 생산적 힘이 작용한다고 전제한다.[248] 그렇지만 신의 힘이 계시되는 발현이라고 해서 인간이 오로지 신의 목적을 위한 수단으로서만 동원된다는 뜻은 아니다. "신은 오로지 우리의 근면, 우리의 지성, 우리의 힘으로 우리 자신을 도울 뿐이다."[249]

　자연과 인간에 동일한 힘이 작용한다고 볼 때, 외적 자연, 곧 지구의 형성이 인간의 역사에 중요한 의미를 지닌다는 점은 누구라도 이내 명확히 알아볼 수 있다. 인류에게 매우 다양한 특성이 있는데도 헤르더는 인류의 통일성을 보여 주고 싶어 했다. 또는 거꾸로 개인의 개성과 각 민족의 차이점을 존중하면서도 인류의 통일성을 포기하려 하지 않았다. 인간의 자연적이고 문화적인 다양한 차이는 지리와 기후라는 조건을 고려하지 않으면 설명할 수 없다. 바다, 산맥, 하천은 인간 집단 사이의 거리를 벌려 놓

248　J. G. Herder, 『인류의 역사철학 이념Ideen zur Philosophie der Geschichte der Menschheit』(1784~1785). 전집, B. Suphan 편집, 제13 & 14권.
249　위의 책, 제14권, 213쪽.

고 각 집단이 특수하게 발전하도록 한다. 그래서 지리적
조건은 "모든 인간 역사의 확실한 기본 틀"을 형성하면서
세계 역사가 나아갈 방향을 정해 주거나 한계를 나타낸다
고 헤르더는 상술한다. 지리적 조건은 유목민, 사냥꾼, 어
부 혹은 상인처럼 생업의 차이를 결정하는 중요한 요인이
다. 물과 땅이 서로 어울리는 정도가 얼마나 다양하느냐
에 따라 인간 세계도 그만큼 다양한 차이를 보여 준다. 다
시 말해서 물과 땅이라는 자연조건이 민족과 집단 사이의
차이점을 만들어 낸다. 아시아의 광활한 땅에는 경계를
정하는 바다가 없기 때문에 아시아 민족들은 서로 활발히
교류해서 문화의 발전 단계가 비슷하다는 점을 보여 준
다. 반대로 작은 바다인 홍해만 하더라도 주변에 사는 민
족들의 생활방식과 문화가 사뭇 다르기만 하다.[250]

　　헤르더는 유럽 문화의 다양성을 이해할 결정적 열쇠
를 이런 조건에서 찾을 수 있다고 본다. 지중해를 중심으
로 산맥, 하천, 해안의 곶과 만은 자연스럽게 경계를 이룬
다. 동쪽에서 유럽으로 찾아오는 민족들은 "지중해 주변
에서 이합집산을 되풀이해 가며 서로 영향을 미치면서 싸
움을 벌이는가 하면 다시금 평화롭게 살았다. 다양하게
분류된 작은 지역이 시장 역할을 하면서 많은 군소 민족
들을 끌어들였다." 이런 서로 다른 문화와 민족의 혼합으
로 유럽이 생겨났다.

250　위의 책, 제13권, 37~39쪽.

국가들 사이에서 중심 노릇을 하는 유일한 바다인
지중해야말로 유럽 전체를 빚어낸 결정적 요인이다! 그래서
우리는 유일하게 이 바다만이 고대와 중세의 모든 문화에
맥을 이어 주며 발달해 왔다고 말할 수 있다. 발트해의
역할은 지중해에 한참 못 미친다. 훨씬 더 북쪽에, 더욱
거친 민족들과 농사를 짓기 어려운 추운 땅 사이에 위치한
발트해는 세계시장에서 볼 때 변두리에 지나지 않았다.
그러나 발트해 역시 북유럽 전체에 세계를 바라볼 눈
역할을 해 주었다. 발트해가 없었다면 인접 국가는 날씨가
추워 사람이 살기 어려운 야만의 땅으로 남았으리라.
스페인과 프랑스의 경계를 두고도 같은 말을 할 수 있다.
두 나라 역시 바다의 주도권을 놓고 다툼을 벌이며 각기
자신의 문화를 키웠다. 프랑스는 인접한 도버해협을 통해
잉글랜드와 교류했다. 이런 식으로 잉글랜드, 이탈리아,
고대 그리스의 각 문화가 서로 섞이며 저마다 특장(特長)을
계속 키우기도 했다. 만약 도버해협을 직접 건너는
도로를 건설했다면 세계는 전혀 다른 모습이 되었거나
황폐해지거나 했으리라. 그렇다면 몇 세기를 거치며 전체
민족과 세계의 운명은 전혀 다른 길을 걸었으리라.[251]

유럽 대륙의 다채로운 자연은 인문주의(휴머니티)가 발
달하는 데 유리한 조건으로 작용했다. 기독교는 민족들을
단결시켰지만 자연조건은 문화적 다양성이 지켜지도록
보장해 주었다. 헤르더의 전체 인문주의 사상은 통일성과

---

251 위의 책, 제13권, 40쪽.

다양성의 올바른 관계가 무엇인지 천착해 들어간다.

지중해가 가진 결정적인 힘은 무엇보다도 고대 그리스의 놀라운 문화 발달에서 잘 드러난다. "바다로 둘러싸인 만과 해안 지대 또는 심지어 섬들로 이뤄진 해협"으로 그리스는 매력을 발산해 여러 민족을 끌어들였으며 서로 경계를 두고 교류하는 중요한 기반을 제공했다. 이로써 교역은 물론이고 전쟁까지 불사하는 다양한 활동이 벌어졌다. 이런 기반은 생각의 교류를 통해 이 지역에서 문화가 부흥할 수 있게 해 주었다. 이런 현상은 유럽 대륙의 광활한 내륙에서는 찾아볼 수 없다. 헤르더는 지리적 위치가 문화 발달에 유리하게 작용한다는 점은 다른 곳에서도 쉽게 찾아볼 수 있는 특성이라고 강조한다. "바다에 면한 모든 지역에서는 반도나 섬 또는 해안 지대를 찾아 자신만의 행복한 삶을 살아 보려는 탐험이 활발하게 일어났으며 이로써 자유로운 문화가 발달했다. 내륙의 오래된, 단조로운 법이 지배하는 사회에서 이런 문화 발달은 일어날 수 없었다."[252]

지중해는 나중에 발달한 해상 교역을 통해서도 유럽에 "결정적인 영향력"을 행사했다. 지중해 연안에는 유명한 해변 도시들이 활짝 꽃을 피웠다. 본래 도피처였던 항구도시 베네치아의 번성은 맨 주먹이라도 지혜롭고 부지런하기만 하면 "빈털터리 신세에서 막강한 부"를 쌓을 수 있음을 보여 주는 좋은 예다.

그 도시는 뒤늦게 진창 속에서 고개를 내민 겁에 질린 동물처럼 조심스레 탐색하다가 몇 걸음 나아가 최고의 부를 자랑하는 제국의 환심을 사고자 라벤나의 허약한 총독 편을 들었다.(동로마제국의 비위를 맞췄다는 뜻이다.) 그 대가로 이 제국에서 간절히 원했던 자유를 누리며 당시 세계 교역의 수도로 발돋움했다.

결국 베네치아는 중동의 재화를 유럽으로 들여오는 관문으로 유럽 문화에 결정적 영향을 주면서 지중해를 지배하는 해상 강국으로 자리 잡았다. 물론 베네치아, 제노바, 피사, 아말피 같은 이탈리아의 강력한 무역 도시국가들의 활동은 지중해로 한정되었다. 북해와 발트해 지역의 민족들은 달랐다. "북유럽의 배들은 이내 대서양을, 대서양으로 세계를, 차지했다."[253]

그러나 헤르더는 하나의 유럽이 형성되는 데 무엇보다도 중요한 것은 대형 무역도시들의 통합이라고 보았다. 이런 통합으로 "시민권"과 함께 "공동체의 자유"가 비로소 실현될 수 있기 때문이다. 뤼베크를 필두로 한 이 도시들의 동맹, 곧 한자동맹은 북해와 발트해와 지중해를 넘어 대서양 전체까지 그 교역의 범위를 넓혀 가며 많은 다른 국가들과 협력했다. 헤르더는 이 "한자동맹"이 "로마의 모든 풍습과 십자군 원정보다도 더 유럽을 하나의 공동체로 만들어 주었다"고 강조한다.

---

253 위와 같은 책, 451쪽.

한자동맹은 지역과 민족의 차이를 넘어서 상호 이익과
경쟁적인 근면함, 성실함 그리고 질서에 기초한 도시국가
연합을 이루어 냈다. 도시들은 군주와 성직자와 귀족이
수행할 수 없고 하고 싶어 하지도 않는 것을 이루어 냈다.
"도시들은 공동체로 기능하는 유럽을 만들어 냈다."254

헤르더는 "인간 역사의 무대"인 지구가 세계사적인 드
라마의 진행 방향도 결정한다고 보았다. 이런 주장은 역
사 발달의 세부 조건을 하나도 놓치지 않을 정도로 충분
히 비판적 검토를 거쳐 나온 덕에 설득력을 자랑한다. 예
를 들어 고대 그리스를 이루었던 종족들이 어디서 그 놀
라운 언어, 시, 지혜를 얻었을까 하는 물음에 헤르더는 이
렇게 답한다. "자연의 창조력이 이들에게 그런 능력을 베
풀었다. 그 땅, 자연의 기후에 맞춘 생활양식, 종족의 타고
난 본성이 어우러진 결과가 그런 능력이다." 그는 발달의
조건으로 최소한 세 가지는 확실하다고 꼽는다. 각 민족
의 성격적 특징, 외적 자연 그리고 시간이 그 확실한 조건
이다. 시간이라는 말은 각 시점에서 모든 사람에게 적용
되는 보편 상황을 뜻한다. 헤르더는 역사철학으로 공연한
생각 놀음을 벌여 무슨 신비한 원리를 발견하려 하지 않
았다. 헤르더는 오로지 역사를 학문으로 고양하고 싶었을
따름이다. "역사학은 존재하는 모든 것을 있는 그대로의
모습으로 그리고자 하는 학문이다." 심지어 헤르더는 인
간의 역사에서도 법칙을 증명할 수 있다며 "인류의 전체

254　위와 같은 책, 487쪽.

역사는 인간의 힘과 행동과 시공에 따른 본능이 함께 어우러진 순수한 자연 역사다"고 썼다.[255]

그러나 동시에 헤르더는 역사적 사건에 비판적인 입장을 취한다. 그는 인간이 맹목적 탐욕과 어리석음으로 다른 누구도 아닌 자신을 괴롭혀 온 모든 악행을 일일이 거론한다. 이런 악행 탓에 "인류 역사라는 삭막한 바다에서 사람들은 신을 향한 믿음을 잃고 만다. 자연 연구라는 육지에서는 풀 하나, 티끌 하나에서도 정신의 눈으로 신을 읽어 내며 충심으로 신을 섬기는 인간이 자신의 역사에서만큼은 신을 믿지 못한다." 그런데도 헤르더는 흔들림 없이 인간이 인문주의, 곧 이성과 자유를 자신의 본성으로 아는 존재이며 느리기는 해도 이성과 자유를 실현해 나갈 것이라고 보았다.[256] 그는 인류 역사를 보는 과학적 관점과 휴머니즘 관점을 하나로 묶어 내려 노력했다. 그러나 나중에 두 관점은 분리되기 일쑤였다. 헤르더는 역사의 전반과 특정 부분을 평가하는 원칙으로 갈등 없는 다양성을 요구했다. 갈등 없는 다양성이란 곧 휴머니즘 정신이다. 다양성을 키우고 인정하는 일을 헤르더는 그리스 고전 문화를 낳은 지중해의 중요한 특징으로 보았다.

인간다움을 강조하는 휴머니타라는 개념은 그동안 너무 남용된 탓에 20세기의 철학적 논의로 비약해도 전혀 이상하지 않을 정도로 친숙하다. 바다, 특히 지중해를 찬탄한 사람으로 앞서 살핀 바 있는 알베르 카뮈는 인류가

---

255 위와 같은 책, 144~146쪽.
256 위와 같은 책, 207쪽 이하, 제13권, 154쪽 이하.

자유 공산주의 국가으로 비약하기 위한 궁극적 행보인 마르크스주의 투쟁이 그저 새로운 불행을 불러올 것이라고 보았다. 그래서 카뮈는 혁명 대신 모든 압제에 맞서는 "적절한 투쟁"인 "항거"가 필요하다고 요구했다. 모든 것을 억지로 단 하나의 원칙과 체계에 복종시키려 하는 태도를 거부하고 다양성을 존중하는 중도를 지키는 철학을 "지중해적 사고방식"이라 부르고, 공산당과 사르트르가 대변한 교조적 마르크스주의와 대립하는 것으로 보았다.[257] 개인의 자유를 중시하는 카뮈의 지중해적 사고방식은 헤르더가 "휴머니티"라고 부른 개념에 근접한다. 물론 카뮈 자신은 휴머니티라는 개념이 프랑스에서 달리 해석되며 공산주의도 즐겨 쓴다는 이유를 들어 회피했다. 그러나 헤르더의 사상을 염두에 둘 때 카뮈의 "지중해적 사고방식"은 당시 널리 퍼진 공산주의보다 휴머니즘에 더 가깝다고 볼 수 있다.

역사철학과 관련해서는 예나 지금이나 헤겔의 관련 강의가 가장 유명하다. 그가 1822년에서 1831년 사이 베를린에서 한 강의를 우리는 아쉽게도 그 강의를 들은 학생들의 노트를 통해서만 접할 수 있다. 헤르더는 인간의 역사를 "순수한 자연 역사"라고 불러 격렬한 비판을 받았으며, 헤겔은 역사를 "정신의 작업"으로 풀어 마찬가지로 적지 않은 비판을 받았다. 이처럼 역사의 바탕을 전혀 다르게 보

---

257 Albert Camus, 『항거 속의 인간. 에세이Der Mensch in der Revolte.
Essays』[1951], Reinbek bei Hamburg, 1994, 241쪽 이하.

면서도 헤겔은 일단 "세계 역사의 무대", 곧 지리적 조건부터 스케치한다. "세계사는 세계라는 옷을 입은 정신의 행적이다. 즉 세계사에서 우리는 정신뿐만 아니라 자연과 육신도 알아볼 수 있어야만 한다. 자연과 정신이 어우러져 하나의 형상을 이룬다. 이것이 역사다." 헤겔은 곧바로 자연이라는 기본 토대는 인간의 자유의지에 전혀 영향을 미치지 않으며 오로지 각 민족에게 저마다 다른 특성을 제공할 뿐이라고 덧붙인다.[258]

헤겔은 헤르더의 영향을 받은 것이 분명한 방식으로 세계 역사의 무대를 묘사한다. 그러나 헤겔은 모든 것의 구조를 꿰뚫어 보는 체계 이론의 솜씨를 유감없이 발휘한다. 거주 가능한 지역의 세 가지 유형은 각기 그 특성에 맞는 경제와 사회 형태를 낳는다. a) 물이 귀한 고원지대는 목축과 유목에 유리하다. 이런 사회는 가부장제로 조직된다.(사례: 아프리카) b) 하천으로 물이 풍부한 계곡 지대에서는 농업이 활발해진다. 이로써 토지 소유권을 다루는 법체계가 생겨나면서 거대 왕국이 형성된다.(사례: 아시아) c) "바다와 직접 맞닿은 해안 지대"를 두고 헤겔은 따로 특정한 사회형태를 언급하지는 않는다. 그렇지만 헤겔은 바다가 주민의 생활과 생각에 얼마나 큰 영향을 미치는지 대단히 자세히 묘사한다.[259]

---

[258] G. W. F. Hegel, 『세계 역사 철학 강의Vorlesungen über die Philosophie der Weltgeschichte』, 카를 하인츠 일팅Karl Heinz Ilting, 카를 브레머Karl Brehmer, 후 남 젤만Hoo Nam Seelmann 편집, Hamburg, 1996 (= 헤겔, 강의 전집, 제12권), 101, 107쪽.

[259] G. W. F. Hegel, 『역사철학 강의Vorlesungen über die Philosophie der Geschichte』, 이론 전집 판, 제12권, 115쪽 이하.

바다는 그 자체로 독자적인 생활 방식의 근거가 된다.
바다라는 비(非)규정성의 요소는 우리에게 무제한인 것,
무한한 것을 떠올리게 만든다. 인간은 이 무한함 속에서
자신이 살아간다고 느끼기 때문에 바다를 보며 제한적인
것을 넘어서고 싶다는 용기를 품는다. 바다는 그 자체로
제한이 없기에 내륙 도시처럼 평온하게 제한을 받아들이려
하지 않는다. 육지, 특히 산간의 평지는 인간을 바닥에
붙들어 맨다. 이로써 인간은 무한히 많은 의존성[땅과 주변에
매달리는 의존성.]을 가질 수밖에 없다. 그러나 바다는 용기를
북돋운다. 바다는 정복하고 약탈하도록, 그러나 동시에
생업의 기쁨을 맛보며 승리하도록 인간을 초대한다.[260]

니체는 바다의 무한함을 위협적으로 느꼈지만, 헤겔은 바다가 인간이 매달릴 수밖에 없는 판에 박힌 생업으로부터 빠져나오도록 유혹한다고 본다. 인간이 항해를 하는 주된 목적이 물질적 이해관계이기는 하지만, 또한 인간은 항해를 통해 용기를 키우고 자신의 개인적 자유를 의식하기에 이른다.

바다로 나아가는 행위는 그곳에서 얻은 것으로 재산을
일구고자 하는 의지의 표현이다. 그러나 돈을 벌겠다고
선택하는 수단은 직접적으로 그 반대의 것, 곧 위험을
포함한다. 재물을 쌓겠다는 의지는 이런 식으로 전도되어

---

260 Hegel, 『역사 속의 이성Die Vernunft in der Geschichte』, 요하네스
호프마이스터Johannes Hoffmeister 편집, Hamburg, 1994(『Vorlesungen über
die Philosophie der Weltgeschichte』, 제1권), 197쪽.

오히려 목숨과 재산을 상실할 위험에 건다는 뜻이 된다.
이처럼 수단의 선택이 용감한 행위가 되어 개인에게
지금껏 누렸던 것보다 더 큰 자유의 의식, 곧 자립성의
의식을 일깨운다. 바다는 용기를 자극한다. 바다를
항해하면 풍요한 인생을 얻을 수 있다고, 필요한 것은
용기뿐이라고 자극한다. 그러나 위험을 무릅쓰고 용기 있게
재물을 얻으려는 행위는 도박처럼 자신의 목숨과 재산을
무시하는 결과를 낳는다.

정신의 타자(他者)인 자연은 마치 지혜로운 교육자처럼 처신한다. 바다는 오로지 돈벌이에만 주목하는 인간을 용기라는 덕목을 아는 좀 더 고결한 인품의 소유자로 키운다. 그러나 헤겔의 역사는 정신의 작품이기 때문에 자연의 바다는 인간의 정신과 동맹을 이루고 인간 정신의 발달에 유용한 도구와 수단으로 봉사할 따름이다. 정신은 자신을 계속 발달시키기 위해 바다를 다른 방식으로도 활용한다. 그 바닥 모를 위험으로 바다는 인간의 지성과 창의력을 훈련시킨다. 인간이 바다의 물길에 휩쓸리지 않고 자기 자신을 주장할 수 있으려면 무엇보다도 영리하고 민첩해야만 한다. 헤겔의 역사철학에서 역사를 이끄는 진짜 영웅은 이념과 개념이다. 특히 국가와 자유라는 이념이 인간의 발달을 선도한다. 그러나 헤겔 역시 바다의 간교함을 언급하는 대목에서는 니체와 마찬가지로 바다를 인간처럼 그릴 때에만, 다시 말해서 바다를 의인화할 때에만 설득력 있는 묘사에 성공한다.

바다는 인간에게 간교하라고도 요구한다. 물이라는 요소로
이뤄진 바다는 모든 형식에 불평 없이 맞춰 주는 것처럼
보이면서도 음험하기 이를 데 없기 때문이다. 용기 있게
바다와 싸우던 인간이 모든 것에 맞춰 줄 것처럼 하던
물에 집어삼켜지는 것을 보라. 그러므로 용기는 최대의
간지(奸智)인 지성과 결합해야만 한다. 물의 약점, 마치
양보할 듯하다가 감싸는 이 부드러움이야말로 물의 가장
무섭고 위험한 부분이다. 그러므로 바다와 겨루는 용기는
안정적인 형태를 취하지 않고 매 순간 거짓말을 하는 듯한
이 교활한 존재와의 싸움이기에 마찬가지로 교활해져야만
한다. 이 무한한 표면은 그 어떤 압력도 거부하지 않으며
심지어 인간의 숨결에도 물살을 만들기에 절대적으로
부드럽다. 바다의 표면은 친절하게 포용하며 모든 것을
끌어안을 정도로 무한히 결백해 보이지만, 바로 이런 포용성이
바다를 가장 위험하고 엄청난 힘을 자랑하는 것으로 바꾸어
놓는다. 이런 기만과 폭력에 맞서 인간은 (……) 그저 조촐한
나뭇조각에 의지해 자신의 용기와 개인 정신을 믿고 인공의
바다와 함께 붙들 것 하나 없는 바다로 나선다. 이 배,
바다의 백조인 이 배는 날렵하고 우아하게 파도를 헤치고
나아가며 물살을 일으킨다. 배라는 도구의 발명은 인간의
대담함은 물론이고 인간의 지성에 커다란 명예를 안긴다.[261]

배를 만드는 것을 찬양하는 헤겔을 보며 우리는 루소처럼
그저 자연 안에서 소박하게 사는 것이 아니라 자연을 활

---

261 위의 책, 197쪽 이하.

용함으로써 자연의 강제로부터 벗어나 비로소 진정한 인
간으로 거듭나는 존재로 인간을 해석하는 철학자를 발견
한다. 인간에게 이런 해방을 선물하는 것은 교육이다. 그
래서 "바다의 원리"는 교육도 포함한다고 하는 헤겔의 말
을 우리는 이해할 수 있게 된다.[262] 이때 교육이란 바다가
경험과 발명의 여건을 마련해 준다는 의미다. 이런 교육
으로 인간은 자신의 능력과 그 지평을 놀라울 정도로 확
장한다.

    바로 그래서 헤겔의 바다는 유럽을 이해하는 데도 중
요한 역할을 한다. "유럽이라는 지역은 오로지 바다와 결
합할 때에만 위대할 수 있다. 바다는 비록 영토를 나누지
만 인간은 결합해 준다. 바다에는 아시아의 생활에서는
찾아볼 수 없는 아주 독특한 초월성이 있다."[263] 유럽이 아
시아 제국과 달리 바다의 초대를 받고 그 가능성을 이용
한 것은 헤겔이 보기에 유럽 역사에서 아주 중요한 의미
다. 이런 의미는 특히 땅은 물론이고 바다도 집처럼 여기
며 "수륙양용 생활"을 한 고대 그리스에 고스란히 적용된
다. 그리스는 "땅의 왕국은 물론이고 다양한 방식으로 바
다에 흩어진 많은 섬들과 그 자체가 섬 같은 육지로 이루
어졌기" 때문이다. 땅과 바다를 다양하게 활용할 수 있게
해 준 이런 지리적 조건을 두고 헤겔은 "그리스 정신의 다
양함과 활력"을 제고해 주었다고 진단한다. 그 밖에도 그
리스에서는 결합해 주는 바다 덕분에 부분적으로 전혀 다

---

262 위의 책, 197쪽 이하.

263 Hegel, 『역사철학 강의Vorlesungen über die Philosophie der Geschichte』,
     재12권, 111쪽.

른 종족들이 한 땅에 어울려 살 수 있었다. 그리스 민족은
그 자체의 "타자성(他者性)"과 분열을 점차 극복하며 국
가적 통일성을 이루어 냈다. "극히 다양한 민족들의 융합"
으로 비로소 "아름답고 자유로운 그리스 정신"이 형성되
었다. 순혈주의라는 확고한 민족적 특징이 아니라 오로지
여러 다른 민족들이 융합함으로써 고도로 발전한 그리스
문화가 출현할 수 있었다. 헤겔은 이런 다양성의 융합이
정신이라는 보편 원칙의 실현이라고 주장한다. 직접 주어
진 요소, 이를테면 혈연과 지연을 넘어서 다른 것과 대결
하며 자신을 다스릴 때 더 높은 차원으로 발전하게 만드
는 것이 정신의 보편 원칙이다. "정신이 가질 수 있는 진
정한 대립은 오로지 정신적 차원의 것이다. 바꿔 말해서
다름을 자신 안에 포용함으로써만 정신은 정신일 수 있는
힘을 얻는다."[264]

헤르더와 마찬가지로 헤겔의 역사철학에서도 가장 중
요한 역할을 한 것은 지중해다. 더욱이 헤겔이 보는 지중
해는 유럽에만 한정되지 않고 고대 세계 전체에 지대한
영향을 미쳤다. 신세계의 북아메리카와 남아메리카가 그
저 곳이라는 피상적인 연결 고리만 가진 반면 고대 세계
의 중요한 세 부분, 곧 유럽과 아프리카와 아시아는 지중
해를 중심으로 확실하게 연결되었다. 더욱이 지중해는 하
천과 바다가 인간들을 절대 서로 분리하지 않으며 함께
만나도록 유도한다는 점에서 손쉬운 소통을 가능하게 만
들어 주었다. "세 개의 세계 부분들에게 지중해는 통합의

---

264   이론 전집 판, 제12권, 277, 280쪽.

구심점이자 세계 역사의 중심이다." 지중해를 중심으로 강력한 문화적 영향력을 자랑하는 중심지들, 델포이와 아테네와 로마와 예루살렘과 메카와 메디나와 알렉산드리아와 카르타고가 생겨난 것을 보라. 이런 곳들은 지배 권력의 중심이라기보다는 종교, 예술, 학문의 중심지라는 성격이 더 강하다. 이처럼 헤겔이 보는 세계 역사는 정신 발달의 역사다. 바로 그래서 헤겔은 이렇게 결산한다. "지중해는 고대 세계의 심장이다. 지중해는 고대 세계를 성립해 준 조건이자 그 생명력의 원천이기 때문이다. 지중해가 없는 세계 역사는 상상할 수가 없다. 그런 세계 역사는 모든 사람이 함께 의견을 나누었던 포럼이 없는 고대 아테네나 로마와 같으리라."[265] 지중해는 세계 역사의 통일성 또는 결속을 빚어 준 바탕이다. 헤겔은 세계 역사가 태동한 중요한 시기가 지중해와 맞물려 있다고 강조한다.

헤르더와 헤겔은 고대 그리스를 격찬한다. 헤르더는 그 자신이 열중하는 역사적 사고방식의 근원이 고대 그리스에 있다고 보았다. 헤겔도 자신의 논의에서 비슷한 언급을 한다. "우리는 그리스를 고향처럼 느낀다. 그리스에서 우리는 정신의 토대 위에 서기 때문이다."[266] 두 철학자에게 그리스는 유럽 문화의 원천이다. 유럽 문화는 지중해를 중심으로 여러 민족이 결합해 천천히 형성되었기 때문이다. 헤르더는 이 문화가 담은 여러 차이를 강조하는 반면 헤겔은 이 문화로 생겨나는 통일성을 더욱 강조한

---

265 이론 전집 판, 제12권, 115쪽.

266 Herder, 『Ideen』, 전집, 제14권, 90쪽 이하. Hegel, 『역사철학Philosophie der Geschichte』, 이론 전집 판, 제12권, 275쪽.

다. 반면 두 철학자가 보기에 아시아의 왕국들은 지중해가 없었기 때문에 전혀 다른 방향으로 발전했다.

그러나 헤르더와 헤겔에게 그리스는 유럽에서 가장 많이 발달했던 곳은 아니다. 헤르더는 나중에 북유럽에서야 비로소 휴머니티가 기치를 올리고 전 세계로 퍼져 나갔다고 보았다. 헤겔은 고대 그리스는 그저 젊은 정신이었을 뿐이고, 기독교의 영향을 받은 북유럽에서야 비로소 성인 연령에 해당할 정도로 정신이 성숙했다고 보았다. 헤겔은 자신의 체계로 조망하면서 아시아에서는 오로지 왕이 자유로웠고, 고대 세계에서는 몇몇 인간만 자유로웠으며, 근대에 이르러서야 비로소 인간이 인간으로서 자유로워졌다고 썼다. 만인이 자유를 인정받게 된 것은 근대의 성과라는 진단이다. 헤겔은 명백히 발전을 지지하는 이론가였으며 헤르더는 발전 이론에 신중한 입장을 취했다. 오늘날의 관점에서 말하자면 두 철학자는 다분히 유럽 중심적이다. 두 사람 모두 세계 역사 변화의 기원이 유럽이라고 보기 때문이다. 이런 관점은 인류 역사 전체를 판단하는 기준과 뗄 수 없이 맞물려 있다. 헤르더의 기준은 휴머니티이며 헤겔의 기준은 자유다. 두 철학자는 이런 가치들을 형성하는 데 유럽이 기초를 닦았으며 세계 역사가 이런 원칙들을 점차 유효하게 만들었다고 보았다.

경험과학 역시 지리 조건을 인류 역사의 중요한 요인으로 꼽았다. 이른바 독일 관념론의 영향을 받은 독일 경험과학자들은 주체와 객체, 정신과 자연이라는 굳은 대립을 지양하고 그 상호작용을 개념적으로 파악하려 노력한 관넘론의 입장을 쉽게 받아들였다. 철학적 소양을 갖춘 지리학자 카를 리터[Carl Ritter(1779~1859). 독일 지리학자로 알렉산더 폰 훔볼트와 더불어 과학적 지리학의 창시자로 꼽힌다.]는 19세기 초에 계획적으로 자연과 인간세계를 결합한 지리학을 다듬어 냈다. 인간은 항상 특정 자연환경과 떼어서 생각할 수 없는 존재라고 리터는 보았기 때문이다. 헤겔은 자신의 역사철학 강의에서 리터의 저작을 즐겨 인용하곤 했다.

리터의 새로운 지리학은 여전히 고대 "테오리아"를 연상시킨다. 리터가 훔볼트와 마찬가지로 자연을 하나의 거대한 맥락으로, 그리고 모든 개체는 하나의 전체를 이루는 부분으로 파악하자고 요구했기 때문이다. 이 거대한 전체에서 힘들은 서로 대립하면서도 조화를 추구하거나 균형을 이루려 한다는 것이 리터의 관점이다. 그러므로 모든 차별성은 하나의 심오한 통일성을 나타내는 징후일 따름이다. 이렇게, 오로지 이렇게 관찰할 때에만 자연은 인간에게 "빛과 생명력을 발휘한다. 그렇다, 자연의 광채는 마치 눈부시게 빛을 발하는 별과도 같다. 인간은 이처럼 충만한 별들을 온전히 파악할 수 없다."[267] 오늘날의 지리학이 이를 두고 지나친 시적 감각이라고 비웃을지라도 리터가 자신의 연구 작업에서 중시한 모티브가 무엇인지는 분명하게 드러난다. 리터는 위대한 자연을 보고 경탄

---

267 Carl Ritter,『자연과 인류 역사의 관계로 본 지리학. 또는 물리학과 역사학의 연구와 수업의 확실한 토대가 될 비교 지리학Die Erdkunde im Verhältniß zu Natur und Geschichte des Menschen, oder allgemeine, vergleichende Geographie, als sichere Grundlage des Studiums und Unterrichts in physikalischen und historischen Wissenschaften』, 제1부, Berlin, 1817, 3쪽.

하며 자연의 장엄한 광경에서 신적인 뿌리를 짐작하고 그 안에서 조용히 작용하는 법칙을 감지하고 싶었을 따름이다. 이렇게 볼 때 당시 사람들이 추구한 학문의 이상은 오늘날에도 결코 무시할 수 없다. 이상적인 학문은 확보한 사실의 축적이 아니라 사실의 맥락을 꿰뚫어 보는 통찰을 목표로 해야 한다. 자연과 역사의 맥락도 마찬가지다. 합목적적으로 창조된 세계에서 사물 사이의 교류를 일으키는 것은 리터가 보기에 무엇보다도 흐르는 것, 즉 항상 운동하는 요소들, 곧 공기, 온기 그리고 물이다. 이런 요소들은 쉽게 확장되며 모든 것 사이의 맥락을 형성한다. 특히 물이 결합을 만들어 낸다. 이런 결합은 자연뿐만 아니라 인간세계에서도 일어난다. "세계 결합을 이루어 주는 것은 바다다." 이로써 물은 "문화의 고양"을 이루어 준다.[268] 자연을 인간과 관련지어 관찰한 지리학자 리터는 바다를 교통로로 이용하는 인간을 보며 바다는 결합해 줄 뿐, 분리하지 않는다는 점을 자명하게 여겼다.

1845년 에른스트 카프[Ernst Kapp(1808~1896). 독일 교육자, 지리학자, 철학자. 근대 기술 철학의 창시자로 꼽힌다.]는 리터보다도 훨씬 더 분명하게 인류 역사의 특징을 다양한 물의 시스템으로 정리한 철학적 지리학을 선보였다. 카프는 리터와 헤겔을 참조해 가며 자신의 기본 사상을 다듬었다. 인간의 정신과 자연은 영혼과 몸 같은 관계다. 정신은 자연의 내면, 자연의 영혼이며, 외적인 자연은 정신의 몸 또는 집이다. 이런 기본 사상으로 인류 역사와 자연은 구분되기

292

는 하지만 분리되지는 않는다. 세계 역사를 다루는 철학은 자연을 도외시해서는 안 되며 자연과 인간세계의 상호관계를 연구 주제로 삼아야 한다. "자연과 정신 사이의 발달 과정"을 다루는 세계 역사는 "그 자체로 인류의 생명과 지구의 생명을 매개해 주는 통일체다."[269]

철학적 지리학과 역사철학의 결합은 물의 중요한 의미를 특히 강조하는 카프에게서 특히 분명해진다. 물은 세계 역사에 생기를 불어넣어 주면서 그 발달의 방향을 제시한다.[270] 앞서 언급했듯 헤겔은 인류가 단 한 명의 자유에서 만인의 자유에 이르기까지 세 단계를 거쳤다고 보았다. 이런 과정을 카프는 물의 체계로 보충한다. 아시아 세계는 하천에 영향을 받았기 때문에 카프는 이 세계를 "하천의 세계"라 부른다. 고대 그리스와 로마는 지중해의 영향을 받았기 때문에 "지중해의 세계"다. 근대에 들어와 마침내 바다는 가장 큰 영향력을 행사해 "바다의 세계"를 만들어 낸다. 자유라는 원리의 확장은 이 세 단계와 나란히 그때마다 중요한 물의 체계를 따른다. 모든 하천과 바다는 매개하고 결합하는 작용을 하기에 인간의 자유로운 움직임과 소통에 이바지하면서 독재 군주의 몰락을 이끌어 냈다.

자연과 역사를 하나의 전체로 바라보는 리터와 카프

269 Ernst Kapp, 『지구와 인간 생명의 과학적 서술로서의 철학 또는 비교 일반 지리학Philosophische oder vergleichende allgemeine Erdkunde als wissenschaftliche Darstellung der Erdverhältnisse und des Menschenlebens』, Braunschweig, 1845, 제1권, 24쪽.
270 위의 책, 29쪽.

의 시각은 고대 철학을 연상시키기는 하지만, 이들의 철학적 지리학은 전혀 다른, 완전히 새로운 방향을 추구한다. 철학적 지리학의 중심에는 자연의 영원한 질서가 아니라 자연의 규정을 따르는 인류의 발달이 있다. 그래서 리터는 자연을 인류의 "학교"라고 불렀다. 이 학교에서 인류는 윤리를 훈련받는다. 카프는 그래서 지구를 "윤리적 규정"이라고 부른다. 지구는 인간의 자유를 키우는 일을 하기에 그 의미가 있는 존재이기 때문이다. 이들의 대담한 철학은 자연을 인류 발전 역사의 요소로 선언한다. 아리스토텔레스가 보는 코스모스는 그 자체로 의미가 충만했지만, 이 근대 이론가들은 자연이 정신의 발달에 기여할 때에만 의미를 가진다고 본 것이다. 정신은 곧 자연의 내면이라고 하지 않는가. 그래서 헤겔은 물론이고 카프 역시 세계 역사에 결정적 역할을 맡은 것은 지중해라고 설명한다. 지중해는 자유가 최초로 발현한 장소이기 때문에 서양 세계의 기원이다. 더 나아가 지중해를 세계 역사의 항구적 중심으로 본다. 카프는 지중해를 중심으로 민족들 사이의 평화가 처음 길을 열었으며 이런 평화가 인류 전체의 모범이 될 것이라고 본 프랑스 경제학자 미셸 슈발리에[Michel Chevalier(1806~1879). 프랑스 경제학자로 자유무역을 옹호한 정치가이기도 하다.]의 말에 흔쾌히 동의하며 인용한다.[271]

　자신 이전의 대다수 역사학자와 마찬가지로 헤겔은 자신의 역사철학에서 15세기부터 시작된 탐험과 함께 번

---

[271] 위의 책, 164쪽 이하. 슈발리에가 기선의 발명이 이 평화로의 길을 열었다고 본 점은 오늘날 보기에 참으로 기묘한 관점이다.

성한 예술과 고대 철학에 다시금 쏟아지는 관심을 새로운 시대를 알리는 전령으로 보았다. 새로운 시대, 이후 일반적으로 근대라 불린 시기는 이런 특징과 함께 막을 올렸다. "지구를 탐색하고자 하는 인간의 욕구를 충족하고자 포르투갈과 스페인의 바다 영웅들이 시도한 용감한 탐험"이 근대의 시작을 알리는 서막이었다.[근대를 뜻하는 독일어 Neuzeit는 단어 그대로 '새로운 시대'라는 의미다.] 헤겔은 이런 욕구가 경험과학의 번성으로도 표출되었다고 진단한다. 탐험은 세계관 전체를 바꿔 놓았다. "인간은 지구가 둥글다는 것, 다시 말해서 무한하지 않고 한계가 있음을 깨달았다." 이제 지구는 인간이 그 전모를 알 수 있는 대상이며 더는 그 경계가 불확실하지 않아 무시무시할 정도로 뻗어 나가지 않는다고 깨달은 것이야말로 인류가 거둔 귀중한 소득이라고 헤겔은 평가한다. 근대로의 전환은 헤겔이 보기에 위대한 발전을 뜻한다. 헤겔은 심지어 예술과 학문의 번성과 더불어 새로운 항로와 땅을 발견한 탐험이야말로 "오랜 폭풍우 끝에 다시금 활짝 갠 아름다운 새날을 알리는 아침놀과 비교할 수 있다"고 말했다.[272] 그런데도 헤겔은 새로운 시대의 본격적인 출발이 종교개혁이라고 보았다. 종교개혁과 더불어 인간은 전혀 새로운 의식에 눈을 뜨고 낡은 사회와의 결별을 꾀했다고 헤겔은 진단한다. 카프는 탐험과 종교개혁이라는 사건들을 매우 과감한 생각으로 하나의 맥락 안에 담아낸다. 인간의 정신은 1500년을 전후해 자신을 옥죄던 "울타리"를 무너뜨리고 그때까지 잡아매던

---

272 Hegel, 『역사철학Philosophie der Geschichte』, 490쪽 이하.

한계를 넘어섰다. 신세계의 발견과 코페르니쿠스의 천문학 그리고 종교개혁이 이런 한계 극복의 신호탄이다. 카프는 이런 전체 변혁의 토대를 광활한 바다로 보았다.

> 바다가 없다면 콜럼버스도 없으리라! 지구의 절반이 새롭게 발견되었고, 지구는 더 이상 로마 세계가 아니며, 로마는 세계의 중심이 아니고, 지구는 우주의 고정된 중심이 더는 아니구나. 바다가 없다면 새로운 세계는 발견되지 않았고, 바다가 없었다면 종교개혁도 일어나지 않았으리라![273]

오늘날 세계 역사의 철학적 이론을 읽어 보면 경탄과 함께 일말의 걱정과 불안의 분위기도 숨길 수 없이 드러난다. 인간의 역사와 자연을 서로 밀접하게 맞물린 것으로 보려는 시도가 의미 있다는 점이야 논란의 여지가 없다. 또 오늘날의 지리학도 이런 문명화 과정을 부정할 수는 없다. 그리고 역사학은 다양한 방식으로 자연조건의 의미, 곧 바다가 인간 세계에 가지는 의미를 주제로 삼았다.[274] 그러나 인류가 발전을 통해 윤리와 자유를 성취해 냈다는 확신에 공감할 수 있는 사람은 거의 없으리라. 곧 보겠지만 역사의 낙관주의가 그 신뢰를 잃고 위기에 처한 뒤 자연과 역사를 보는 관점은 바뀌고 말았다.

---

273 Kapp, 같은 책, 262쪽 이하.
274 이런 논의를 간결하게 정리한 자료에는 다음의 것이 있다. 필립 데 수차Philip de Souza, 『항해와 문명. 바다의 지배가 인류 역사를 어떻게 특징 지웠나Seefahrt und Zivilisation. Wie die Beherrschung der Meere die Menschheitsgeschichte prägte』, Hamburg, 2003.

발달 역사의 종말

20세기 초반에 1차 세계대전의 영향을 받아 전혀 다른 역사철학이 주목을 받았다. 바로 오스발트 슈펭글러가 쓴 대작 『서구의 몰락(Untergang des Abendlandes)』이다. 그의 주된 논지는 유럽 중심주의와 모든 발전 신앙을 포기하자는 것이다. 슈펭글러는 심지어 역사에 커다란 맥락이 없다고까지 주장한다. 그는 다양한 문화들이 서로 영향을 주고받으며 연결되는 일도 없다고 강조한다. 『서양의 몰락』에 붙은 부제 "세계 역사의 형태론"은 고급문화를 여덟 가지로 구분한다. 문화는 식물처럼 성장해서 꽃을 활짝 피웠다가 모든 생명체와 똑같이 몰락할 뿐이다. 이런 관점은 관념론과는 전혀 다르게 인간의 역사를 일종의 자연현상으로 바라본다. 놀라운 점은 땅과 바다라는 자연조건이 역사에서 아무런 역할을 하지 않는다는 언급이다. 물론 슈펭글러도 헤르더와 헤겔처럼 바다가 초기 문화와 민족들을 언제나 결합해 주었다고 말하기는 한다. 또 고대 문화가 "다도해 해안에서 융성해 바다가 실질적으로 핵심 구실을 했다"고 덧붙이기도 한다.[275] 그러나 그렇다고 해서 바다가 무슨 의미심장한 결과를 불러오지는 않았다. 그 이유는 간단하다. 슈펭글러가 인간 역사에 결정적이라고 보는 것은 외적 자연이 아니라 "운명", 더 정확히 말하자면 각 민족이 가진 '근성'이다. 이 근성은 예나 지금이나 매우 다양해서 고대의 고전적 문화는 후대에 아무런 영향

---

275 Oswald Spengler, 『연설과 글 모음Reden und Aufsätze』, München, 1937, 98쪽. 동일 저자, 『서구의 몰락. 세계사 개요Der Untergang des Abendlandes. Umriss einer Morphologie der Weltgeschichte』, München, 1923, 제1권, 430쪽.

을 주지 못한다.

슈펭글러는 역사학보다 자신의 직관을 더 믿었으며 니체에게 자극을 받아 지중해를 중심으로 한 고대 문화는 "아폴론적인 조화", 곧 자신의 지평 안에 갇혀 정지한 상태를 벗어나지 못한다고 확신한다. 고대 사람들은 먼 곳을 동경해 탐험하려 하지 않았으며 상인들은 지중해를 벗어날 엄두를 내지 못했다. 반대로 북유럽 민족들은 정복욕과 탐험 정신이 뛰어나 "새로운 경험을 즐기는 파우스트와 닮았다." 북유럽 사람들은 땅의 속박을 떨쳐 버리고 농부들을 굴복시키는 "군주적 인간"이다. 그리고 이들은 예로부터 항해술을 개발해 온 해상 민족이다.

> 당시 항해의 의미는 늘 똑같았다. 독단적 결정으로 내키는 대로 떠도는 것, "쉴 줄 모르는 바다의 음습한 길"을 따라 더 멋지고 풍요로운 인생, 노예로 일하지 않아도 되는 인생을 찾아 유랑하는 것이 항해다. 선택의 여지가 없어 물려받은 땅덩이에서 진땀 흘려 가며 사는 농부와 다르게 마음에 드는 곳이 나타나면 그곳을 고향으로 삼으리라는 기대를 품고 인생의 자유롭고 더 커다란 지평을 찾아 헤매는 항해는 결국 배를, 바다 자체를 고향으로 삼는 고단한 인생이 되고 만다. 이렇게 해서 인간은 그 타고난 본성이 빈들거리며 돌아다니는 맹수라는 사실이 확인된다. 결국 인간의 고유한 문화는 그를 붙들어 매는 족쇄일 따름이다. 인간은 이 족쇄를 끊고 인생의 새로운 표현을 찾으려 떠돈다. "세계 역사는 떠도는 종족, 한곳에 정주하는 농부가 아니라 이런 정주에 반대하는 종족이

만든다." 이렇게 해서 인간은 자유로운 평원과 자유로운 바다를 누비며 약탈과 정복을 서슴지 않고 민족과 국가를 창조하는 위대한 범죄를 저지른다. "농부"는 말을 탄 기사와 항해자가 짓밟고 지나가며 "왜곡하는 대상"이다. 비옥한 땅의 종살이를 벗어나려 안간힘을 쓰는 자유 공간의 피조물이 인간 역사의 비극을 빚어낸다.[276]

헤겔과 마찬가지로 슈펭글러의 바다 역시 자유에 봉사하지만 이 자유는 전혀 다르게 이해된다. 자유는 누구나 성취하는 게 아니며 다른 사람들을 굴복시킨 "군주 인간"만이 누리는 것이다. 역사는 단 한 번도 만인의 자유를 이야기하지 않았다. 자유는 항상 몇몇 소수가 누리는 것이며 역사는 이들의 권력만 기록했을 따름이다. 이렇게 보면 슈펭글러가 해상무역과 해적질을 명확히 구분하지 않는 것은 전혀 놀라운 일이 아니다. "약자는 짓밟고 강자와는 협상해야만 한다."[277]

슈펭글러는 서양을 위해, 활짝 꽃을 피웠던 문화의 최후를 위해, 북유럽의 탐험을 즐기는 "파우스트적인 인간 유형"이 근대국가와 특히 대도시의 군중 속에서 자신의 본질을 잃어 가며 결국 그 문화가 경직 단계에 이르러 문명으로 넘어가는, 그래서 "위대한 역사"가 끝장을 맞는 서양의 최후를 위해 책을 썼다고 밝힌다. "이는 아무런 목적이 없어 숭고한, 궤도를 도는 행성처럼 목적이 없어 숭고

---

276 Oswald Spengler, 『연설과 글 모음Reden und Aufsätze』, 182쪽.
277 위의 책, 같은 쪽.

한, 지구의 자전, 땅과 바다의 바뀜, 빙하가 원시림으로 변
하는 아무 목적 없는 숭고한 연극이다. 사람들은 경탄해
입을 다물지 못하거나 슬피 울리라. 그러나 이 비극은 틀
림없는 현실이다."[278]

마르틴 하이데거 같은 철학자도 불안에 빠뜨린 이 강
력한 우주 역사는 고전적인 역사철학과는 전혀 다른 자연
과 역사의 그림을 보여 준다. 슈펭글러가 보는 바다는 고
대 문화를 형성한 것도, 비로소 서기 8oo년경에야 북구에
서 생겨난 유럽에 영향을 미친 것도 아니다. 슈펭글러가
보는 역사는 휴머니티와 자유의 문제가 아니며 오로지 힘
과 민족들의 "근성", 곧 영혼에 새겨진 운명의 기록일 뿐
이다. 현대 도시인이 자신의 고향을 산과 바다로 끌고 다
녀(볼썽사납게 해변에 즐비하게 늘어선 호텔들을 보라!)
인간 역사 전체가 무의미해졌다는 이야기에는 오늘날 아
마도 많은 사람들이 동의하리라. 그러나 슈펭글러가 고대
문화를 서양과 완전히 떼어 놓고 지중해가 유럽에 아무런
의미도 없다고 본 견해에는 역시 많은 사람들이 고개를
갸웃거리리라. 모든 철학 수업의 첫 시간은 고대 문화와
서양을 분리하는 슈펭글러의 논리를 반박하는 시간이, 두
번째 시간은 지중해가 유럽에 의미가 없다는 논리를 공격
하는 시간이 될 것이 분명하다. 물론 이런 공격에는 슈펭
글러의 팬들조차 가담하리라.

슈펭글러의 견해를 바로잡으려는 시도는 뜻밖에도 다

---

278   Spengler, 『서구의 몰락Der Untergang des Abendlandes』』, 제2권, 543쪽.

른 문화 분야에서 이루어졌다. 이 분야는 곧 민족학, 또는 당시 명칭을 그대로 살리면, 인종학이다. 민족학적 "문화 형태론"의 창시자인 레오 프로베니우스는 1923년 자신의 책 『대륙의 문화 제국에 관하여(Vom Kulturreich des Festlandes)』에서 기술과 전 세계적인 교역과 교통이 "서양의 세계 역사를 파괴했다"며 이제 새로운 방향 정립이 필요하다고 주장했다. 새롭게 나아갈 방향은 문화의 지리적 조건, 곧 육지와 바다의 구별에서 찾아야만 한다는 것이 프로베니우스의 논리다.[279] 1924년에는 쿠르트 폰 보에크만[Kurt von Boeckmann(1885~1950). 독일 방송의 선구자. 문화사를 연구하고 이런 연구 성과를 방송과 접목하려 노력했다.]이 프로베니우스의 논의에 잇대어 이를 보충할 내용을 담은 책 『바다의 문화 제국에 관하여(Vom Kulturreich des Meeres)』를 펴냈다.[280] 보에크만의 사고방식에서 육지와 바다는 대립한다. 말하자면 "양극"으로 육지와 바다는 다양한 문화 형태를 빚어낸다. 보에크만의 책은 인간 문화 전체를 바다와 육지의 대립으로 설명하려는 시도다.

이 민족학에서 바다를 두고 서술한 내용이 모두 새롭지는 않다. 보에크만이 보는 바다는 변화 능력이 지극히 뛰어난 요소이면서도 어디서나 동일한 형태를 유지하는 것이다. "광활함, 통일성, 동일 형식"이 바다의 본질이며, 지구상에서 가장 광활하기 때문에 바다는 "무한함의 비

---

279   Leo Frobenius, 『본토의 문화적 영역에서Vom Kulturreich des Festlandes』. Berlin, 1923(문화 관상학 기록 시리즈).

280   Kurt von Boeckmann, 『바다의 문화 제국에 관하여Vom Kulturreich des Meeres』, Berlin, 1924(문화 관상학 기록 시리즈).

유", 공간 표상의 무한함이다. 이런 방식으로 바다는 그 상
극인 육지와 긴장 관계를 빚는다.

> 그래서 바다는 육지와 대립한다. 바다는 변화와 무한함과
> 원거리 속의 통일이다. 육지는 변화 없이 꾸준한 것,
> 유한함, 가까움이 보여 주는 다양함이다. 바다의 본질은
> 공간이다. 육지에서 나타나는 현상의 근저에는 시간의
> 통제가 있다. 바다는 오로지 하나의 시간만 보여 준다.
> 육지는 사계절을 가진다.[281]

이런 묘사는 있는 그대로의 자연보다도 더 심오한 울림을
주는 것만 같다. 하기야 열대림을 북극해와 비교하기만
해도 그 대비는 극적일 터. 이미 카를 리터만 하더라도 지
구가 보여 주는 가장 큰 대립성은 "북동쪽의 육반구와 남
서쪽의 수반구", 곧 "육지 세계"와 "바다 세계" 사이의 그
것이라고 말했다.[282] 보에크만은 이런 대립성의 생각을 계
속 발전시켰다. 대립성은 자연 전체를 지탱해 주는 것으
로 육지와 바다의 대립은 하나의 예일 뿐이다. 대립성은
인간 세계에서 가장 중요하다. 대립을 이루는 모든 극은
긴장을 적정하게 유지하려 하기 때문에 육지와 바다는 해

---

281 위의 책, 16쪽.
282 Carl Ritter, "지구 표면의 공간적 질서와 이 질서가 가지는 역사 발달 과정의
기능에 관하여Ueber räumliche Anordnung auf der Außenseite des Erdballs
und ihre Functionen im Entwicklungsgange der Geschichte"(1850), 출전:
동일 저자, 『Einleitung zur allgemeinen vergleichenden Geographie, und
Abhandlungen zur Begründung einer mehr wissenschaftlichen Abhandlung
der Erdkunde』, Berlin, 1852, 211쪽.

변에서 서로 결합한다. 오로지 해안이 있는 국가들에서만 문화가 고도로 발달한 것을 보라.

"바다의 문화 제국"을 이런 긴장 관계로 묘사하기 위해 보에크만은 바다가 인류에게 문화의 기본 형태를 발전시키도록 동기를 부여한 요소를 네 가지로 정리한다.

I. 바다는 고기잡이를 할 수 있게 해 주어 "식량의 보고" 역할을 한다. 이것은 해안 주민의 "경제"다.

2. 바다는 "통로"를 제공해 "무역"이 생겨나게 한다.

3. 바다는 "권력 수단"으로 이용당하기도 한다. 겉으로는 다른 목적처럼 꾸며 놓고 권력이 바다를 내세워 검은 속내를 채우기도 하므로 바다는 "정치"의 주요 수단이다.

4. 바다는 인간에게 "체험"의 마당을 제공해 특정 형태의 "예술", "지식" 그리고 "종교"의 원천이 된다.[283]

이 네 가지 영역은 서로 일종의 단계적 구조를 이루지만 보에크만은 이것들이 엄밀하게 구분되지는 않는다고 한다. 이런 면들을 가려보는 것은 그동안 상황이 변해 바다가 천연자원 창고쯤으로 전락하고 말았다는 것을 일깨워 준다는 점에서 유익하다.

인류 역사가 발전의 역사라고 보는 철학자들은 최소한 역사의 흐름에 하나의 목표가 있다고 보고 이 목표가 정확히 무엇인지 규명하는 일에 관심을 쏟았다. 반대로 민족학은 문명 발달로 잊히거나 심지어 지워진 것, 이른바 '원시 문화'에 연구의 초점을 맞춘다. 보에크만은 지구 전체를 세 개의 대(大) 공간으로 나누어 연구를 진행했지만,

---

283 위의 책, I9~27쪽.

자신이 쓴 책의 주요 부분은 지구에서 가장 큰 바다의 섬나라들, 곧 육지 문화와 가장 강력한 대비를 이루는 "남태평양제도의 문화" 연구에 할애했다. 배를 만드는 방법, 집을 짓는 기술, 예술, 그리고 무엇보다도 이 섬나라들의 전설을 살피며 보에크만은 실제로 "바다의 문화 제국"이라는 표현이 그 자체로 충분히 의미 있다는 점을 확실히 보여 주었다. 그러나 또한 "지중해의 해변 문화"와 "대서양 국가들의 하천 문화"도 카프의 경우와 마찬가지로 헤겔의 세 단계 도식을 분명히 드러내 주는 사례로 언급된다. 새로운 민족학은 더 오래된 역사철학과 마찬가지로 세계 역사의 방향성을 읽어 내고 이런 방향성에 맞는 단서를 찾는 일에 주력하고자 한다.

그러나 고전적인 역사철학이 보았던 것과 전혀 다르게 카프가 보는 현대 유럽은 더 이상 전 세계적으로 널리 퍼져 나가는 자유의 원천이 아니다. 오히려 유럽은 계속 문화가 쇠퇴해 자유를 추구하던 면모를 잃어 간다. 지성인들의 추상적 합리주의 논의만 횡행하면서 바다는 정치와 상업의 이해관계에 지배당하는 대상으로 전락하고 말았다. 이제 바다는 오로지 무역에만 봉사하는 대상일 따름이다. 경제적인 이해관계만이 득세하면서 바다는 이제 유럽의 "변질"만 거들 뿐이다. "그리고 문화를 창조하는 바다는 저주의 대상이 되었다."[284] 폴리네시아의 섬 문화와 비교해 볼 때 현대 유럽의 정신적 빈곤은 특히 두드러져 보인다. 역사철학이 미래를 낙관적으로 바라보는 반면

---

284 위의 책, 379쪽.

이제 민족학은 현대 문명의 잘못된 부분을 의식하기 위해 오래된 원시 문화에 더욱 주목한다.

비록 보에크만이 슈펭글러의 사고방식을 추켜세우며 보조를 맞추어 영혼이 사라진 시대, 기술에만 몰두하는 시대를 비판하기는 하지만, 그의 책은 자신의 모범인 슈펭글러를 겨누는 철저한 비판도 담았다. 슈펭글러와는 다르게 보에크만이 보는 바다와 육지는 역사의 본래 주인공이며 문화 공간들은 하나의 커다란 세계 역사적인 맥락을 이루기 때문이다. 바로 그래서 고대 지중해 문화는 후대 서양과 떼어서 생각할 수 없다. 보에크만은 지중해 공간을 두고 이런 말도 한다. "우리가 오늘날 가진 가장 강하고 풍부하며 최고로 심오한 믿음과 지식은 바다와 육지가 서로 만나는 이 거대한 지역에서 솟아났다."[285] 또 책의 끝부분에 담은 보에크만의 정치적 충고 역시 슈펭글러의 그것과 전혀 다르다. 보에크만은 지구상에 생명력을 지닌 문화 공간이 아메리카, 중국 그리고 러시아, 이렇게 세 곳뿐이라고 주장한다. 그래서 독일이 그 문화적 위상을 잃지 않고자 한다면 이런 의지는 거대한 러시아와 연합하는 실질적 대응책으로 실현되어야만 한다. 의지만으로는 몰락하는 서양 문화를 막을 수 없다고 이 책의 결론은 강조한다. 독일이라는 국가의 위상을 염려하는 정치 감각을 선보이는 저자가 이 책 전반에 걸쳐 살핀 해상 세력과 육상 세력의 겨룸, 이로 말미암아 빚어진 "바다의 문화 제국"이 어떤 역할을 할 수 있는지는 거의 언급하지 않는다는 점

---

285   위의 책, 230쪽.

은 이채롭게만 보인다.

이런 부족한 논리에 법학자이자 정치철학자인 카를 슈미트[Carl Schmitt(1888~1985). 독일의 법학자이자 정치철학자. 보수적 성향으로 나치스에 일조하기는 했지만, 국가의 주권 문제를 대단히 날카롭게 다뤄 정치철학에서 독보적 경지를 개척한 인물이다.]는 정치적 상황에서 바다의 의미를 더 면밀히 살피려는 작업을 벌였다. 슈미트는 1942년 『육지와 바다(Land und Meer)』라는 책을 펴내 "세계 역사의 관찰"을 하며 자신의 관점을 분명하게 밝히는 일에 주력했다. 세계 역사는 지배권을 놓고 각국이 다투는 투쟁의 역사다. "세계 역사는 해상 강국이 육상 강국에 맞서 또는 육상 강국이 해상 강국에 맞서 싸우는 투쟁의 역사다."[286] 슈펭글러도 자신의 강연에서 "바다 또는 육지 어느 쪽이 더 우세한지 놓고 다투는 오랜 경쟁"을 이야기한다.[287] 그리고 슈펭글러와 마찬가지로 슈미트도 승승장구를 한 탐험가와 정복자에게 감탄을 금치 못한다. 그러나 많은 사례를 살폈음에도 슈미트는 해상 대 육상을 강조했던 자신의 첫 번째 논제가 입증되지 않음을 깨달았다. 실제로 싸움의 구도는 해상 대 육상이 아니라 해상 강국끼리의 다툼임이 경험으로 입증되었다. 심지어 1588년 영국 함대가 스페인 무적함대를 누르고 승리한 사건은 새로운 시대를 알린 서막이다. 그래서 슈미트의 에

---

286 Carl Schmitt, 『육지와 바다. 세계사적 고찰Land und Meer. Eine weltgeschichtliche Betrachtung』, Stuttgart, 2011, 24쪽. 이 책의 저작권은 다음 출판사에 있다. © Klett-Cotta, Stuttgart, 1942, 1981.

287 Spengler, 『결정의 해. 독일과 세계 역사의 발달Jahre der Entscheidung. Deutschland und die weltgeschichtliche Entwicklung』, München, 1933, 35쪽.

세이는 바다의 지배권을 놓고 다투는 각국의 힘과 주도권이 어떻게 바뀌어 왔는지 정리한 짤막한 역사다. 이는 곧 바다를 누가 점령하고 장악하는지 기록한 역사다. 바로 그래서 슈미트의 책은 배를 만드는 법, 해전 전략 그리고 심지어 해적의 형태도 다룬다.

모든 역사철학이 역사적 사건의 다양함을 보여 주고 그 의미를 개념으로 파악하기 위해 시대를 바꾸는 획기적 변혁에 초점을 맞추었듯, 슈미트 역시 자신의 당대 역사에서 두 가지 획기적인 사건을 읽어 냈다고 믿는다. 바다를 대하는 태도의 근본적인 전환은 근대 초반, 곧 16세기와 17세기에 이루어졌다. 고래 사냥, 인도로 가는 항로를 찾으려는 탐험 그리고 신세계의 발견이 그런 전환을 알리는 사건들이다. 이런 전환에서 가톨릭교회와 개신교의 새로운 대립, 한편에는 스페인과 포르투갈이, 다른 한편에는 네덜란드와 잉글랜드가 맞서는 대립이 세계 역사의 "근원적인 힘들의 대립"을 낳았다고 슈미트는 진단한다. 이 싸움에서 승리한 쪽은 개신교의 잉글랜드다. 이 싸움의 과정에서 잉글랜드는 대서양을 정복했으며 이로써 섬나라는 세계 제국을 건설했다. "브리튼의 해상 접수"는 슈미트가 모든 역사적 변혁의 초기에서 볼 수 있다고 주장한 "영토 점령"에 해당한다. 해상 접수는 "지구라는 별의 첫 번째 공간 질서, 곧 육지와 바다를 가르는 것이 그 본질인 공간 질서"를 결정했다. 이런 근대의 공간 질서를 지배한 나라는 잉글랜드다. "육지는 이제 열두 개 정도의 주권국가들이 차지했으며 바다는 누구의 것도 아니거나 모두의 것, 그러나 실제로는 오로지 잉글랜드의 소유가 되었다."[288]

2차 전환은 18세기에 기치를 올렸다. 잉글랜드는 산업화 과정에서 세계 최강의 기계 권력을 구축했다. 그러나 슈미트는 이 과정이 잉글랜드가 결국 해상 강국이라는 지배적인 지위를 잃고 새로운 시대의 막을 올리는 사건이었다고 진단한다.

> 기계는 인간과 바다의 관계를 바꾸어 놓았다. 지금껏 해상 권력의 크기를 결정했던 저돌적인 인간 족속은 그 해묵은 의미를 잃었다. (……) 산업혁명은 바다라는 품에서 태어난 아이들을 기계 제조업자와 기계 종사자로 변화시켰다.[289]

근대 기술로 인간이 자연을 다스리는 힘은 계속 확장되었다. 기선에서 보는 바다는 범선을 타고 보는 바다와 다를 수밖에 없다. 게다가 비행기가 출현하면서 3차원, 곧 하늘을 정복할 수 있게 되었다. 통신 기술이 발달하면서 바다를 통제하기가 용이해졌다. 이런 새로운 권력 수단과 무기 때문에 항해는 원래의 큰 의미를 잃었다. 이로써 육지와 바다의 엄격한 대립이 차차 무너져 내렸다. 바로 그래서 슈미트는 잉글랜드가 권력 확장의 정점을 이미 오래전에 넘어섰다고 보았다. 보에크만 역시 1924년에 비슷한 견해를 피력했으며 슈펭글러는 이런 맥락에 보태어 근대 군함이 큰 비중을 잃었다고 했다.

---

288 Schmitt, 『육지와 바다Land und Meer』, 86쪽.
289 위의 책, 98쪽 이하.

카프는 인간의 정신이 1500년을 전후해 예전의 "공간 울타리"를 무너뜨렸다고 말한 바 있다. 슈미트는 이 생각을 이어받아 두 가지 "공간 혁명"이라는 논제를 발전시켰다. 이 두 혁명은 정치와 경제의 변혁에 정신적 배경이 되었다. 슈미트는 최초의 공간 혁명이 16세기와 17세기에 걸쳐 일어났다고 확인한다. 조르다노 브루노와 뉴턴 이후 인류는 처음으로 텅 빈 공간이 무엇을 뜻하는지 이해할 수 있게 되었다. 물론 이런 설명이 아주 명쾌하지는 않았다. 데모크리토스와 에피쿠로스가 이미 텅 빈 공간에서 출발한 이론을 선보이지 않았던가. 텅 빈 공간이라는 것이 옛 이론이나 새 이론이나 사람들에게 아무런 실감을 주지 못하는 것은 마찬가지였다. 탐험을 통해 지구가 정말 공 모양이며 얼마나 큰지 가늠할 수 있게 해 준 이론들이 훨씬 더 설득력이 높다. 뉴턴이 이런 이론들에 과학적 토대를 제공하면서 사람들은 비로소 텅 빈 공간을 이해할 수 있게 되었다. 슈미트는 자신의 현재에서 두 번째 공간 혁명을 발견했다고 믿는다. "공간은 인간의 에너지가 작용하는 자기장과 같으며 힘이 발휘되는 인간의 활동과 다르지 않다." 이런 공간 인식은 하이데거에게 영감을 받은 것이다. 하이데거는 이렇게 썼다. "세계가 공간 안에 있는 게 아니라 공간이 세계 안에 있다."[290] 그러나 슈미트의 두 번째 주장도 어딘지 모르게 석연치 않다. 뉴턴은 물리적인 공간을 다룬 반면 하이데거는 우리가 일상생활을 하는

290 위의 책, 106쪽. 다음 자료도 볼 것. Martin Heidegger, 『존재와 시간Sein und Zeit』, § 24. Tübingen, 1960, 111쪽.

공간을 언급해서, 두 공간개념을 시대의 획기적 변혁의
증거로 대비하는 것은 적절치 않다. 슈미트의 우아한 에
세이는 사리 밝은 정신이 쓴 것이기는 하지만 너무 성급
하게 정치적 동기에 사로잡히고 말았다. 해상 강국과 육
상 강국 사이의 투쟁에서 슈미트가 세계 역사를 풀어 볼
열쇠를 찾을 수 있다고 본 관점은 아마도 독일과 잉글랜
드의 싸움을 그 계기로 삼은 것이 틀림없다.

  법학자 슈미트가 유럽의 국제법을 상론하는 대목은
부정확하기까지 하다. 식민지 점령을 반대하며 원주민의
권리를 옹호한 것은 16세기의 몇몇 선교사만이 아니다.[291]
그로티우스와 푸펜도르프 같은 근대의 유명한 자연법 옹
호자는 물론이고 칸트와 헤르더 역시 유럽 국가들의 식
민 정치를 날카롭게 비판했음은 앞서 이미 살펴보았다.[292]
1981년 '바다는 산업에 생기를 불어넣어 준 요소'라는 헤
겔의 말을 슈미트가 자신의 책에서 더욱 잘 풀어 주고 싶
었다고 쓴 후기는 더욱 기묘하다.[293] 헤겔은 산업화로 항
해가 본격적인 시동을 걸었다고 본 반면 슈미트는 오히려
정반대되는 주장을 하고 있기 때문이다. 즉 산업화와 기술
발달로 영국이라는 해상 강국은 치명타를 입었다는 것이
슈미트의 주장이다. 산업화와 기술 발달이 바다를 보는 인
간의 관점을 확 바꿔 놓음으로써 대영제국은 끝장을 맞았
다는 말이다. 헤겔의 관점과 슈미트의 관점은 서로 합치되
기 힘들다. 헤겔의 이론은 시민사회의 전 세계적인 발전을

291 Schmitt, 위의 책, 72쪽 이하.
292 이 책의 3장, 80~84, 87~90쪽을 볼 것.(번역문 45~47쪽, 49~51쪽)
293 이 책 3장의 원주 24번을 볼 것.(번역문 47쪽)

지지한 반면 슈미트는 대영제국의 부상과 몰락을 이야기하고 있을 뿐이다. 물론 슈미트의 작은 책자가 1942년에, 다시 말해서 2차 세계대전의 한복판에 나왔다는 점을 염두에 두면, 영국이라는 해상 강국이 지배하는 질서가 이내 새로운 "독일의 질서"로 대체되었으면 하는 기대로 이 책이 쓰였다는 해석이 얼마든지 가능하다.[294]

이런 맥락에서 보면 슈펭글러와 보에크만과 슈미트의 역사 관찰은 휴머니티와 자유의 보편적 발달이라는 생각을 버리고 소재를 달리 선택해 역사를 다르게 해석하는 관점을 채택하고 있음을 알 수 있다. 보에크만이 말하는 해상 권력과 육상 권력, 슈펭글러와 슈미트의 자기 보존 욕구와 권력 쟁탈의 노력이 이런 다른 관점이다. 바로 그래서 이 사상가들은 인류 전체를 위한 발전 목표라는 것을 더는 몰랐으며 어떤 경우든 자신의 조국에 충실히 봉사하고자 했다. 이런 접근 방식이 예전 역사철학이 보여준 방식보다 더 옳고 현실에 가깝다고 여기는 사람은 칸트와 대결해야만 한다. 네가 생각하는 그대로 행동하라고 칸트는 요구하면서 그 어떤 현실의 저항도 무릅쓰고 전 세계적인 평화로 나아가기 위해 우리는 노력해야만 한다고 강조했다. 오로지 이런 태도만이 책임감 있는 행동을

---

294 클라우스아르투르 샤이어Claus-Artur Scheier, "육지와 바다 사이에서. 카를 슈미트에서 출발해 철학적으로 살펴본 바다의 문화사Zwischen Land und Meer. Philosophische Bemerkungen zu einer Kulturgeschichte der See ausgehend von Carl Schmitt", 출전: 『브라운슈바이크 학술협회 논문집Abhandlungen der Braunschweigischen Wissenschaftlichen Gesellschaft』, 제LIV권, Braunschweig, 2005, 257쪽.

낳는다.[295] 그러나 인류 역사를 보는 저 오래된 관점과 최근의 관점이 서로 다르다 해도 인간 세상 전체 혹은 최소한 그 큰 맥락을 짚어 보려는 욕구만큼은 서로 일치한다. 옛것이든 새것이든 세계 역사라는 무대에서 바다가 맡은 역할을 충실히 보여 준다는 점은 우리의 논의에 더할 수 없이 안성맞춤이다.

역사철학은 역사학자의 연구를 대체하고 역사 기술을 밀어내려 한 것이 전혀 아니며 역사학을 보충하거나 역사 기술의 표준을 제시하고자 했을 뿐이다. 물론 역사 연구를 업으로 하는 역사학자 역시 때때로 자신의 연구 작업을 위한 철학적 생각을 다듬어 내곤 했다. 특히 바다의 의미를 살피는 일과 관련해 이런 노력이 활발히 이루어졌다. 그 가운데 페르낭 브로델이 지중해를 포괄적으로 다뤄 1947년에 초판을 펴낸 책이 특히 눈길을 끈다. 브로델은 1920년대부터 인간 세계를 새롭고도 다르게 관찰하자고 주장해 온 학파에 속한 인물이다. 이 학파는 국가의 거대한 행위와 정치적 결정보다는 그런 사건의 사회문화적인 기반에 더 집중했다. 무슨 요란하고 거창한 것이 아니라 해당 시대에 흔히 보는 것, 당연한 것, 그래서 의식이 잘 포착하지 못하는 배경의 것을 이 학파는 중시했다. 브로델이 자신의 연구 중심에 놓은 것은 바다다.

역사학자가 자신의 학술 서적 첫머리에 개인적 소회를

---

295 Kant, 『세계시민적 견지에서 본 보편 역사의 이념Idee zu einer allgemeinen Geschichte in weltbürgerlicher Absicht』(1785 - 이 책의 발간연도는 1784가 맞습니다, 참고하세요!). 학술 전집 판, 제8권, 15~32쪽.

밝히는 일은 보기 드물다. 브로델은 다음의 문장으로 시작한다. "나는 지중해를 열정적으로 사랑해 왔다. 아마도 내가 북쪽 출신이기 때문이리라. 많은 다른 사람들이 그랬듯, 또 많은 다른 사람들이 보여 준 열정 그대로."[296] 아무튼 브로델은 심지어 방대한 역사 연구의 중심을 "바다"로 잡아야 한다고 썼다. 참으로 야릇한 표현이다. 브로델에게 바다는 보에크만과 마찬가지로 역사의 주인공, 역사 이야기를 들려주는 화자이며 쥘 미슐레가 그랬듯 심지어 인격적 특징을 부여받기도 한다. 도처에서 바다는 뭔가 일을 꾸미고, 원하는 대로 풀리지 않아 괴로워하면서 자율권을 추구하다가 힘을 잃곤 한다. "모든 바다는 저마다 자신의 힘으로 살아가려 노력하며 돛단배와 범선의 순환을 하나의 체계처럼 조직한다."[297] 실제로 브로델이 염두에 둔 것은 좁은 의미의 바다, 곧 물리적 바다이기는 하지만, 더 큰 것, 맥락이 있는 것으로 묘사된다. 그 기후, 그 하늘, 그 분위기는 또한 인간의 생활공간, 곧 "해양 체계"로 집약된다. 그래서 바다는 마치 제방을 넘나드는 파도처럼 그 어떤 날카로운 경계도 없이 인간과 교섭한다. 우리는 바다를 "힘의 장" 또는 "밝게 빛나는 중심"으로 떠올려야만 한다. 그러나 그 중심의 빛은 바깥에서 볼 때 갈수록 약해진다. 그래서 브로델은 지중해 공간의 기후와 식물 종을 상세히 다

296 Fernand Braudel, 『지중해와 펠리페 2세 시대의 지중해 세계La Méditerranée et le monde méditerranéen à l'époque de Philippe II』, Paris, 1949. 독일어 판, 『Das Mittelmeer und die mediterrane Welt in der Epoche Philipps II』, 그레테 오스발트Grete Oswald, 귄터 자이프Günter Seib 번역, 3권, Frankfurt/M. 1994(1979년 초판), 제1권, 15쪽.
297 위의 책, 193쪽.

룬다. 지중해는 물리적으로 두 부분으로 나뉘고 각 부분은
저마다 운명을 가지지만, 지중해 공간 전체에 통일성을 부
여해 주는 것은 기후다. 공간으로서의 바다는 곧 생활공간
이다. 이 생활공간은 자연만이 홀로 만드는 것이 아니다.
"지중해는 (그리고 확장된 의미의 지중해 역시) 인간이 만
드는 운명을 그대로 감당한다."[298] 자연조건이 항상 작용
하기는 하지만 브로델은 바다를 지리적 산물로 이해하지
않고 생활공간의 역사로 다룬다. 더 정확히 말해서 자연적
공간과 인간 역사 사이의 관계로 이해되는 것이 바다다.
물론 이런 관계에서 공간은 보기 드물게 지배적이다.

　　그래, 좋다, 하지만 그런 바다가 역사철학이라는 철학
분야와 무슨 관련이 있을까? 사람들은 이렇게 물으리라.
브로델은 "역사 서술"이 대다수 역사가들이 믿듯 "객관적
인 방법"이 아니라 "역사철학"이라는 독특한 견해를 선보
인다.[299] 브로델은 물론 그 근거를 짤막하게 언급할 뿐이
다. 모든 형태의 역사 서술은 특정 관점을 전제로 한다. 이
런 전제는 방법적으로 따로 떼어 내어 파악할 수 없다. 브
로델은 자신의 역사 연구가 가지는 욕구를 "사물을 크게
보는 것"이라고 말한다. 전체를 가늠하려는 관점이 없다
면 그의 시대, 정확히는 1946년에 "휴머니즘"은 있을 수
없다. 전체 맥락에서 좀 더 설명이 필요한 대목이다. 역사
철학자들은 언제나 전체를 파악하려는 시도에 따른 위험
을 감수했다. 브로델도 마찬가지다. 풍부한 정보로 브로

298　위의 책, 242쪽.
299　위의 책, 21쪽.

델은 보통 역사학자들이 배제해 버리는 모든 것을 상기시
킨다. 주어진 자연, 인간의 힘으로 어쩔 수 없어 주어진 그
대로 받아들여야만 하는 자연, 그래서 인간이 습득해야만
하는 자연 취급 방식은 인간이 어떤 행동을 해도 좋고 어
떤 것은 안 되는지 정해 준다. 물론 브로델의 연구는, 이미
제목이 말해 주듯, 공간적으로는 오로지 지중해, 시간적
으로는 스페인 왕 펠리페 2세 시기, 곧 16세기 후반에 한
정된다. 그러나 브로델은 공간과 시대를 넓은 맥락 속에
서 바라보기 때문에 제목이 기대하게 하는 것 이상의 깨
달음을 준다. 브로델은 우리를 시기적으로 지중해 권역
에 인간이 정주하던 초기로 거슬러 올라가 20세기에 이르
기까지 안내한다. 이로써 우리는 지중해가 지구의 나머지
지역과 가지는 관계와 지중해가 행사한 영향력을 알게 된
다. 브로델의 책은 역사철학과 마찬가지로 현재를 더 잘
이해할 수 있게 해 준다. 지중해와 그 문화는 근대 문턱에
이르기까지 역사 전체에 심대한 영향을 주었으며, 그 영
향력이 갈수록 줄어들기는 하지만 세계 역사라는 무대에
서 완전히 사라지는 일은 결코 없다.

　말하자면 역사철학은 전체라는 거대한 크기에서 생각
하고 역사의 모든 시기가 가지는 의미를 콕 집어 정리한
다. 브로델은 이런 사고방식을 더욱 철저하게, 그러나 완
전히 새롭게 밀어붙인다. 그는 저마다 다른 운동 형식과
시간 형식을 가지는 인간 역사의 세 가지 차원을 구분한
다. 가장 깊은 차원은 전적으로 바다가 지배하는 것으로
거의 움직임이 없을 정도로 도도하다. 두 번째 차원, 곧 중
간 차원에서는 사회 변화가 매우 완만하게 일어난다. 오로

지 맨 위쪽의 세 번째 차원만이 숨 가쁜 변화와 극심한 혼란을 빚어내는 사건의 차원이다. 우리는 이 차원에서 혁명과 전쟁 같은 극적인 변화에 직면한다. 이런 식으로 바다는 곧 역사다. 가장 깊은 곳에서 바다는 끄덕도 하지 않지만 그 표면에서는 폭풍우와 함께 거센 파도가 작렬한다. 그 중간에는 일정한 형태의 흐름이 유지된다. 이런 식으로 지중해 묘사는 완만한 변화와 빠른 변화를 구분하는 보편적인 역사 이론을 그대로 반영한다. 이는 곧 인간 사회를 그린 묘사이기도 하다. 우리 인간의 내면에는 저마다 모두세 개의 층이 있다. 우리의 인생은 이 세 개 층이 어울려 빚어내는 드라마다. 우리는 여전히 선조의 행동을 그대로 답습하면서도 일정 단계를 거치며 구습을 떨치고 새로운 습관을 취득하며 최신 기계를 다루는 법을 익힌다.

   이 모든 것이 브로델이 1946년, 곧 독일군에 포로로 잡혔다가 풀려난 해에 겪었던 그 쓰라린 경험에도 포기하지 않으려 했던 "휴머니티"와 어떻게 관련될까? 브로델은 우리가 유한한 존재임을 분명히 한다. 인간이라는 유한한 존재는 자연조건에 얽매여 완만하게 흐르는 발전 속에서도 모든 것을 손아귀에 넣고 모든 것을 지배하려 든다. 그러나 이런 노력에는 한계가 있을 수밖에 없다. 이런 점에서 브로델은 인간의 "역사성"을 이야기한 대다수 철학자들과 의견을 같이한다. 그러면서도 그는 특정 자연, 곧 특정 문화를 항상 뒷받침해 온 자연을 덧붙이며 보충한다. 바다를 다룬 지극히 상세하면서도 매우 폭넓은 지식은 역사학의 완벽화를 위해서만 쓰인 게 아니다. 오히려 브로델의 지중해 공간 역사는 궁극적으로 인간의 자기 인식에 봉사한다. 헤르더와 헤겔도 자신이 누구인지 아는 인식을 역사철학의 가장 중요한 과제로 보았다.

헤르더와 헤겔이 지중해가 유럽과 세계 역사에서 가지는 의미를 강조했다면, 브로델의 최신 역사학은 이런 관점이 올바르다는 점을 확인해 주었다. 유럽 통합의 맥락에서 볼 때 새롭게 고개를 드는 의문은 도대체 무엇이 유럽의 전형적인 특징인가, 유럽의 정체성은 무엇일까 하는 것이다. 이 물음에 프랑스 역사학자 미셸 몰라 뒤 주르댕은 자신의 흥미로운 책『유럽과 바다』에서 이런 답을 내놓았다. "유럽은 그 정치적 형태를 대부분 바다의 힘 덕분에 얻었다."[300] 유럽 사정에 밝은 이 역사학자는 유럽 정치가 교역과 숱한 분쟁 탓에 절실히 필요해진 바다를 거의 주목하지 않는다고 불평하며 이렇게 덧붙인다. "역사와 현재는 바다가 유럽 정체성의 일부임을 입증해 준다."[301] 헤르더와 헤겔이 생각한 의미와 전적으로 일치하게 데이비드 아불라피아[David Abulafia. 1949년에 영국에서 태어난 역사학자. 케임브리지 대학교 중세사 교수다.] 역시 지중해를 포괄적으로 다룬 자신의 책에서 다음과 같이 결론을 내린다.

그렇게 해서 지중해 공간은 다양한 사회들이 전 세계적으로 가장 활발하게 상호 작용하는 지역이 되었다. 그리고 인간 문명의 역사에서 지중해는 다른 어떤 바다보다

---

300 Michel Mollat du Jourdin,『유럽과 바다Europa und das Meer』(원제: L'Europe et la mer), München, 1993, 282쪽.
301 위의 책, 292쪽.

더 큰 역할을 한다.[302]

그런데도 옛 역사철학과 이런 역사학 묘사 사이에는 숨길 수 없는 차이가 눈에 띈다. 역사철학은 역사 전체를 주도하는 이념, 이를테면 자유와 휴머니티를 과감하게 강조하며 이런 이념을 이성적인 것으로 분명하게 방어했다. 그러나 오늘날 세계 상황은 역사학에게 이런 전체적인 관점을 금지한다. 또 역사학의 학문적 요구 역시 이런 과감한 주장을 삼가게 만든다.

그러나 오늘날 역사학자가 결코 배제해서는 안 되는 것이 있다. 항상 대륙을 이어 주던 지중해는 최근 고통 받는 아프리카 사람들이 유럽으로 피신하는 주요 통로가 되었다. 15세기 이후 유럽인이 정복을 통해 전 세계로 치고 나갔다면, 이제는 인류가 이동하는 흐름의 방향이 거꾸로 바뀌었다. 더욱 심각한 문제는 바다의 변화다. 지중해는 그 생활공간에서 활발하게 이뤄지는 인류 역사를 안정적으로 떠받드는 토대가 더는 아니다. 오히려 문명화 과정이 이 바다의 자연을 심각하게 훼손해 그동안 사람들은 지중해를 "쓰레기 수프"라 부르며 삼십 년에서 길어야 사십 년이면 지중해가 사망할 것으로 염려한다. 철학적 지리학자 카를 리터와 에른스트 카프는 외적인 자연, 곧 육지와 바다를 인류의 몸통이라 불렀다. 이를 반박할 수 있을까?

---

302   David Abulafia, 『위대한 바다. 지중해의 인간 역사The Great Sea. A Human History of the Mediterranean』, London, 2011. 독일어 판, 『Das Mittelmeer. Eine Biographie』, Frankfurt/M. 2013, 820쪽.

간략한 여행 회고

도입부에서 나는 배를 타고 하는 항해와 달리 철학의 바다를 누비는 사상 여행은 찾아다니는 지점마다 서로 실질적인 관련이 있다고 말했다. 지금 간략하게 돌아보면서 일곱 개의 여행지가 가진 이런 맥락을 다시금 분명히 정리해 보는 편이 좋겠다. 물론 오랜 여행 끝에 다녀 본 곳이 모두 기억나지는 않을지라도.

최초의 유럽 철학자들, 곧 소아시아의 고대 그리스 자연철학자들은 물, 바로 바다에서 신적인 것을 보았다. 모든 생명의 근원, 심지어 모든 사물의 원리로 물을 꼽은 것이다. 이렇게 이해된 물은 유동하는 현실을 개념으로 파악하려는 근본 바탕이다.

플라톤은 이런 논리를 반박했다. 물이라는 자연현상으로는 인간의 도덕적 행위를 설명할 수 없기 때문이다. 플라톤이 보는 바다는 신과 연결된 것으로 해안 도시 사람들이 문란한 생활을 할 때 형벌을 내리는 수단이다. 아틀란티스라는 섬이 몰락한 이유도 플라톤은 이렇게 설명한다. 근대 초에 이르자 프랜시스 베이컨은 새로운 안정적인 아틀란티스를 내세웠다. 이 아틀란티스는 과학과 기술로 자연을 다스린다. 이런 관점에서 우리는 현대 문명의 근본 특징을 알 수 있다. 베이컨과 마찬가지로 대다수 유토피아주의자들은 그들의 이상 국가를 섬 위에 세웠다.

그래야 바다가 세계의 나쁜 부분으로부터 유토피아를 지켜 주기 때문이다.

철학은 이런 유토피아 세계관으로 현실 세계의 추악함을 해결하고자 노력하면서 또한 바다를 독차지하려는 국가들의 소유욕도 공격했다. 근대 자연법은 바다가 모두의 공유재산임을 분명히 했다. 바다는 모든 민족이 함께 이용할 수 있어야 한다는 이런 생각은 바다를 인류의 통일성을 상징하는 것으로 보았다. 그러나 이 귀중한 생각은 아쉽게도 실현되지 못했다. 오늘날 바다를 놓고 다투는 국가들을 보라. 바다 오염이 모두에게 피해를 입히는데도 바다라는 자원을 몇몇 국가가 독점한다. 그래서 자연을 바라보는 근대의 관점이 잘못되지 않았는가 하는 물음이 생겨난다. 베이컨의 사상에서 이런 잘못은 이미 분명히 드러난다.

실제로 고대 철학은 바다를 전혀 다르게 보았다. 이런 다름은 고대 철학이 이해한 "이론(theòría)"에서 드러난다. 우주를 생각하며 고찰하는 이론은 기술 이용과 전혀 다른 것으로, 이런 이론은 행복과 덕 그리고 오로지 어떻게 인생을 살 것인가 하는 물음에 맞춰진 것이었을 뿐이다. 고대 철학은 바다를 일종의 생명체로 이해했다. 물론 근대 철학도 바다를 생명이 없는 물질, 그저 이용 가치만 있는 물질로 바라보지는 않는다. 근대 철학이 바라보는 바다 역시 모든 생명의 근원이었다. 그래서 기술 발달을 앞세워 바다라는 자연을 파괴하는 것을 반대하는 생명윤리학이 생겨났다.

미학도 이런 관점을 뒷받침했다. 18세기부터 미학은

바다를 숭고함 또는 아름다움의 상징으로 여겼다. 그동안
심지어 종교적 성향까지 띠게 된 이런 관점은 성찰을 실
생활과 다른 것으로 본 고대 철학과 비슷하다.

바다를 아름다움으로 보는 감성적 이해는 물론 훨씬
더 오래되었다. 고대 철학과 마찬가지로 근대 철학도 인
간의 영혼을 이해하기 위해 바다라는 이미지를 활용했다.
예측할 수 없는 운명을 흔히 바다의 노여움에 빗댄 것을
보라. 이렇게 본 바다는 인간의 세계 해석과 자기 해석을
비춰 주는 거울이다. 인간의 삶이 바다처럼 심연을 알 수
없는 것이라고 본 고대 철학과 마찬가지로, 근대 철학 역
시 만물의 보편적 변화를 여유롭게 바라볼 확실한 토대가
없다고 여겼다.

그런 변화를 파악하는 것이 역사철학의 과제가 되었
다. 역사철학은 먼저 휴머니티와 자유의 발달이라는 생각
에 방향을 맞추었다. 이런 생각에서 발달을 북돋아 준 것
이 바다다. 그러나 20세기 들어 역사철학은 주로 국가들
의 권력관계에만 집중했다. 바다를 소홀히 다룸으로써 인
류 전체의 발달이라는 측면은 고려되지 않았다. 그러나
역사학은 계속해서 바다가 인간의 태도와 행동에 미치는
영향을 추적했다. 고대 역사철학과 마찬가지로 이런 연구
는 우리의 현재, 그리고 우리의 자기 이해에 기여했다.

돌이켜 보는 사상 여행은 고대부터 현재까지 유장한 시간
을 포괄한다. 그 목적은 고유한 철학을 세우려는 것이 아
니라 전래된 철학 사상과 그것과 바다의 연관성을 그려
보는 것이다. 거듭 고대 철학으로 되돌아가며 바다의 철

학을 대단히 역사적으로 취급한 데 놀라는 독자가 적지 않으리라. 그러나 고대 철학으로 되돌아가 보는 일은 현대 철학과 오늘날 우리의 생각을 이해하고 평가하는 데 꼭 필요하다. 니체는 이런 사정을 다시금 바다의 비유로 설명했다.

> 시간의 거리를 멀게 잡아 말하자면 과거의 세계관이라는 바다의 해변으로 돌아가 보는 일은 대단한 강점을 자랑한다. 그곳에서 바라볼 때 처음으로 전체 윤곽이 드러난다. 현재만 고집했을 때는 전혀 볼 수 없는 윤곽이다.[303]

우리가 누구인지, 우리가 어떻게 생각하는지 알고자 한다면, 우리가 과거에 어떤 모습이었으며 어떻게 생각했는지 알아야만 한다. 물론 이것은 과거의 생각을 다루는 유일한 이유는 아니다. 박물관은 과거의 작품들이 매력을 잃지 않아서 보관한다. 약제학은 잊었지만 여전히 약효가 있는 약초를 찾는다. 고대 철학은 현대인이 전혀 할 수 없는 생각과 자극을 제공한다. 이런 이유로 니체는 거듭 헤라클레이토스의 단편을 필독서로 꼽았다. 고대를 되돌아보는 것은 새로운 것을 이해하는 데만 도움을 주는 데 그치지 않고 고대 철학으로부터 새롭게 배울 수 있게 해 준다.

　철학은 인류의 전체 세계와 마찬가지로 끊임없이 변

303　Nietzsche, 『인간적인 너무나 인간적인Menschliches, Allzumenschliches』, I, 616, 전집 제1권, 718쪽.

화한다. 철학은 그 결과물만이 아니라 거기에 이르는 도정이기도 하다. 바다도 마찬가지다. 해양학은 바다의 자연적인 변화를 추적한다. 그리고 우리에게 좀 더 중요한 것은 문명화 과정을 통해 일어난 생태 변화를 살피는 일이다. 지금까지의 여행에서 우리는 변화를 거듭하고 더러워졌으며 착취당한 바다를 보았다.

바다를 둘러싼 생각의 역사는 세 가지 차원을 보여 준다. 역사학자 브로델은 이 차원들을 다음과 같이 구분했다. 우선 몇몇 생각은 바다와 같은 장구함을 자랑한다. 거듭 다른 색채와 표현으로 나타나는 것이 그런 생각이다. 그 좋은 예가 생명의 원천으로 바다를 바라보는 생각이다. 우리 유한한 인간을 넘어서는 불변의 바다, 또는 영혼과 운명을 비춰 주는 거울로서의 바다도 마찬가지다. 브로델이 말하는 두 번째 차원은 바다를 바라보는 두려움이다. 이 두려움을 극복하기 위해 우리는 용기라는 덕목이 필요하다. 현대의 조선 기술과 통신 기술은 대단히 제한적이기는 하지만 그래도 외로운 항해자를 돕는다. 바다를 자유의 왕국으로 체험하는 것 역시 두 번째 차원이다. 그러나 국가와 국가를 이어 주는 항로이자 교통수단으로서의 바다는 그동안 항공 기술 발달로 의미를 잃고 말았다. 그 대신 다른 장기적인 안목이 나타났다. 16세기에서 18세기까지 철학자들은 많은 유토피아 섬 국가들을 상정하고 미래를 꿈꿨다. 법철학은 바다의 소유권 문제를 다루었다. 18세기에서 20세기까지 미학은 바다를 숭고함의 주요한 상징으로 다루었다. 물론 이런 심리의 바탕은 훨씬 더 오래된 것일 수 있다. 세 번째 차원은 급속한 변화

324

다. 이미 탈레스의 제자들은 물을 세계 원리로 여기지 않았다. 바다를 바라보는 플라톤의 거부감에 그의 제자 아리스토텔레스는 동의하지 않았다. 20세기부터 인간은 기계로 어획을 한다. 해저의 석유를 찾아 구멍을 뚫고 다른 자원을 찾으며 해변 모래로 건축을 한다. 바다를 쓰레기 처리장으로 쓰는 태도는 새로운 윤리학, 바다를 주로 다루는 생명윤리학을 촉발시켰다. 바다의 착취가 앞으로도 오랫동안 계속되리라는 점은 확실하다. 그 철학적 대답인 생명윤리학은 불확실하기만 하다. 환경 윤리와 그 성공은 정신과 문화적 의식에 달려 있다. 그러나 오늘날 지배적인 자연과학은 이런 의식을 전혀 키워 주지 않는다.[304]

304 다음 자료를 참조할 것. 루돌프 홀바흐Rudolf Holbach, 디트마르 폰 레에켄Dietmar von Reeken, "역사 공간으로서의 바다 혹은 바다 연구의 역사적 확장이 왜 반드시 필요한가Das Meer als Geschichtsraum, oder Warum eine historische Erweiterung der Meeresforschung unabdingbar ist", 출전: 동일 저자들(편집), 『"무서운 파도 왕국", 의미, 지각 그리고 역사에 투영된 바다"Das ungeheure Wellenreich". Bedeutungen, Wahrnehmungen und Projektionen des Meeres in der Geschichte』, Oldenburg, 2014, 7~22쪽.

옮기고 나서

우리는 어디서 왔을까? 이 고단한 삶을 살며 우리는 어디로 가는 것일까? 어디에서(Woher) 어디로(Wohin)? 그리고 무엇보다도 우리는 이 세상을 어떻게(Wie) 살아야 마땅한가? 이 세 가지 물음, 곧 어디서 왔으며 어떻게 살다가 어디로 가는지 묻는 태도를 우리는 철학이라 부른다.

　어렵고 골치 아프며 배배 꼬인 말장난으로 오해받기 일쑤인 철학은 그 출발만큼은 단순하고 명쾌하다. 우리 인간의 출신을 궁금해 하는 물음은 죽어 어디로 갈지 묻는 물음과 더불어 유구한 역사를 자랑한다. 인간은 생각할 줄 알게 되면서부터 이 물음을 품어왔기 때문이다. 또 우리는 이 물음에 답을 주려한 다양한 시도들을 안다.

　플라톤은 우리 인간의 탄생을 두고 레테강을 이야기한다. 본래 인간의 영혼은 완전한 지식을 자랑했으나 망각의 강물을 마시고 모든 것을 잊어버린 탓에 무지로 고통 받는 삶을 살게 되었다는 의미심장하고도 애매한 이야기다. 한 걸음 더 나아가 로마신화는 인간의 탄생을 두고 이런 이야기를 들려준다. 근심의 신 '쿠라'(Cura)는 근심을 잊고자 강물로 진흙을 빚어 생명체를 만든다. 쿠라는 이 진흙덩어리에게 정신을 불어넣어달라고 주피터에게 애원한다. 완성된 생명체에 이름을 붙이려는 쿠라를 보며 주피터는 정신을 불어넣어준 자신의 이름을 붙여주는 게 마땅하다고 주장한다. 그러자 흙이 무슨 소리냐며 이 생명체는 어디까지나 재료를 제공한 자기 이름을 가져야 한다고 항변한다.

시비가 그치지 않자 농업의 신 사투르누스가 심판을 맡는다. 그의 판결은 간단명료했다. 이 새 존재가 죽으면 주피터는 정신을 되돌려 받아라. 흙은 재료를 되찾아 가라. 그리고 이 생명체를 빚은 진짜 주인은 쿠라이므로 이 존재는 살아 있는 내내 '근심'의 차지가 될지라. 이 짤막한 신화가 담은 함의를 괴테는 다음과 같이 노래한다. "내가 일단 차지한 사람은 / 만사가 아무 소용이 없으리라 / …… / 그는 풍성한 가운데 굶으리라 / 기쁨이든 괴로움이든 / 다른 날로 미루며 / 오로지 미래를 염려하며 / 절대 근심을 멈추지 못하리라."(『파우스트 2부Faust II』, 마지막 막에서.)

하루도 근심 잦을 날이 없는 우리네 인생사를 생각하면, 참으로 흥미진진한 이야기다. 이야기인즉 우리는 물과 흙으로 빚어진 존재이며 이런 재료의 허망함 탓에 근심을 멈출 수 없다는, 아주 그럴싸한 비유다.

그러나 철학은 이런 다채로운 함의를 다룬 그럴듯한 비유에 만족하지 않는다. 그래? 우리가 근심에서 놓여날 수 없는 존재라고? 근심을 만들어내는 뿌리는 뭐야? 어떻게 하면 이 근심으로부터 자유로울 수 있을까? 고민 끝에 철학은 말한다. 어디서 왔으며, 죽어 무슨 심판을 받고 어디로 갈지 우리가 알 수 있는 것은 전혀 없다. 확실하게 말할 수 있는 것은 오로지 살아 어떻게 행동하는 것이 최선인지 하는 물음의 답일 뿐이다.

그러나 레테 강물을 마신 우리는 이 답을 잊었다. 그

런데 흥미롭게도 그리스 신화는 또 다른 물을 상기시켜준다. 잊은 기억을 되살릴 수 있게 해주는 강의 이름은 '므네모시네'(Mnemosyne: 라틴어 memoria)이다. 레테의 저주로 기억을 잃었으되, 밝히 생각하려는 노력을 게을리 하지 않는 사람은 므네모시네의 축복을 누린다.

물론 이 역시 애매한 이야기다. 이런 신화에 만족하지 않고 철학은 기억의 상실과 회복을 함께 묶는 물의 포용성에 주목한다. 대립하지만 하나인 것, 다른 모습을 보이지만 결국 같은 것, 다시 말해 근심으로 얼룩진 삶을 어떻게 살아야 할지 풀어줄 하나의 원리는 무엇일까?

이쯤에서 다시금 사람들은 물으리라. 그거 봐, 복잡한 게 철학이잖아? 또다시 이야기가 꼬이는데……. 그러나 문제의 크기를 생각한다면 이를 다룰 차원도 높아져야 하지 않을까? 눈앞의 이익에만 벌게진 나머지 근심의 포로로 남는 한, 이런 높은 차원은 찾아질 수 없다. 나무만 보지 않고 숲 전체를 굽어보려 노력할 때 이해가 충돌하는 갈등을 풀 열쇠가 주어지지 않을까?

전체를 굽어보려는 '메타 인지'의 훈련으로 『바다의 철학』만큼 좋은 책은 따로 없다. 나는 '철학함'의 생생함을 이처럼 손에 잡힐 듯 생동감 넘치게 묘사한 저자 군터 숄츠에게 경탄했다. 철학사라는 거대한 바다를 구석구석 안내하며 오늘을 살아가는 우리에게 좋은 길라잡이를 제시하는 그의 안목에 깊은 울림을 받았다. '철학함'의 고민이 만져질 것만 같은 현장성과, 기왕의 철학 성과를 오늘이라는 관점에서 하나로 묶으려는 열정이 이런 좋은 책을 써낸 원동력이다.

어디서 왔는지, 어디로 갈지 우리는 알지 못한다. 알수 없는 것은 침묵하자던 비트겐슈타인의 말은 전적으로 옳다. 다만 알 수 있는 것이 무엇인지는 철저히 따져 묻자. 칸트는 말했다. 누가 너의 뺨을 때리면 싫은 것처럼, 너도 남의 뺨을 때리지 말라! 이 말은 알 수 없는 애매모호한 신을 끌어들이지 않고도 우리 인생의 많은 문제가 풀릴 수 있음을 상징적으로 보여준다. 말인즉, 네가 신이 되는 삶을 살아라! 눈앞의 이해관계로 남의 등에 칼을 꽂는 인생은 살지 말자. 현실에서 손해를 보더라도 생각의 차원을 높이 끌어올리면 모두가 만족하는 삶의 길이 열린다. 기억하자, 모든 것을 품고도 한결같은 푸름과 고요함을 자랑하는 저 거대한 바다는 우리가 어리석음에 빠질 때마다 격노와 격랑으로 일깨워왔다! 이 책은 그 생생한 증언이다.

2019년 12월 30일 김희상

찾아보기

330

331

바다의 철학
군터 숄츠 지음
김희상 옮김

초판 1쇄 발행. 2020년 1월 29일
　　2쇄 발행. 2021년 12월 9일

펴낸이. 이민·유정미
디자인. 워크룸

펴낸곳. 이유출판
주소. 34860 대전시 중구 중앙로59번길 81, 2층
전화. 070-4200-1118
팩스. 070-4170-4107
이메일. iubooks11@naver.com
www.iubooks.com

정가. 21,000원

ISBN 979-11-89534-06-6 (03100)

이 도서의 국립중앙도서관 출판예정도서목록(CIP)은
서지정보유통지원시스템 홈페이지(http://seoji.nl.go.kr)와
국가자료공동목록시스템(http://www.nl.go.kr/kolisnet)에서
이용하실 수 있습니다.(CIP제어번호: CIP2019053607)

글쓴이. 군터 숄츠 Gunter Scholtz
군터 숄츠는 1941년생으로 보훔의 루르 대학교에서 철학교수로 활동하다가
은퇴했다. 역사철학과 종교철학 그리고 예술철학을 아우르며 휴머니티 이론을
천착하는 책들을 주로 집필해왔다. 숄츠는 무엇보다도 철학 개념이 가지는
역사적 맥락을 연구해온 철학자다. 그는 지금 보훔에 살며 집필활동에 주력한다.

옮긴이. 김희상
성균관대학교와 같은 학교 대학원에서 철학을 전공했다. 독일 뮌헨의
루트비히막시밀리안대학교와 베를린 자유대학교에서 헤겔 이후의 계몽주의
철학을 연구했다. 『늙어감에 대하여』, 『사랑은 왜 아픈가』, 『왜 세계는 존재하지
않는가』 등 100여 권의 책을 번역했다. 2008년에는 어린이 철학 책 『생각의 힘을
키우는 주니어 철학』을 집필, 출간했다. '인문학 올바로 읽기'라는 주제로 강연과
독서 모임을 활발히 펼치고 있다. eurokhs@hanmail.net